Jamal Qaiser, Marc Ruberg

Die atomare Bedrohung

Die Risiken der Kernkraft sind groß

Jamal Qaiser, Marc Ruberg

Die atomare Bedrohung

Die Risiken der Kernkraft sind groß

Diplomatic Council Publishing

1. Auflage 2022

Alle Bücher von Diplomatic Council Publishing werden sorgfältig erarbeitet. Dennoch übernehmen Autoren, Herausgeber und Verlag in keinem Fall einschließlich des vorliegenden Werkes, für die Richtigkeit von Angaben, Hinweisen und Ratschlägen sowie für eventuelle Druckfehler irgendwelche Haftung.

Sämtliche Inhalte in diesem Buch geben die Meinung der Autoren wieder. Diese müssen nicht zwangsläufig den Meinungen und/oder Ansichten des Diplomatic Council und/oder seiner Mitglieder entsprechen.

Bibliografische Informationen der Deutschen Nationalbibliothek

Die Deutsche Nationalbibliothek verzeichnet diese Publikation in der Deutschen Nationalbibliografie; detaillierte bibliografische Daten sind im Internet über http://dnb.d-nb.de abrufbar.

Printed in the Federal Republic of Germany.

Gestaltung, Cover, Satz: IMS International Media Services, Wiesbaden

Gedruckt auf säurefreiem Papier.

Print ISBN: 978-3-98674-032-0
E-Book ISBN: 978-3-98674-033-7

„In Wirklichkeit gibt es nur die Atome und das Leere."

Demokrit

„Ich war dagegen aus zwei Gründen. Erstens waren die Japaner bereit, sich zu ergeben, und es war nicht notwendig, sie mit dieser schrecklichen Sache zu treffen. Und zweitens, ich hasste den Gedanken, dass unser Land das erste sein würde, das solch eine Waffe einsetzt."

Dwight D. Eisenhower

„Ich weiß nicht, mit welchen Waffen der dritte Weltkrieg ausgetragen wird, aber im vierten Weltkrieg werden sie mit Stöcken und Steinen kämpfen."

Albert Einstein

„Ein Dritter Weltkrieg könnte das Ende der Zivilisation bedeuten."

Wladimir Putin

„Atomkraft war niemals auf die kommerzielle Stromerzeugung ausgelegt, sondern auf Atomwaffen. Atomstrom war, ist und bleibt unwirtschaftlich. Darüber hinaus ist Atomkraft mitnichten sauber, sondern aufgrund radioaktiver Strahlung für über eine Millionen Jahre gefährlich für Mensch und Natur."

Christian von Hirschhausen

Inhalt

Vorwort

Die atomare Bedrohung kommt aus zwei Richtungen: erstens in Folge eines GAUs, des größten anzunehmenden Unfalls bei der friedlichen Nutzung der Kernkraft zur Energieversorgung, und zweitens aus der militärischen Eskalation bis hin zum Atomkrieg. So unterschiedlich beide Szenarien sind, so ähnlich verheerend können die Folgen für die betroffenen Menschen sein, im schlimmsten Fall sogar für die gesamte Menschheit. Daher werden beide Aspekte im vorliegenden Buch in eigenen Kapiteln separat dargestellt – wenngleich es durchaus Überschneidungen gibt. So strebt die Kernfusion, einst als Atombombentechnologie Inbegriff des Schreckens, zügig einer friedlichen Nutzung zur Energieversorgung entgegen. Ein eigenes Kapitel ist dem wachsenden Berg an Atommüll gewidmet, weil sich der radioaktive Abfall schon seit vielen Jahren zu einem der größten Probleme der Menschheit anhäuft, ohne dass eine praktikable Lösung in Sicht wäre. Darüber hinaus befasst sich das vorliegende Buch mit der Nutzung der Kernkraft im Weltall, weil davon auszugehen ist, dass mit der Eroberung des Weltraums in den nächsten Jahrzehnten ein neues Kapitel der Menschheit aufgeschlagen wird, bei dem die atomare Energie eine wesentliche Rolle spielen wird. Der Aufbruch ins All steht ebenso wie eine neue Generation besonders sicherer Kernkraftwerke als Beispiel dafür, dass die Nutzung der Atomenergie das „dual use“-Prinzip besonders anschaulich verdeutlicht: Die Technik kann zum Guten wie zum Bösen verwendet werden. Es liegt am Menschen, für welche der beiden Seiten er sich entscheidet.

Die vermeintliche gebannte Gefahr kehrt wieder

Mit dem geplanten Atomausstieg in Deutschland sollte die Gefahr eines Kernkraftwerkunfalls zumindest hierzulande gebannt sein. Ebenso schien mit dem Ende des Kalten Krieges die Gefahr eines Atomkriegs weitgehend ausgeschlossen. Doch auf beiden Feldern, der friedlichen Nutzung zur Energiegewinnung und dem militärischen Einsatz im Spannungsfeld zwischen den USA, China und Russland, wächst die atomare Bedrohung wieder von Jahr zu Jahr. Dafür gibt es eine ganze Reihe von Ursachen.

So verspricht die Kernkraft tatsächlich eine saubere Energieversorgung – solange kein gravierender Unfall passiert. Neue Technologien, neue Marktmitspieler, das Streben nach einem schnellen Ausstieg aus fossilen Energiequellen, die Angst vor Engpässen bei der Energieversorgung, die Diskussion um die Einstufung der Kernkraft als „grüne Energieform“ durch die Europäische Union, die Notwendigkeit atomarer Reaktoren zur Energieversorgung bei der anstehenden Eroberung und Besiedlung des Weltraums – all diese Faktoren haben die vor allem in Deutschland lange Jahre verpönte friedliche Nutzung der Atomenergie wieder „salonfähig“ gemacht.

Die Kernkraft als militärische Drohkulisse hat vor allem durch die Zuspitzung des Konflikts zwischen der heute noch alleinigen Supermacht USA und dem Aufstreben der Volksrepublik China zu einer ebenbürtigen Supermacht zu tun. Seit Frühjahr 2022 ist zudem klar geworden, dass die Atommacht Russland keineswegs gewillt ist zurückzustecken. Spätestens seit dem Einmarsch Russlands in die Ukraine am 24. Februar 2022 ist das Schreckgespenst eines atomaren Kriegs wieder lebendig geworden. Immerhin befinden sich 90 Prozent der Atomwaffen in den Händen der USA und Russlands – also der beiden Mächte, die sich im Osten Europas feindlich gegenüberstehen.[1] In beiden Ländern laufen nach Recherchen des Stockholmer Friedensforschungsinstituts SIPRI umfassende und kostspielige Programme, um die Atomsprengköpfe, Trägersysteme und Produktionsstätten zu modernisieren.

Gleiches gilt für die weiteren Atomwaffenstaaten, zu denen SIPRI Großbritannien, Frankreich, China, Indien, Pakistan, Israel und Nordkorea zählt. Sie haben allesamt neue Waffensysteme entwickelt oder stationiert oder dies zumindest angekündigt.

Angesichts dieser Entwicklungen ist eine aktuelle Auseinandersetzung mit der atomaren Bedrohung unerlässlich, und zwar mit beiden Szenarien: dem möglichen aus dem Ruder laufen bei der friedlichen Nutzung und dem Albtraum eines Atomkriegs.

Warnung, dass das Undenkbare doch denkbar ist

In diesem Sinne haben wir das vorliegende Buch als eine Warnung geschrieben. Es stellt eine Warnung dar, dass das Undenkbare eben doch denkbar ist und – schlimmer noch –, dass das Undenkbare im schlimmsten Fall auch eintreten kann. Die Augen vor der Gefahr verschließen und darauf vertrauen, dass es „schon nicht so schlimm kommen wird", kann keine Strategie für unsere Zukunft sein. Angesichts des Bedrohungspotenzials durch die Atomkraft, gleichgültig, ob durch den militärischen Einsatz oder durch einen gravierenden Unfall bei der friedlichen Nutzung, ist es zwingend notwendig, den Weg der maximalen Sicherheit zu beschreiten: Wir müssen alles daran setzen, das Schlimmste zu verhindern.

Jamal A. Qaiser, Marc Ruberg

Die Entdeckung der Radioaktivität

Um das Potential der atomaren Bedrohung zu verstehen, ist eine Auseinandersetzung mit der Kernkraft unerlässlich. Bei der Atomenergie geht es nämlich nicht „nur“ um die Explosionskraft, die schon schlimm genug ist, sondern weit darüberhinausgehend um die radioaktive Strahlung. Daher wird in diesem Kapitel eine *Tour d'Horizon* gegeben, um das Thema einzuleiten und die heutige und künftige Diskussion in ihren Kontext zu stellen.

Erste Experimente zur Radioaktivität

Um das Jahr 1890 wurden erste Experimente zur Radioaktivität durchgeführt. Antoine Henri Becquerel und Marie und Pierre Curie waren die ersten Wissenschaftler, die sich mit der Erforschung von Kernreaktionen befassten. Das Ehepaar Curie prägte den zuvor unbekannten Begriff *Radioaktivität*. Es bezeichnet die Eigenschaft instabiler Atomkerne, ionisierende Strahlung auszusenden. Der Atomkern wandelt sich dabei unter Aussendung von Teilchen in einen anderen Kern um oder ändert unter Energieabgabe seinen Zustand, wobei eine radioaktive Strahlung entsteht. Dabei kann es sich um Alpha- (Heliumkerne), Beta- (Elektronen) oder die besonders durchdringenden Gammastrahlen (elektromagnetische Strahlung) handeln.[2]

Atomsorten mit instabilen Kernen nennt man *Radionuklide*. Diese kommen völlig unabhängig vom Menschen in der Natur vor; radioaktive Substanzen finden zahlreiche Anwendungen, etwa in der Nuklearmedizin oder in der Archäologie zur Altersbestimmung mit der Radiokarbonmethode.

Uran (benannt nach dem Planeten Uranus) ist der häufigste Rohstoff für den Betrieb von Kernkraftwerken. Es handelt sich dabei um ein Schwermetall, das „von Natur aus“ radioaktiv ist und vorwiegend unter Aussendung von Alphastrahlen zerfällt. Für den Menschen ist Uran übrigens nicht aufgrund seiner relativ geringen Strahlung gefährlich, sondern aufgrund seiner chemischen Giftigkeit: In einer hohen Dosis über einen längeren Zeitraum aufgenommen, kann es Blut, Knochen und Nieren dauerhaft schädigen. Uran kommt nicht nur überall in der Erdkruste, sondern auch in den Ozeanen in riesigen Mengen vor.

Erwähnenswert ist die Halbwertszeit, also der Zeitraum, in dem sich die radioaktive Abstrahlung halbiert, denn dieser Faktor hat entscheidenden Einfluss auf eine Risikoabschätzung. So beträgt die Halbwertszeit des Uranisotops 234 beispielsweise 245.000 Jahre. Vor diesem Hintergrund ist es zu verstehen, wenn die deutsche Gesetzgebung für radioaktiven Abfall eine sichere Lagerung über eine Million Jahre (!) fordert.[3]

Kurzer Ausflug in die Chemie: Als Isotope bezeichnet man Atomarten, deren Kerne gleich viele Protonen, aber unterschiedlich viele Neutronen enthalten. Sie stellen daher das gleiche chemische Element dar, sind aber unterschiedlich schwer. Natürlich auftretendes Uran besteht zu etwa 99,3 Prozent aus dem Isotop Uran-238 und zu 0,7 Prozent aus Uran-235. Letzteres ist nicht nur durch thermische Neutronen spaltbar, sondern es ist zudem neben dem äußerst seltenen Plutonium-239 das einzige bekannte natürlich vorkommende Nuklid, das zu einer Kernspaltungs-Kettenreaktion fähig ist. Deshalb wird es in Kernkraftwerken und Kernwaffen als Primärenergieträger genutzt (wobei in Waffen auch Plutonium-239 zum Einsatz kommt).[4] Sämtliche Uranisotope sind radioaktiv.

Die Weltproduktion von Uran betrug im Jahr 2019 etwa 53.656 Tonnen. Große Förderländer sind Australien, Kanada, Russland, Niger, Namibia, Kasachstan, Usbekistan, Südafrika und die USA. Der Verbrauch wird von der Internationalen Atomenergie-Organisation (IAEO) durch den Neubau von Kernkraftwerken für das Jahr 2030 auf 93.775 bis 121.955 Tonnen geschätzt. [5] Schätzungen der IAEO, der Umweltorganisation Greenpeace und der Atomwirtschaft darüber, wie lange die bestehenden Uranvorkommen für die Energieerzeugung reichen werden, liegen zwischen 20 und 200 Jahren.[6]

Um Uran zur Energiegewinnung für den Menschen zu nutzen, genügt indes nicht die bloße Lagerung, sondern es bedarf einer Kernspaltung, bei der ein Atomkern unter Energiefreisetzung in zwei oder mehr kleinere Kerne zerlegt wird. Diese Kernspaltung kann auch als Kernfission bezeichnet werden (im Unterschied zur Kernfusion, bei der mehrere kleinere Atomkerne zu einem größeren Atomkern zusammengebracht werden).[7]

Im Jahr 1938 entdeckten Otto Hahn und Fritz Straßmann die sogenannte induzierte Kernspaltung von Uran, die 1939 von Lise Meitner und Otto Frisch theoretisch erklärt wurde. Damals wurde klar, dass eine sogenannte Kettenreaktion möglich ist, weil bei jeder durch ein Neutron ausgelösten Kernspaltung mehrere weitere Neutronen freigesetzt werden.[8]

Zuerst wurden diese Erkenntnisse für die militärische Forschung während des Zweiten Weltkrieges genutzt. Im Rahmen des Manhattan-Projekts gelang Enrico Fermi am 2. Dezember 1942 die erste kontrollierte nukleare Kettenreaktion in einem Kernreaktor in Chicago (Chicago Pile One). Während das Ziel des von Robert Oppenheimer geleiteten Manhattan-Projekts mit der ersten erfolgreich gezündeten Atombombe am 16. Juli 1945 (Trinity-Test) erreicht wurde, gelang es einer deutschen

Forschungsgruppe unter Werner Heisenberg und Carl Friedrich von Weizsäcker bis zum Kriegsende nicht, einen funktionierenden Kernreaktor zu entwickeln.[9] Wäre diese damals unter dem Namen „Uranprojekt" erfolgte Entwicklung im Dritten Reich erfolgreich gewesen, stünde die Welt heute möglicherweise unter deutscher Herrschaft.

Begriffe im Wandel

Als einer der ersten prägte der Physiker Hans Geitel 1899 den Begriff *Atomenergie* für die im Zusammenhang mit radioaktiven Zerfallsprozessen auftretenden Phänomene. Später kamen die Synonyme *Atomkernenergie*, *Atomkraft*, *Kernkraft* und *Kernenergie* hinzu.

Die Verwendung dieser Begriffe hat eine politisch-ideologisch motivierte Verschiebung erfahren. In den 1950er Jahren war Franz Josef Strauß *Bundesminister für Atomfragen*. Eine 1955 in Genf abgehaltene Konferenz mit hochrangigen Wissenschaftlern trug den Titel *International Conference on the Peaceful Uses of Atomic Energy* und wurde in deutschen Medien als Atomkonferenz bekannt. In der Folge dieser Konferenz wurde 1957 die Internationale Atomenergie-Organisation (IAEA) gegründet. Der Lobbyverband der an der Technik interessierten deutschen Unternehmen wurde 1959 als Deutsches Atomforum ins Leben gerufen. In den folgenden Jahrzehnten distanzierten sich die Befürworter der Technik von der Vorsilbe *Atom* und verwendeten in Deutschland ausschließlich *Kern*. Parallel dazu geschah im englischen Sprachraum eine Verschiebung von *atomic* zu *nuclear*. Als Grund gilt die unerwünschte Assoziation mit dem zunehmend negativ besetzten Begriff der Atombombe; die technisch-physikalische Rechtfertigung betont, dass die relevanten Prozesse im Kern ablaufen, und nicht im gesamten Atom, dessen chemische Eigenschaften von der Atomhülle bestimmt werden. Kritiker behielten dagegen die Vorsilbe *Atom* sowohl in der Eigenbezeichnung Atomkraftgegner als auch in Slogans wie etwa „Atomkraft? Nein danke!“ bei. Sie sprachen weiterhin von Atomenergie und Atomkraftwerken mit der Abkürzung AKW.[10]

Das Synonym *Atomkernenergie* wurde in der ersten Zeit der technischen Nutzung verwendet[11] (Namensänderung des Atomministeriums in Bundesministerium für Atomkernenergie 1961) und findet bis heute als atomrechtlicher Begriff etwa beim Länderausschuss für Atomkernenergie Anwendung.[12]

Erste zivile Verwendung der Kernenergie

Nach dem Zweiten Weltkrieg wurde die militärische Forschung fortgesetzt und parallel dazu die zivile Verwendung der Kernenergie entwickelt. Ende 1951 erzeugte der Versuchsreaktor EBR-I (Experimental Breeder Reactor) im US-Bundesstaat Idaho erstmals elektrischen Strom aus Kernenergie.[13] Das erste Kraftwerk zur großtechnischen Erzeugung von elektrischer Energie wurde 1954 mit dem Kernkraftwerk Obninsk bei Moskau in Betrieb genommen. Es war das weltweit erste wirtschaftlich genutzte Kernkraftwerk.[14]

Am 17. Oktober 1955 eröffnete die britische Königin Queen Elizabeth II. an der englischen Nordwestküste das Kernkraftwerk Calder Hall, das als erstes kommerzielles Atomkraftwerk gilt. Die Queen deklamierte: „Mit Stolz eröffnen wir Calder Hall, Englands erstes Atomkraftwerk, das uns alle benötigte Elektrizität liefert, ohne Kohle oder Öl dafür nutzen zu müssen.“ Tatsächlich produzierte die Anlage jedoch nicht vorrangig Strom, sondern Plutonium für den in direkter Nachbarschaft gelegenen Reaktor Windscale, in dem schon seit 1950 Plutonium zum

Atombombenbau gewonnen wurde. Das moralische Dilemma der „Dual Use“, der Möglichkeit, eine Technologie für friedliche und militärische Zwecke zu verwenden, spielte also von Anfang an eine maßgebliche Rolle bei der Kernkraft und ist bis heute für ein zwiespältiges Verhältnis vieler Menschen zu dieser je nach Anschauung Zukunfts- oder Teufelstechnologie verantwortlich. Unter den Ehrengästen in Calder Hall war übrigens auch der deutsche Bundesverteidigungsminister Franz Josef Strauß, ein Verfechter der atomaren Bewaffnung der kurz zuvor neu gegründeten Bundesrepublik Deutschland.[15]

Kernkraft in Deutschland seit 1957

In Deutschland wurde 1957 in Garching bei München der erste Forschungsreaktor in Betrieb genommen. Als erstes bundesdeutsches Kernkraftwerk speiste 1961 das AKW Kahl immerhin 15 Megawatt Strom ins westdeutsche Versorgungsnetz ein.[16] 1966 nahm in der damaligen DDR das Kernkraftwerk Rheinsberg seinen Betrieb auf.[17]

Der Ausbau der Kernenergie in der Bundesrepublik Deutschland erfolgte zu dieser Zeit nicht etwa, weil eine Energieknappheit herrschte, sondern war primär auf das Engagement staatlicher Instanzen zurückzuführen. Hingegen fungierten die Energieversorgungsunternehmen lange Jahre als der bremsende Faktor bei der Durchsetzung der Kernenergie“.[18] Das auffallend starke staatliche Interesse lässt sich damit erklären, dass in den Anfangsjahren der entscheidende Antrieb für das deutsche Kernenergieprogramm darin bestand, damit die Option auf eine Nuklearbewaffnung zu schaffen. Während die deutsche Atompolitik in Fortsetzung des Atomprojekts während der Nazizeit zunächst auf den Schwerwasserreaktor setzte, übernahm man in den 1960er Jahren das günstigere amerikanische Konzept des Leichtwasserreaktors, was damals als ein „Sieg der Ökonomen über die Techniker" interpretiert wurde.[19]

Mit dieser Nachahmung der Amerikaner ergaben sich für Deutschland allerdings einige Probleme: So waren die zivilen amerikanischen Reaktoren in Anbetracht des Status der USA als Atommacht derart gewählt, dass sie von den militärischen Uran- und Plutoniumanlagen profitierten, womit eine fließende Grenze zur Militärtechnik eine Grundvoraussetzung der dortigen Reaktorentwicklung war. Deshalb war die Eignung der amerikanischen Reaktortechnik für Deutschland insoweit fraglich, dass sich Deutschland damit für alle Zeiten als Nichtatommacht begriffen hätte.

In den 1960er Jahren wurden zahlreiche weitere Kernkraftwerke mit deutlich höherer Leistung gebaut. So hatte das 1966 in Betrieb gehende Kernkraftwerk Gundremmingen eine Leistung von 250 Megawatt. In den 1970er Jahren wurde insbesondere nach der ersten Ölkrise 1973 der Bau von Kernkraftwerken forciert. Diese Reaktoren, wie beispielsweise der Block B des Kernkraftwerks Biblis, leisteten etwa 1,3 Gigawatt. Im Zuge der Proteste der Anti-Atomkraft-Bewegung gegen den Bau des Kernkraftwerks Wyhl 1975 in Deutschland entstand eine größere Opposition gegen die zivile Nutzung der Kernenergie. Gegen den Bau der Kernkraftwerke Brokdorf und Grohnde in den 1970er und 1980er Jahren gab es ebenfalls heftige Proteste.

Unfälle und Katastrophen führen zum Ausstieg

Die Kritik an der Kernkraft verstärkte und verschärfte sich insbesondere durch das schwere Reaktorunglück im Kernkraftwerk Three Mile Island bei Harrisburg (USA) am 28. März 1979, bei dem es erstmals zu einer partiellen Kernschmelze kam.[20]

Am 26. April 1986 ereignete sich die Katastrophe von Tschernobyl, bei der nach einer Kernschmelze auch in Westeuropa große Mengen von Radioaktivität niedergingen. In der Folge nahm insbesondere in Europa die Kritik an der Nutzung der Kernenergie deutlich zu. Im Jahr 2000 wurde in Deutschland auf Druck der Bundesregierung mit dem „Gesetz zur geordneten Beendigung der Kernenergienutzung zur gewerblichen Erzeugung von Elektrizität“ der Ausstieg aus der kommerziellen Nutzung der Kernenergie bis etwa 2020 beschlossen.[21]

Zwar wurden in Folge dessen bis 2005 zwei Kernkraftwerke vom Netz genommen, aber 2010 beschloss die Bundesregierung eine Laufzeitverlängerung deutscher Kernkraftwerke um bis zu 14 Jahre. Dieser Beschluss war von Anfang an politisch und gesellschaftlich stark umstritten, wobei sich der Widerstand nach der Nuklearkatastrophe von Fukushima in Japan seit März 2011 verstärkte. Der schwere Unfall in Fukushima hatte gezeigt, dass der weltweit verbreitete Leichtwasserreaktor den Ansprüchen an Sicherheit nicht in jedem Fall genügt. Als Reaktion darauf verkündete die Bundesregierung im März 2011 zunächst ein dreimonatiges Atom-Moratorium; schließlich wurde im Atomkonsens der Ausstieg bis zum Jahr 2022 beschlossen, die acht ältesten Kernkraftwerke wurden sofort stillgelegt.[22]

Die deutsche Kernkraft und der Krieg in der Ukraine

Zum Jahreswechsel 2021/22 gingen drei weitere deutsche Atomkraftwerke vom Netz, nämlich die Meiler in Gundremmingen an der Donau, Grohnde an der Weser und Brokdorf an der Elbe. Grohnde hatte seit seiner Inbetriebnahme im Jahr 1984 mehr als 400 Terrawattstunden Strom produziert – ein Weltrekord, der 2021 sein Ende fand.[23] Für die drei verbliebenen deutschen Atomkraftwerke Emsland, Neckarwestheim 2 und Isar 2 stand laut Planung das Betriebsende 2022 fest[24] – bis Russland im Frühjahr 2022 in die Ukraine einmarschierte und im Zuge der darauf folgenden Sanktionspolitik die Energieversorgung in Deutschland in Bedrängnis geriet, nachdem Russland die Gaslieferungen gedrosselt hatte. Diese Entwicklung, die als unvorhersehbar galt, führte zum politischen Ruf nach Verlängerung der Laufzeiten für die verbleibenden Kernkraftwerke, etwa durch Sachsens Ministerpräsidenten Michael Kretschmer, Bayerns Regierungschef Markus Söder und Bundesfinanzminister Christian Lindner.[25] Wirtschaftsverbände forderten die Bundesregierung zu einem Energiemoratorium auf: „Im Klartext heißt das, der staatlich forcierte Ausstieg aus der Kohle muss unverzüglich ausgesetzt werden und die verbliebenen Kernkraftwerke müssen über das Jahresende hinaus am Netz bleiben. Andernfalls besteht die reale Gefahr eines flächendeckenden Blackouts. Eine hochindustrialisierte Volkswirtschaft wie Deutschland braucht eine verlässliche Energieversorgung mit einem Höchstmaß an Unabhängigkeit.“[26]

Die drei deutschen Energieerzeuger E.ON, RWE und EnBW lehnten allerdings eine Verlängerung der Laufzeiten für ihre Atomkraftwerke ab.[27] Zugleich stellte der 2022 amtierende Wirtschaftsminister Robert Habeck klar, dass er einen Weiterbetrieb der drei verbliebenen Atomkraftwerke in Deutschland für unwahrscheinlich halte. Die Vorbereitungen für deren Abschaltung seien schon so weit fortgeschritten, dass die Kraftwerke „nur unter höchsten Sicherheitsbedenken und möglicherweise mit noch nicht gesicherten Brennstoffzulieferungen weiterbetrieben werden könnten“.[28] Es kam dennoch sicherlich einer politischen Sensation gleich, dass ausgerechnet ein Minister der Grünen Partei den Weiterbetrieb von Kernkraftwerken in Deutschland auch nur in Erwägung zog. Eine Verlängerung der Laufzeiten wegen der Lage nach der russischen Invasion in die Ukraine lehnte auch Bundeskanzler Olaf Scholz ab.[29] Indes sprach sich im Sommer 2022 bei einer bundesweiten Umfrage eine Mehrheit der deutschen Bevölkerung von immerhin 56 Prozent für eine Verlängerung aus.[30] Die Angst, im Winter 2022/23 frieren zu müssen, weil die Gaslieferungen aus Russland ausbleiben, war offenbar größer als die Sorge um einen atomaren Unfall.

Die Energiekonzerne RWE, Vattenfall, E.ON/Preussen Elektra und EnBW, die jahrzehntelang in deutsche Kernkraftwerke investiert hatten, wurden im Rahmen des Ausstiegs mit einer Entschädigungssumme von 2,43 Milliarden Euro abgefunden.[31] Denn das Ende der Probleme beim Abschalten eines Kernkraftwerks ist mit der Stilllegung keineswegs erreicht, wie der Rückbau des bereits 2011 vom Netz genommenen Atommeilers in Biblis zeigte. Mehr als zehn Jahre später, im Jahr 2022, wurde immer noch nach einer Deponie für den Restmüll gesucht, insgesamt rund 340.000 Tonnen Abfall. Einen besonders problematischen Teil stellte der sogenannte „freigemessene Abfall" dar, bei Biblis betrifft das etwa 10.000 Tonnen. Der Begriff bedeutet, dass laut Messungen die von diesem Teil ausgehende radioaktive Strahlung so minimal ist, dass kein Gesundheitsrisiko besteht. Aber es war praktisch unmöglich, eine Gemeinde mit einer Mülldeponie zu finden, die diesen Messergebnissen vertraute und sich bereiterklärte, den vermeintlich „sauberen" Atomschrott aufzunehmen.[32]

Somit ist Deutschland künftig wohl frei von aktiven Kernkraftwerken.[33] Damit hätte sich Deutschland vor Mitte der 2020er Jahre anscheinend endgültig von einer Technologie verabschiedet, die ungefähr zum gleichen Zeitpunkt von vielen Nationen rund um den Globus als besonders zukunftsträchtig eingestuft wird. Das hängt entscheidend mit der deutschen Angst vor dem „Größten Anzunehmenden Unfall" (GAU) zusammen, einem Atomunfall mit unzähligen Toten und auf sehr lange Zeit irreparablen Schäden, aber auch mit der Urangst vor der Kernkraft, die aus den Atombombenabwürfen des Zweiten Weltkriegs und der atomaren Bedrohung der Welt während des Kalten Krieges resultiert.

Die atomare Apokalypse

Die Entwicklung der Atom- oder Kernwaffentechnik begann im Zweiten Weltkrieg. Am 16. Juli 1945 führten die USA den ersten Kernwaffentest durch. Zur Beendigung des Zweiten Weltkriegs in Asien gab US-Präsident Harry S. Truman am 26. Juli 1945 im Namen der Vereinigten Staaten, der Republik China (das heutige Taiwan) und des Vereinigten Königreichs (Großbritannien) die sogenannte Potsdamer Erklärung ab, in der er die japanische Führung zur sofortigen und bedingungslosen Kapitulation aufforderte und als Drohung hinzufügte:

„Die volle Anwendung unserer militärischen Macht, gepaart mit unserer Entschlossenheit, bedeutet die unausweichliche und vollständige Vernichtung der japanischen Streitkräfte und ebenso unausweichlich die Verwüstung des japanischen Heimatlandes.“[34]

Little Boy und Fat Man töten Hunderttausende

Als Japan nicht darauf einging, warfen die USA die Atombomben „Little Boy“ auf Hiroshima am 6. August 1945 und „Fat Man“ auf Nagasaki am 9. August 1945 ab; es sind bis heute die bislang einzigen Einsätze von Atomwaffen in einem Krieg geblieben. Die Explosionen töteten rund 100.000 Menschen sofort, beinahe ausschließlich Zivilisten. An Folgeschäden starben bis Ende 1945 weitere 130.000 Menschen. In den nächsten Jahren kamen etliche hinzu – insgesamt etwa eine viertel Million Menschen.[35]

Sechs Tage nach dem zweiten Bombenabwurf gab der japanische Kaiser Hirohito mit der Rede vom 15. August die Beendigung des „Großostasiatischen Krieges“ bekannt. Mit der Kapitulation Japans endete am 2. September 1945 der Zweite Weltkrieg auch in Asien, nachdem er in Europa mit der Kapitulation der deutschen Wehrmacht bereits seit dem 8. Mai 1945 vorüber war.[36]

Mit dem Atombombeneinsatz stellten die USA klar, dass sie nicht nur in der Lage waren, jedes Land auf diesem Planeten mehr oder minder zu vernichten, sondern dass sie auch die Entschlossenheit dazu besaßen. Diese Lehre mag heute etwas in den Hintergrund gerückt sein, aber vergessen ist sie bei den meisten politisch Handelnden rund um den Globus sicherlich nicht.

Zar-Bombe: die stärkste jemals gezündete Kernwaffe

Die UdSSR entwickelte ab 1949 Atombomben. Am 30. Oktober 1961 ließ die Sowjetunion die Zar-Bombe explodieren; die stärkste jemals gezündete Kernwaffe löste die größte von Menschen verursachte Explosion in der Geschichte der Menschheit aus. Der Pilz der Wasserstoffbombe stieg 67 Kilometer in die Höhe, das ist fast achtmal höher als der Mount Everest, der höchste Berg auf unserem Planeten. Die Detonation war noch aus mehr als 1.000 Kilometern Entfernung zu sehen, wie Video aufnahmen zeigten, die von Russland erstmals Ende 2021 freigegeben wurden.[37]

Damit war klar: Es sollte nicht allein den USA überlassen bleiben, durch Atomkraft, die überall auf der Welt zur Explosion gebracht werden könnte, die Dominanz rund um den Globus zu erlangen. Während des Kalten Krieges kam es zu einem Wettrüsten, auf dessen Höhepunkt die beiden verfeindeten Seiten zusammen rund 70.000 Atomsprengköpfe besaßen. Ihr gemeinsames Kernwaffenarsenal hatte gegen Ende des Kalten Krieges eine Sprengkraft von mehr als 800.000 Hiroshima-Bomben.[38]

Die Zar-Bombe war übrigens der letzte oberirdische Nuklearbomben-Test, danach verpflichteten sich die Atommächte, ihre Arsenale des Schreckens fortan nur noch unterirdisch zu testen. Bis heute haben weltweit mehr als 2.000 Atomtests durch acht Staaten stattgefunden. Die USA und die Sowjetunion bzw. Russland haben 85 Prozent davon durchgeführt. Seit 1992 halten die USA ein Atomtest-Moratorium ein. Die Sowjetunion bzw. Russland testete zuletzt 1990, Großbritannien 1991. Indien testete eine Atomwaffe bereits 1974. Frankreich führte eine letzte Serie 1995 durch, China 1996, 1998 folgten Indien und Pakistan und schließlich Nordkorea zwischen 2006 und 2017.[39] Die insgesamt 528 Tests in der Atmosphäre, unter Wasser, auf der Erdoberfläche und im Weltraum haben Berechnungen zufolge zu einer Strahlenbelastung auf der Erde geführt, die nach Berechnungen an der Universität München für mehr als drei Millionen Krebstote weltweit verantwortlich ist.[40]

Kubakrise – die Welt am Abgrund

Am 17. April 1961 wurde das kommunistische Kuba, direkt vor den Toren der Vereinigten Staaten von Amerika gelegen, durch rund 1.300 Exilkubaner von Guatemala aus angegriffen, um die kubanische Regierung unter Fidel Castro abzusetzen und die Insel wieder dem westlichen Einfluss unter Führung der USA zuzuführen. Tatsächlich agierten die Angreifer mit verdeckter Unterstützung des US-Geheimdienstes CIA, wie sich im Nachhinein herausstellte. Doch zunächst waren die USA dreist genug, vor der Generalversammlung der Vereinten Nationen jedwede Beteiligung an der Invasion abzustreiten. Erst Tage später übernahm

US-Präsident John F. Kennedy die Verantwortung für die aus Sicht seiner Regierung missglückte Aktion; Fidel Castro blieb weiterhin an der Macht. Es war ein politisches Debakel sondergleichen.[41]

Aus der wahrscheinlich nicht unberechtigten Furcht vor einem erneuten US-gestützten Angriff trieb Fidel Castro die Annäherung Kubas an die Sowjetunion voran. Zu einer Art „Showdown" im Kalten Krieg kam es im Oktober 1962, als die UdSSR sowjetische Mittelstreckenraketen auf Kuba stationieren wollte, also in unmittelbarer Nähe der USA. Es war eine Reaktion auf die zuvor erfolgte Stationierung US-amerikanischer Jupiter-Mittelstreckenraketen auf einem NATO-Stützpunkt in der Türkei, unmittelbar an der Grenze zur Sowjetunion.[42]

Angst vor der Apokalypse

Das war zu viel für John F. Kennedy: Der US-Präsident drohte mit dem Einsatz von Atomwaffen. Die akute Gefahr einer Vernichtung der halben oder auch der ganzen Erde durch einen Atomkrieg schien noch nie so groß gewesen zu sein wie in der Kubakrise. Atomare Mittelstreckenraketen galten damals sozusagen als „Non-plus-Ultra", weil sie, im Unterschied zu den bereits vorher verfügbaren Interkontinentalraketen, das feindliche Territorium erreichen konnten, bevor der Gegner Abwehrmaßnahmen einzuleiten oder einen Gegenschlag auszulösen vermochte.

Doch sowohl die Führung der UdSSR als auch der USA scheuten vor der Apokalypse eines atomaren Weltkrieges zurück. Es wäre der Dritte und vermutlich zugleich der letzte Weltkrieg der Menschheit gewesen. Schließlich einigte man sich darauf, dass die Sowjetunion auf die Stationierung auf Kuba verzichtet und die USA im Gegenzug garantieren, keinen weiteren Angriff auf die Insel durchzuführen. Erst mit deutlicher Zeitverzögerung sollten die USA zudem ihre Mittelstreckenraketen aus der Türkei abziehen, damit sie nicht als Verlierer in der Kubakrise dastünden.[43]

Aus dieser Beinahe-Vernichtung der Welt zogen sowohl die USA als auch die UdSSR Konsequenzen. Die Atommacht wurde aus den Händen der Militärs genommen und dem jeweiligen Regierungschef direkt unterstellt. Die Codes für den Abschuss von US-Nuklearwaffen befinden sich seit dieser Zeit in einem Koffer, zu dem nur der US-Präsident Zugang hat; ähnlich wird es seitdem in Russland gehandhabt. 1963 wurde der sogenannte „Heiße Draht" eingerichtet, eine direkte Fernschreiberverbindung zwischen den Regierungssitzen beider Länder, um im Krisenfall den schnellen Kontakt zu ermöglichen und durch sofortige Verhandlungen eine Eskalation abwenden zu können. Zudem begann der Einstieg in bilaterale Verhandlungen zur Rüstungskontrolle.[44]

So führte die Kubakrise zu einer allmählichen Entspannungspolitik der beiden Supermächte. Diese Phase war über lange Zeit hinweg durch rüstungsbegrenzende Verhandlungen und Vereinbarungen wie SALT (Strategic Arms Limitation Talks), ABM (Anti-Ballistic Missile Treaty) oder INF (Intermediate Range Nuclear Forces) gekennzeichnet – wohlgemerkt, stets zwischen den Vereinigten Staaten von Amerika auf der einen und der Sowjetunion auf der anderen Seite.[45]

Ausstieg aus der Abrüstung

Im Herbst 2018 schreckte die US-Regierung die Welt mit der Ankündigung auf, die Vereinigten Staaten von Amerika würden aus dem Vertrag über nukleare Mittelstreckensysteme –

Intermediate Range Nuclear Forces – aussteigen. Das am 8. Dezember 1987 geschlossene bilaterale Abkommen zwischen den USA und der Sowjetunion, das zum 1. Juni 1988 auf unbegrenzte Dauer in Kraft trat, sah die Vernichtung aller landgestützten Flugkörper mit einer Reichweite zwischen 500 bis 5.500 Kilometern vor. Da dies sowohl Atomraketen kurzer als auch mittlerer Reichweite umfasste, war auch von einer „doppelten Nulllösung" die Rede. Die beiden Staaten verpflichteten sich, keine neuen Raketen mit diesem Zielradius zu bauen und alle bereits bestehenden Waffensysteme dieser Art bis auf die letzte Rakete abzubauen.

Die Vereinten Nationen haben übrigens mit der Abrüstung atomarer Kurz- und Mittelstreckenraketen nichts zu tun, das IFN-Abkommen ist ein rein bilateraler Vertrag zwischen den beiden großen atomaren Supermächten. Genau genommen hat die UNO seit dem Zweiten Weltkrieg zu einem der wichtigsten Themen der Weltpolitik – Atomwaffen – wenig bis nichts beigetragen. Wenn es um existenzielle Fragen für ihre eigenen Länder geht, verhandeln die Großmächte seit jeher lieber direkt miteinander.

Die Vernichtung der Erde

Wenn es um die potenzielle Vernichtung der Erde durch Atomwaffen geht, haben die Vereinten Nationen traditionell nicht viel zu melden. Der Atomwaffensperrvertrag, auch Vertrag über die Nichtverbreitung von Kernwaffen oder auf English Non-Proliferation Treaty (NPT) genannt, wurde am 1. Juli 1968 von den USA, der Sowjetunion und Großbritannien sowie später von Frankreich und China unterzeichnet und trat am 5. März 1970 in Kraft. Das war mitten im Kalten Krieg und während des Wettrüstens der beiden Supermächte USA und Sowjetunion.

Immerhin diente die UNO als Gesprächsforum für Atomfragen. Schon 1961 hatte Irland in der UNO-Generalversammlung vorgeschlagen, die Verbreitung von Nukleartechnik zu verbieten und im gleichen Jahr erklärte US-Präsident John F. Kennedy ebenfalls vor den Vereinten Nationen: „Jeder Mann, jede Frau und jedes Kind lebt unter einem nuklearen Damoklesschwert, das an einem seidenen Faden hängt, der jederzeit zerschnitten werden kann durch Zufall, Fehlkalkulation oder Wahnsinn." Die Doktrin der nuklearen Abschreckung, also im Falle eines wie auch immer gearteten Angriffs der Gegenseite mit einem Atomschlag zu antworten und damit die Welt in die Luft zu sprengen, hatte an Glaubwürdigkeit eingebüßt. Das bis dato wirksame Gleichgewicht des Schreckens barg zudem die Gefahr, dass Atomwaffen in den Besitz weiterer Staaten oder sogar von Terroristen gelangen würden. Zwischenzeitlich sind mehr als 190 Staaten dem Abkommen beigetreten, was sicherlich von hoher symbolischer Kraft ist, aber sachlich eher unbedeutend, weil der Großteil der Unterzeichner gar keine Atomwaffen besitzt und die Verpflichtung, sich auch künftig keine zuzulegen, nur das manifestiert, was ohnehin außerhalb der Planung oder Reichweite dieser Länder liegt. Entscheidend sind die fünf offiziellen Atommächte, die diesen Status dadurch erlangten, dass sie vor dem 1. Januar 1967 eine Kernwaffe gezündet hatten, und die sich verpflichteten „in redlicher Absicht Verhandlungen zu führen ... über einen Vertrag zur allgemeinen und vollständigen Abrüstung unter strenger und wirksamer internationaler Kontrolle".

Dies ist die einzige bindende Verpflichtung zur vollständigen Abrüstung der Atomwaffenstaaten in dem multilateralen Vertrag. Bemerkenswert ist dabei allerdings, dass vier Staaten den Atomwaffensperrvertrag nicht unterzeichnet haben: Indien, Israel, Pakistan und Südsudan, obgleich mindestens zwei davon – Israel und Pakistan – zweifelsohne über Kernwaffen verfügen.

Nordkorea trat im Januar 2003 aus dem Vertrag aus und ist wahrscheinlich in die 2020er Jahre mit Atomwaffen in Sprengkopfgröße, die in ballistische Raketen passen, eingetreten.[46] Damit kann man zusammenfassend feststellen: Der Atomwaffensperrvertrag war eine gute Idee und er wird der Welt nicht schaden, aber ob er von tatsächlichem Nutzen ist, wenn die Großmächte ohnehin direkt verhandeln und eine Reihe von Atomstaaten überhaupt nicht dabei sind, darf bezweifelt werden.

Ein weiteres Hindernis bei der Umsetzung des Vertrages lag darin, dass er jedem beteiligten Staat das „unveräußerliche Recht" auf ein ziviles Atomprogramm einräumte. Weit darüberhinausgehend verpflichteten sich alle Vertragsunterzeichner „den weitestmöglichen Austausch von Ausrüstungen, Material und wissenschaftlichen und technologischen Informationen zur friedlichen Nutzung der Kernenergie zu erleichtern". Anders formuliert: Jeder Vertragsunterzeichner darf so viel Kernenergie entwickeln und nutzen, wie er will, solange dies unter die zivile Nutzung fällt. Genau dies ist die Krux: Wer auch immer Atomwaffen entwickeln will, wird so lange wie möglich behaupten, dass diese Entwicklung ausschließlich zivilen Zielen diene. Es kommt sogar noch stärker: Die Unterzeichner haben sich verpflichtet, sich gegenseitig bei der Nutzung von Kernenergie zu unterstützen – wiederum ausschließlich für friedliche Zwecke, versteht sich. Das kann gut funktionieren, solange alle freiwillig und vor allem gutwillig mitmachen. Aber es öffnet eben zugleich Türen und Tore für alle, die es ausnutzen wollen.

Die Vereinten Nationen sind machtlos

Immerhin sah der Vertrag eine gewisse Kontrolle bei allen beteiligten Staaten vor, ob sie sich an das Abkommen halten. Hierzu wurde eigens eine neue Behörde, nämlich die Internationale

Atomenergie-Organisation (International Atomic Energy Agency, IAEA) gegründet. So wenig wie die UNO am Zustandekommen des Atomvertrags involviert war, so wenig wurde ihr die neue Atombehörde untergeordnet. Die IAEA ist bis heute keine Sonderorganisation der Vereinten Nationen, sondern eine autonome wissenschaftlich-technische Organisation, die mit der UNO allerdings immerhin durch ein separates Abkommen verbunden ist. Im Rahmen dieses Abkommens berichtet die Atombehörde der UNO, und zwar regelmäßig an die Generalversammlung und darüber hinaus an den Sicherheitsrat der Vereinten Nationen, wenn sie eine Gefährdung der internationalen Sicherheit feststellt.[47] Mit anderen Worten: Sie untersteht nicht der UNO und die UNO hat keine Weisungsbefugnis, aber sie ist über den Sicherheitsrat eng an fünf Kernwaffennationen angebunden. Das kommt einer äußerst schwachen Stellung der Vereinten Nationen bei einer der Schlüsselfragen der Menschheit – nämlich der potenziellen Vernichtung durch die Atomkraft – gleich, während die IAEA selbst durchaus mit einer gewissen Machtfülle ausgestattet ist. So sieht die Satzung vor, „den Beitrag der Kernenergie zu Frieden, Gesundheit und Wohlstand weltweit zu beschleunigen und zu vergrößern". Hierbei soll sie die Anwendung radioaktiver Stoffe und die internationale Zusammenarbeit fördern sowie die militärische Nutzung dieser Technologie durch Überwachungsmaßnahmen verhindern. Hierfür wurde sie im Jahr 2005 gemeinsam mit ihrem damaligen Generalsekretär Mohammed al-Baradei mit dem Friedensnobelpreis ausgezeichnet.

Wie wenig die USA von der internationalen Atomkontrollbehörde hielten, wurde bereits ein Jahr zuvor deutlich, als öffentlich bekannt wurde, dass sie den Friedensnobelpreisträger illegal abhörten, um ihn mit belastendem Material aus dem Amt zu drängen. Das hatte einen einfachen Grund: Mohammed al-Baradei hatte zuvor den damaligen US-Präsidenten Georg W. Bush der Lüge überführt, als dieser im März 2003 den Irak angreifen ließ mit der Begründung, dieses Land besäße atomare Massenvernichtungswaffen. Spätere Untersuchungen der IAEA belegten, dass diese Einschätzung falsch war und es wurde ebenso deutlich, dass dies der US-Regierung bekannt war.[48] Eine umfassende Analyse dazu würde den Rahmen des vorliegenden Buches sprengen.

Die Ohnmacht internationaler Organisationen

Damit steht der Irakkrieg einmal mehr beispielhaft für die Ohnmacht internationaler Organisationen wie der Vereinten Nationen oder der Internationalen Atomenergiebehörde, wenn es um die Interessen der Supermächte geht. Das hindert die internationalen Organisationen allerdings keineswegs daran, in immer neuen Resolutionen, Protokollen und Konferenzen sich dem jeweiligen Thema zu widmen.

So sah sich die IAEA insofern eingeschränkt, als sie zwar durchaus Vor-Ort-Inspektionen in kerntechnischen Anlagen durchführen konnte, diese aber anmelden musste und daher dem zu kontrollierenden Staat die Gelegenheit gab, eventuelle Atomwaffen aus dem Blickfeld der Kontrolleure zu rücken. Prompt verabschiedete die Atombehörde ein Zusatzprotokoll zum Kernwaffensperrvertrag, das den Inspektoren die Möglichkeit gab, auch unangemeldete Kontrollen in beliebigen Anlagen durchzuführen. Um die Einhaltung des Vertrages zu kontrollieren, fanden seit 1995 alle fünf Jahre Überprüfungskonferenzen statt, etwa vom 27. April bis 22. Mai 2015 in New York. Bei der Konferenz 1995 wurde der zunächst nur auf 25 Jahre ausgelegte Vertrag auf unbestimmte Zeit verlängert, aber nicht in seiner Wirksamkeit bestärkt. So wurden auf der 2000er-Konferenz zwar 13 Schritte zu einer vollständigen atomaren Abrüstung beschlossen, doch schon die nächste Konferenz 2005 blieb aufgrund der Blockade der USA ergebnislos. Beim Eintritt in die 2020er-Jahre war mehr atomare Sprengkraft weltweit verteilt als jemals zuvor.

Ähnlich wie bei den Vereinten Nationen durch den Sicherheitsrat von Anfang an die Übermacht einiger weniger Großmächte fest zementiert wurde, so legte der Atomwaffensperrvertrag ein Ungleichgewicht fest: Die offiziellen Atommächte dürfen ihre Arsenale behalten, während allen anderen Staaten eine atomare Aufrüstung verboten wird. Zugleich ist eine Abrüstung durch die offiziellen Mächte nicht zu erkennen.

Der Vorwurf, die Supermächte würden somit ihre eigenen Machtinteressen durch internationale Organisationen wie die UNO oder die IAEA lediglich bemänteln, ist nicht von der Hand zu weisen. Das gilt umso mehr, als die im Atomwaffensperrvertrag festgelegten Kernwaffenstaaten zugleich die ständigen Mitglieder im UNO-Sicherheitsrat sind, die dort ein Vetorecht haben und völkerrechtliche Versuche, sie zur Abrüstung zu bewegen, blockieren können. Zudem muss die Frage erlaubt sein, ob die Atommächte, die durch die Bank weg schon Angriffskriege geführt haben, die moralische Berechtigung haben, anderen Staaten Vorschriften über ihre Bewaffnung zu machen.

Letztlich ist der Atomwaffensperrvertrag schlichtweg unwirksam. Weder rüsten die Großmächte ab noch werden andere Staaten davon abgehalten, sich mit Kernwaffen auszurüsten. Indien und Pakistan haben zwischenzeitlich längst bestätigt, dass sie über Atomwaffen verfügen, von Israel wird es seit langem vermutet. Nordkorea hat bis September 2017 mehrere Atombomben und zuletzt sogar eine Wasserstoffbombe getestet, bevor das Land am 21. April 2018 die Einstellung der Tests verkündete.

Als „Musterbeispiel“, wie UNO-Beschlüsse von Staaten unterlaufen werden, gilt Südafrika. Das Land hatte seit 1969 ein Kernwaffenprogramm verfolgt, dieses Anfang der 1990er-Jahre aber freiwillig beendet. Zwischenzeitlich ist Südafrika dem Atomwaffensperrvertrag beigetreten, besitzt jedoch allem Anschein nach weiterhin die Fähigkeit, nach einem Ausstieg aus dem Vertrag wieder in ein Atomwaffenprogramm einzusteigen.[49]

Seit 2018 steht der Iran im Mittelpunkt der weltweiten Atomdiskussion. Im Mai 2018 erklärten die USA den Ausstieg aus dem bis dahin geltenden Abkommen zur Verhinderung einer iranischen Atombombe und setzte Sanktionen gegen das Land in Kraft. Kurz darauf kündigte der oberste Führer des Landes Ajatollah Ali Khamenei an, mit den Vorbereitungen für eine Wiederaufnahme der unbegrenzten Urananreicherung zu beginnen, also die Voraussetzungen für eine militärische Atomnutzung zu schaffen.[50]

Das Anti-Atomabkommen mit dem Iran war 2015 nicht nur von den USA, sondern auch von Großbritannien, Frankreich, Deutschland, China und Russland unterzeichnet worden. Diese Länder wollten auch 2019 daran festhalten. Doch der Druck der US-Regierung auf diese Staaten, die US-Sanktionen mitzutragen, zeigte schon 2018 Wirkung und die europäischen Firmen zogen sich zusehends aus dem Geschäft mit dem Iran zurück. Zu groß war augenscheinlich die Angst, gegen den ausdrücklichen Willen der USA zu handeln.[51]

Die Frage nach der Haltung der Vereinten Nationen zu diesem Thema stellte sich erst gar nicht, weil sie unerheblich war.

Das Kriegstriumvirat

Auf jeden Fall die USA, eventuell Russland, möglicherweise auch China – so lässt sich die potenzielle Involvierung der drei Supermächte in einen Dritten Weltkrieg wohl am besten beschreiben. Europa steht dabei durch die NATO gebunden an der Seite der USA. Den Vereinten Nationen dürfte keine maßgebliche Rolle zufallen. Kein Land aus dem Triumvirat der Supermächte – die USA, Russland und China – gesteht der UNO eine nennenswerte Machtfülle zu.

Schon am 2. März 2015 warnten die Politologen Stephan Cohen und John Mearsheimer davor, dass die USA einen Krieg mit Russland provozieren könnten. Kaum jemand nahm Notiz davon, die Medien hatten Wichtigeres zu berichten. Dass die USA einen militärischen Konflikt mit Russland planen könnten, hörte sich wie eine Verschwörungstheorie an.[52]

Seit 2018 positionierte die US-Regierung indes China deutlich stärker als Feindbild. In einem ultimativen Ton forderte die US-Regierung im November 2018, dass China sich den Forderungen der Vereinigten Staaten unterwerfen solle, ansonsten müsse das Land mit einem allumfassenden Kalten Krieg rechnen.

Die USA erklärten, nach Asien gekommen zu sein, um zu bleiben. Nachdem kurz vorher der chinesische Präsident dazu aufgerufen hatte, sich auf einen Krieg vorzubereiten, stellte das eine erneute Eskalationsstufe dar, welche die Angst vor einer Konfrontation der beiden Supermächte weiter erhöhte. Die Gefahr, dass aus dem tobenden Handelskrieg ein militärischer Krieg entstehen könnte, war nicht länger von der Hand zu weisen.[53] Die 2021 ins Amt gekommene US-Regierung von Präsident Joe Biden und Vizepräsidentin Kamala Harris vermeidet bislang jedwede

Kriegsrhetorik, aber der grundlegende China-USA-Konflikt wird dadurch nicht vermindert.

Russlands Präsident Wladimir Putin warnte bereits 2019 davor, die drohende Gefahr eines Atomkriegs zu unterschätzen. „Wenn, Gott verhüte, so etwas passiert, kann das zur Vernichtung der ganzen Zivilisation führen, wenn nicht des ganzen Planeten“, erklärte Putin auf der Jahrespressekonferenz 2019. Die Verantwortung für die wachsende Gefahr sah Putin, wenig überraschend, auf Seiten der USA.[54]

Raketen gegen China – und zurück

Kaum hatte die US-Regierung den Ausstieg aus dem INF-Abkommen verkündet, gingen die USA daran, Mittelstreckenraketen in den pazifischen Raum zu verlagern. Daraus lassen sich drei Schlussfolgerungen ableiten: Erstens ging es den USA in erster Linie nicht darum, das INF-Abkommen wegen des russischen Marschflugkörpers 9M729, dessen Reichweite den INF-Vertrag verletzt, zu beenden. Sondern zweitens betrachten die USA China als den gefährlicheren Feind als Russland und bringen sich folglich gegenüber China auch mit Raketen in Stellung. Und drittens will sich die US-Regierung unabhängig von internationalen Verträgen machen, um nach eigenem Gutdünken handeln zu können. Es ist vermutlich nur eine Frage der Zeit, bis die USA auch das Start-Abkommen, das die einzige Begrenzung der Atomwaffenarsenale beider Länder darstellt, für beendet erklärt. Letztlich lässt sich festhalten, dass die USA auf ein neuartiges Wettrüsten setzt, um die dominierende Rolle der Vereinigten Staaten von Amerika wortwörtlich mit allen Mitteln zu verteidigen.

Wer die Schuld am neuen Wettrüsten einseitig den USA anlastet, sollte allerdings auch den „Bericht zur neuen Verteidigungsstrategie" lesen, den China Mitte 2019 herausgegeben hat. China bescheinigt darin den USA, die „absolute militärische Überlegenheit" erreichen zu wollen und betrachtet die Vereinigten Staaten von Amerika als Hauptgegner in einer „zunehmend multipolaren Welt", die China keineswegs als friedlich einstuft. Die Schuld am atomaren Wettrüsten wird den USA zugewiesen, die „den Wettstreit zwischen den großen Ländern provoziert und verstärkt". Als Anzeichen und zugleich Beleg hierfür werden in dem Report die deutliche Vergrößerung der Rüstungsausgaben und die Erhöhung der Kapazitäten bei den Atomwaffen, der Raketenabwehr, im Weltraum und im Internet der USA angeführt. Dadurch werde die „globale strategische Stabilität", in der China die Welt sieht, von den USA ausgehebelt.

Doch nicht nur die USA, auch die Europäische Union verstärkt in den Augen Chinas seine militärische Präsenz seit Jahren, vor allem in Zentral- und Osteuropa. Das gelte sowohl für das nordamerikanische Verteidigungsbündnis NATO als auch für alle Überlegungen zu einer eigenen europäischen Armee. Bei Russland nimmt China laut dem 2019er-Report ebenfalls eine zusehende Verstärkung der nuklearen und konventionellen Waffenkapazitäten wahr. Sich selbst sieht China als friedensliebende Macht, die seit 70 Jahren, seit der Volksrepublik, keinen Krieg oder Konflikt mehr begonnen hat.

Seine Atomwaffenstrategie beschreibt China wie folgt: Aufrechterhaltung der nuklearen Abschreckung, Entwicklung von Weltraum- und Cyberspace-Kapazitäten. China legt Wert darauf, seine Souveränität und maritimen Rechte sowie seine Interessen im Ausland zu sichern, plant aber laut Strategiepapier keinen Ersteinsatz von Atomwaffen und – bemerkenswert – auch nicht die Drohung mit einem Ersteinsatz.

Nach eigener Darstellung stuft sich China also als ein friedliebendes Land ein, das Waffen lediglich braucht, um seine legitimen Rechte gegen Aggressoren – allen voran die USA – zu verteidigen. Das Land sehe sich gezwungen, beim Wettrüsten mitzuhalten, um sich gegebenenfalls gegen ungerechtfertigte Angriffe zur Wehr zu setzen.

An möglichen Verhandlungen über den Abbau von Atomwaffen will China nicht teilnehmen, weil das chinesische Potential gering sei im Vergleich mit den Atomwaffenarsenalen Russlands und der USA.[55] Indes setzt China augenscheinlich alles daran, dies zu ändern. Admiral Charles Richard, der die US-Atomstreitkräfte befehligt, berichtete 2021 bei einer Anhörung vor dem Kongress der Vereinigten Staaten, dass in China eine „atemberaubende Expansion“ im Gange sei, einschließlich eines wachsenden Arsenals von Interkontinentalraketen und neuen mobilen Raketenwerfern. Ebenfalls 2021 nährten Satellitenaufnahmen von verdächtigen Bauarbeiten im Nordwesten Chinas in den Städten Hami und Yume den Verdacht, dass das Land sein Atomwaffenarsenal weiter aufstockt.[56] Analysen der Satellitenaufnahmen kommen auf mindestens 229 Silos für Interkontinentalraketen, die die wichtigsten Trägermittel für Atomwaffen darstellen.[57]

Vor 2021 war angenommen worden, dass China „nur“ über 250 bis 350 Atomraketen verfügt. Die Aufstockung um 229 neue Raketen käme also in etwa einer Verdoppelung des atomaren Arsenals gleich. Diese massive Expansion steht im Einklang mit den Worten von Staatschef Xi Jinping bei den Feierlichkeiten zum 100. Jahrestag der Gründung der Kommunistischen Partei im Juli 2021: China werde mit dem Aufbau einer Armee von „Weltklasse“ fortfahren, um seine nationalen Interessen zu verteidigen. Er erklärte: „Das chinesische Volk wird ausländischen

Kräften niemals erlauben, uns zu schikanieren, zu unterdrücken oder zu versklaven."[58]

China schließt atomaren Erstschlag nicht mehr aus

Im Frühherbst 2021 sprach der frühere Botschafter Chinas bei den Vereinten Nationen, Sha Zukang, das beinahe Undenkbare aus: China müsse von seiner „No-first-Use"-Politik bei der Verwendung von Atombomben abkommen. Diese Politik sah bis dahin vor, dass China zwar jederzeit bereit sein müsse, auf einen Angriff von Seiten eines anderen Landes mit Atomkraft zu antworten, aber niemals selbst als erstes einen Atomangriff starten dürfe. China gilt seit 1964 als Atommacht und führte vier Jahre später die „No-first-Use"-Politik ein. Nachdem die USA am 6. und 9. August 1945 die ersten Atombomben der Welt gezielt gegen die Zivilbevölkerung Japans abgeworfen hatten, wollte China einen solchen Schritt, eine dritte Atombombe, 2021 zumindest nicht mehr ausschließen. Die USA haben sich dazu verpflichtet, keine Nuklearwaffen gegen die meisten anderen Länder einzusetzen, jedoch China, Russland und Nordkorea ausdrücklich von dieser Verpflichtung ausgeschlossen.[59]

Dem Paradigmenwechsel Chinas war die Verkündung eines Militärbündnisses der USA mit Australien, AUKUS genannt, vorangegangen, um den australischen Kontinent erstmals mit nukleargetriebenen U-Booten auszurüsten. Das atomare Vorpreschen der USA 2021 war als direkter Ausgleich zur Aufrüstung Chinas im Pazifik zu werten. Hinzu kam 2021 eine weitere Allianz zwischen den USA, Indien, Japan und Australien, Quad genannt, bei der US-Präsident Joe Biden die Führung für sich beanspruchte und die Sicherheitsfragen angesichts der steigenden Gefahr aus China zum Inhalt hatte.[60] Alle diese Entwicklungen führten offensichtlich dazu, dass China seit 2021 einen atomaren Erstschlag nicht mehr ausschließt.

Allerdings liegt China selbst mit den jüngsten atomaren Aufrüstungsprogrammen noch weit hinter den USA und Russland zurück. In das Jahr 2022 ist China mit weit weniger als 1.000 Atomsprengköpfen gegangen, während die USA und Russland über jeweils rund 4.000 Nuklearsprengköpfe verfügen.[61] Allerdings gibt es wohl zu Recht die Befürchtung, dass China bis spätestens 2030 über mehr als 1.000 Atomsprengköpfe verfügen wird.[62] Doch es geht bei internationalen Atomfragen nicht nur um China, Russland und die USA.

Das arabische Atom

Vielleicht beginnt der nächste Atomkrieg gar nicht mit der Konfrontation der drei Supermächte – also den USA, Russland und China –, sondern unter Umständen ist es ein arabischer Atomkonflikt, der die Erde entzündet. Jedenfalls war die Welt beunruhigt, als der Kronprinz von Saudi-Arabien, Mohammed Bin Salman, im März 2018 bei einem Besuch in den USA in der reichweitenstarken TV-Sendung „60 Minutes“ unverblümt erklärte: „Saudi-Arabien hat nicht vor, sich eine Atombombe zu verschaffen. Aber es gibt nicht den Hauch eines Zweifels darüber, dass wir, sollte der Iran eine Atombombe entwickeln, sobald wie möglich das Gleiche tun werden.“ Diese Drohung war nicht neu. Schon im Juni 2011 stellte der zur saudi-arabischen Königsfamilie gehörende Prinz Turki al-Faisal glasklar fest: „Wir können nicht in einer Situation leben, in der Iran Atomwaffen hat und wir nicht. So einfach ist das. Wenn Iran eine Atomwaffe entwickelt, werden wir das Gleiche tun.“[63]

Seitdem rückte die Realität immer näher an diese Drohung heran. Zuvor haben der Iran und die internationale Staatengemeinschaft zusammen mehr als zwölf Jahre lang über Irans Atomprogramm verhandelt. 2005 erklärte sich die iranische Regierung in Teheran bereit, die Anreicherung von Uran und die Wiederaufbereitung von Brennstäben auszusetzen. Teheran unterzeichnete sodann das Zusatzprotokoll zum Atomwaffensperrvertrag, das den Inspekteuren der Internationalen Atomenergiebehörde IAEA uneingeschränkten Zugang zu allen Atomanlagen des Landes erlaubte. Doch nur ein Jahr später nahm das Land die Urananreicherung wieder auf und verwehrte der IAEA den Zugang.

Der UNO-Sicherheitsrat verhängte erste Sanktionen. Später folgten weitere Strafmaßnahmen, weil Teheran offensichtlich sein Atomprogramm immer weiter ausbaute, ohne der internationalen Staatengemeinschaft Einblick etwa in die Errichtung des Forschungsreaktors Fordo zu gewähren. 2013/2014 setzte der Iran sein Atomprogramm augenscheinlich zeitweise aus, um eine Lockerung der Sanktionen, die das Land schwer trafen, zu bewirken. Aus demselben Grund stimmte Teheran 2015 schließlich einer Begrenzung seines Atomprogramms zu. Die Sanktionen sollten aber nur zurückgefahren werden, wenn die IAEA bestätigt, dass der Iran seinen Pflichten auch tatsächlich nachkommt.

Rüder Ton statt ständiger Beschwichtigung

2016 kam US-Präsident Donald Trump für vier Jahre an die Macht – und bezeichnete das Iran-Abkommen ein Jahr später als eines der „allerdümmsten und schlechtesten Abkommen überhaupt, das nie hätte abgeschlossen werden dürfen“. Man mag den rüden Ton wie stets bei ihm kritisieren, aber in der Sache dürfte Trump nahe an der Wahrheit gewesen sein. Es geht um dieselbe

Frage, die sich schon 80 Jahre zuvor bei Hitler stellte: Lässt sich Fanatismus durch Diplomatie bekämpfen?

Vermutlich nicht, bei Hitler war es jedenfalls katastrophal schief gegangen. Eine Politik der ständigen Beschwichtigung und des Entgegenkommens zur Vermeidung von Konflikten dürfte in der Regel ganz im Gegenteil dazu führen, dass der Konflikt später umso stärker ausbricht. Das ist jedenfalls die Lehre aus der Besänftigungspolitik gegenüber Hitler-Deutschland, die im Zweiten Weltkrieg gipfelte. Ende September 1938 schlossen Großbritannien und Frankreich ein Friedensabkommen mit Deutschland und am 30. September verkündete der britische Premierminister Arthur Neville Chamberlain voller Stolz in seiner Heimat, er habe einen ehrenvollen Frieden mitgebracht: „Ich glaube, es ist der Friede für unsere Zeit. … Nun gehen Sie nach Hause und schlafen Sie ruhig und gut."[64] Man könnte es in Anlehnung an Trump zu den „allerdümmsten und schlechtesten Abkommen" zählen: Nur sechs Monate später besetzte die deutsche Wehrmacht das gesamte Staatsgebiet der Tschechoslowakischen Republik. Es lässt sich wohl nur darüber spekulieren, wie schnell es dem Iran gelingen könnte, eine Atommacht zu werden. Aber wenn ihm die internationale Staatengemeinschaft unter ständigen Verhandlungen jahrelang Zeit gewährt, könnte es gelingen. Aus dieser Erkenntnis heraus verkündete US-Präsident Trump am 8. Mai 2018, dass die Vereinigten Staaten von Amerika aus dem Atomabkommen mit Iran aussteigen.

Am 5. November 2018 traten die Sanktionen wieder in Kraft – und die USA legten höchsten Wert darauf, dass diese nicht nur für US-Firmen gelten. Um den Iran in die Knie zu zwingen, erwarteten die Vereinigten Staaten von Amerika von Unternehmen, egal in welchem Land – also auch in Europa –, dass sie sich strikt an die US-Sanktionen halten. Die US-Regierung stellte alle Länder und Firmen vor die Wahl, entweder mit dem Iran oder mit den USA Geschäfte zu machen – wer wollte angesichts dieser Alternativen schon gegen die Vereinigen Staaten von Amerika handeln?[65] Nun, die Europäische Union versuchte es zumindest, indem sie eine Verordnung aus dem Jahre 1996 zur Abwehr amerikanischer Sanktionen reaktivierte. Im Kern besagte die Verordnung, dass Entscheide aus Drittstaaten, die auf den erfassten Sanktionen beruhen, nicht vollstreckbar seien. Im Prinzip untersagte sie EU-Firmen sogar, sich an die Sanktionen zu halten. Internationale Unternehmen mussten sich also im Grunde entscheiden, ob sie nach EU-Recht oder nach US-Recht legal bzw. illegal handeln – eine völlig absurde Situation, bei der es vermutlich nur einen einzigen Gewinner gab: das iranische Atom(waffen)programm.

Wenn diese Sanktionen gegen den Iran seit 2019 ohnehin greifen, hatte das Land keinen Grund mehr, sich mit seinem Atomprogramm zurückzuhalten – ganz im Gegenteil hat es gute Gründe, seine atomare Entwicklung zu beschleunigen. Im ersten Corona-Jahr 2020 hat der Iran allem Anschein nach alles darangesetzt, sein Atomprogramm besonders aggressiv voranzutreiben.[66] Die Entscheidung des UNO-Sicherheitsrats im gleichen Jahr, das bis dahin bestehende Waffenembargo gegen den Iran nicht zu verlängern, hatte weiteres Öl ins Feuer gegossen. Russland und China hatten in dem UNO-Gremium den US-Vorschlag zur Embargoverlängerung abgelehnt, so dass wieder konventionelle Waffen in den Iran geliefert werden dürfen.[67]

Durch den weiteren Aufstieg Irans ist die Drohung Saudi-Arabiens, ebenfalls auf Atomwaffen zu setzen, sehr ernst zu nehmen. Die nie öffentlich bekanntgegebene, aber allseits bekannte Tatsache, dass mit Israel eine weitere Atommacht im Nahen Osten präsent ist, macht die Sache nicht besser. Als im November 2020 der Wissenschaftler Mohsen Fakhrizadeh, eine Schlüsselfigur des iranischen Atomprogramms, einem Anschlag nahe Teheran zum Opfer fiel, machte die Führung Irans sofort Israel dafür verantwortlich.[68]

Zwei der Nahost-Mächte werden von den USA klar unterstützt: Israel und Saudi-Arabien. Während die Nähe zu Israel historisch bedingt ist, verheißt die seit 2018 zu beobachtende starke Annäherung der USA an die Saudis nichts Gutes. Das gilt umso mehr, als Saudi-Arabien am 2. Oktober 2018 mit der brutalen Ermordung des regierungskritischen Journalisten Jamal Khashoggi im saudischen Konsulat im türkischen Ankara weltweit für empörte Schlagzeilen sorgte. Allem Anschein nach hatte das saudische Königshaus ein Mörderteam einfliegen lassen, um Jamal Khashoggi im Konsulat umzubringen, zu zerstückeln und entsorgen zu lassen – eine Vorgehensweise, die man sonst nur aus Mafiafilmen kennt. Das US-Magazin *Time* kürte den ermordeten Journalisten daraufhin zu der „Person des Jahres 2018“.[69] Das alles hielte die US-Regierung aber nicht davon ab, der saudischen Regierung in Riad weiterhin die Treue zu versichern. Vor allem stellten die USA den Saudis ein Milliardengeschäft in Aussicht: den Verkauf von Plänen für den Bau von Atomkraftwerken. Je nachdem, wie viele Atomkraftwerke gebaut werden, könnte der Deal ein Volumen von bis zu 80 Milliarden Dollar aufweisen. Pikant waren dabei zwei scheinbare Details: Saudi-Arabien bestand wohl darauf, selbst Nuklearbrennstoff zu produzieren, und die Regierung wollte auf keinen Fall UNO-Inspektoren Zugang zu ihrem Nuklearprojekt gewähren. Das nährt die Vermutung, dass sich Saudi-Arabien mittels amerikanischer Hilfe mit Atomwaffen ausrüsten will, um etwa dem Iran Paroli zu bieten.

Alle diese Entwicklungen von der China-USA-Auseinandersetzung bis zum „Atom-Monopoly“ im Nahen Osten machen klar: Eine „Rückkehr“ der Kernkraft, die im Grunde niemals „weg“ war, steht nicht nur für die zivile Nutzung, sondern leider auch für die militärische Nutzung auf der Agenda unserer Welt. Eine Kontrolle darüber durch internationale Organisationen findet faktisch nicht statt, sondern es herrscht offensichtlich das Recht des Stärkeren, wie in diesem Kapitel anhand einiger ausgewählter Beispiele dargelegt. Diese Gemengelage gilt es zu berücksichtigen, um die starke emotionale Ablehnung „der Atomkraft" gleichgültig in welcher Form nicht nur in Deutschland durch weite Teile der Zivilgesellschaft zu versehen.

Ist Nuklearterrorismus denkbar?

Auf jeden Fall lässt sich die in der Überschrift steckende Frage beantworten. Aber ist er wahrscheinlich? Eher nicht. Zumindest gibt es bislang keinen einzigen bekannten Fall von Nuklearterrorismus.

Seit dem sprunghaften Anstieg nuklearer Schmuggelfälle und der Proliferation waffenfähiger Spaltstoffe im Jahr 1994 ist das Problem des Nuklearterrorismus in das Blickfeld der Öffentlichkeit geraten. Doch trotz der vermeintlichen Attraktivität nuklearer Drohungen für politisch motivierten Terrorismus entspricht die nukleare Massenvernichtung nur sehr bedingt den Zielsetzungen von Terroristen; diese wollen in der Regel die Weltöffentlichkeit als atemlose Zuschauer gewinnen, nicht sie vernichten. Die Terroranschläge vom 11. September 2001 haben indes bewiesen, dass sich diese beiden Ziele nicht ausschließen.[70]

Allerdings sind die Hürden für einzelne Terrorgruppen nach wie vor extrem hoch. Selbst der Bau einer „einfachen Uranbombe" ist alles andere als trivial. Eine staatliche Unterstützung für Terrorgruppen (State Sponsored Terrorism) ist zwar im nicht-nuklearen Bereich weit verbreitet, es ist aber nur schwer vorstellbar, dass Staaten Terrorgruppen mit nuklearer Macht ausstatten, mit der sie letztlich selbst bedroht werden könnten. Aber, um auf den Ausgangspunkt zurückkommen: Undenkbar und damit unmöglich ist keines dieser Szenarien.[71]

Am wahrscheinlichsten ist wohl der Bau einer „schmutzigen Bombe", die zwar mit konventionellem Sprengstoff explodiert, aber dabei radioaktives Material verbreitet. Radiologisches Material, das messbar strahlt, ist in zahlreichen Ländern zu finden; es wird mal mehr, mal weniger gut bewacht. Aus der ehemaligen Sowjetunion wird immer wieder von „orphan sources" berichtet – also von Strahlungsquellen, die herrenlos sind. Sehr viel Material wäre nicht nötig, um so eine Bombe wirkungsvoll zu zünden. Wenn in einer Innenstadt nach der Detonation auch nur eine leicht erhöhte Strahlung gemessen wird, explodiert die psychologische Bombe der Angst. Und dass der Dschihadismus besonders auf die psychologische Wirkung zielt, ist bekannt. Weshalb sich die Zündung einer Panikbombe, die radioaktives Material verteilt, leider nicht ausschließen lässt.[72] Es ist einer dieser „schwarzen Schwäne", die im allerletzten Kapitel des vorliegenden Buches beschrieben werden.

Wie real die Gefahr eines Atomkrieges sein könnte, wurde 2022 erneut deutlich, als Russland nach der Invasion in der Ukraine die Bereitschaft seiner „Abschreckungskräfte" aktivierte. Dazu gehören neben einem Arsenal ballistischer Raketen auch Atomwaffen.[73]

Der Bundeskanzler warnt vor einem Atomkrieg

Der deutsche Bundeskanzler Olaf Scholz warnte seit dem Einmarsch Russlands in die Ukraine immer wieder: Deutschland sei Teil der NATO und zwischen dem Militärbündnis und einer „hochgerüsteten Supermacht wie Russland" dürfe es nie zu einer

„direkten militärischen Konfrontation“ kommen. Dabei gehe es nicht um Angst, sondern um „politische Verantwortung“. Wörtlich sagte Scholz am 22. April 2022:

„Ich tue alles, um eine Eskalation zu verhindern, die zu einem dritten Weltkrieg führt. Es darf keinen Atomkrieg geben.“ Eine solche Eskalation drohe *„unermessliches Leid auf dem ganzen Kontinent, vielleicht sogar in der ganzen Welt“* auszulösen.[74]

Das mag ehrenhaft klingen, obgleich es im Grunde eine Selbstverständlichkeit ist. Aber im Sinne des sogenannten „nuclear messaging“ galt es als fataler Fehler: Der Bundeskanzler gab damit das klare Signal, dass Putin einen Atomschlag der NATO selbst bei einem noch so rigiden militärischen Vorgehens Russlands nicht ernsthaft zu befürchten hat. Das „nuclear messaging“ gilt seit dem Kalten Krieg als die gefährlichste Form der politischen Kommunikation; es ist ein eigener Code aus Worten und Gesten, der sich an den Gegner richtet und bei dem jedes Detail als wichtig gilt.[75]

Der russische Außenminister Sergej Lawrow warnte Ende April 2022: Die Gefahr eines Dritten Weltkrieges sei *„ernst, sie ist real, sie darf nicht unterschätzt werden“*. Gleichzeitig skizzierte er das Bild eines Stellvertreterkrieges in Europa, den die NATO führt, hinter dem indes einzig und allein die Vereinigten Staaten von Amerika stecken.[76]

Es mutete geradezu als Hohn an, als US-Präsident Joe Biden im Sommer 2022 – also mitten im Krieg – ankündigte, mit Russland über einen neuen Atomwaffensperrvertrag sprechen zu wollen. Konkret sagte er, die USA seien bereit, „zügig“ über einen Ersatz für den Vertrag New Start zu verhandeln, der die Anzahl der Atomwaffen auf beiden Seiten begrenzt. Der 2010 geschlossene Vertrag läuft 2026 aus. „Ist das eine ernsthafte Mitteilung oder wurde die Website des Weißen Hauses gehackt?“, zog das russische Außenministerium Bidens Vorstoß ins Lächerliche.[77]

Die Furcht vor einem Dritten Weltkrieg flammte zwar 2022 neu auf, war jedoch im Grunde nichts Neues, sondern angesichts des nach 1945 bald aufkommenden Kalten Krieges schon Jahrzehnte zuvor weit verbreitet und aktualisierte sich schlagartig 1950 anlässlich des Ausbruchs des Koreakrieges (der „Koreaschock“). Der Begriff steht für einen wahrscheinlich als Atomkrieg geführten Krieg, der durch nuklearen Holocaust einen Großteil der Menschheit vernichten könnte. In diesem Sinne bedeutet der Dritte Weltkrieg auch der Letzte Weltkrieg. Dazu wird es hoffentlich nie kommen. Tatsache ist allerdings, dass bereits seit 2018 eine Zunahme beim Wettrüsten der Nationen unverkennbar ist.

Mit 14.465 Atomsprengköpfen trat die Welt in die 2020er Jahre ein. Die meisten davon (Stand 2020) – 6.850 – besitzt Russland, gefolgt von den USA mit 6.450 atomaren Sprengköpfen. Die drittgrößte Atommacht ist übrigens nicht, wie häufig angenommen, China, sondern Frankreich. Der französische Präsident befehligt über 300 Atomsprengköpfe, China kommt auf 280. Dazu kommt eine ganze Reihe von Ländern, die ebenfalls Atomwaffen besitzen: Großbritannien (215), Pakistan (145), Indien (135), Israel (80) und Nordkorea (15).[78] Der Vergleich zeigt: Es war zu einseitig, vor allem China als neue aufstrebende Supermacht im Auge zu haben und Russland angesichts des Atomwaffenpotentials zu vernachlässigen.

Russland mischt Europa auf

G20, G8, G7 – faktisch lief die geopolitische Entwicklung über viele Jahre auf G2 hinaus, die Vereinigten Staaten von Amerika gegen China. Beide Länder steuern schon länger auf einen Zweikampf zu – politisch, wirtschaftlich und letztlich wohl auch militärisch. Russland wurde vom Westen lange Zeit nach dem Zusammenbruch der Sowjetunion gar nicht mehr als ernsthafter Gegner wahrgenommen. Erst der brutale Überfall Moskaus auf die Ukraine im Frühjahr 2022 stellte unmissverständlich klar, dass das geopolitische Powerplay keineswegs nur von G2 bestimmt wird, sondern von G3: die USA, China und eben auch Russland. Damit war plötzlich und für unaufmerksame Beobachter überraschend Europa in den Mittelpunkt der geopolitischen Auseinandersetzungen gerückt. Das militärische Ringen des Westens mit Russland ist spätestens seit dem Einmarsch in die Ukraine unübersehbar. Ein Krieg in Europa – auch mit atomaren Waffen – erschien auf einmal nicht mehr ausgeschlossen. Diese Erkenntnis kam 2022 für viele Europäer überraschend; doch tatsächlich war diese Situation das Ergebnis einer langjährigen Entwicklung, das man nur nachvollziehen kann, wenn man das Selbstverständnis Russlands als Atommacht und die historische Einordnung versteht.

Das russische Weltbild

Kurz nach dem Einmarsch Russlands in die Ukraine im Februar 2022 verbreitete die russische Nachrichtenagentur Ria versehentlich einen Text, in dem fälschlicherweise der Sieg Russlands gefeiert wurde. Offenbar hatte die Redaktion den Siegestext vorab vorbereitet und aus Versehen vorzeitig veröffentlicht. Das Interessante daran war die historische Einbindung, der Blick in die russische Seele.

Ria feierte, dass „Russlands Militäroperation in der Ukraine eine neue Ära eröffnet hat“. „Russland stellt seine Einheit wieder her“, hieß es mit Blick auf die Sowjetunion, deren Grenzen Putin mehrfach als „historisches Russland“ bezeichnet hat. Die „Tragödie des Jahres 1991“, des Auseinanderfallens der Sowjetunion, sei „überwunden. Ja, um einen hohen Preis, ja, über tragische Ereignisse eines faktischen Bürgerkriegs, weil jetzt noch Brüder aufeinander schießen“, schrieb Ria. „Aber die Ukraine als Anti-Russland wird es nicht mehr geben“, hieß es in Anwendung eines Putin-Zitats, das in Moskaus Elite oft angebracht worden war.

Russland stellte nach dieser Darstellung „seine historische Fülle wieder her, sammelt die russische Welt, das russische Volk gemeinsam, in seiner Gesamtheit der Großrussen, Belarussen und Kleinrussen“; mit Letzteren sind die Ukrainer gemeint. Hätte Russland das nicht getan, sondern erlaubt, „dass sich die zeitweise Trennung auf Jahrhunderte verfestigt, hätten wir nicht nur das Andenken unserer Vorfahren verraten, sondern wären auch von unseren Nachfahren verflucht worden dafür, dass wir das Auseinanderfallen der Russischen (sic) Erde zugelassen hätten“. Putin habe „historische Verantwortung“ übernommen, indem er entschied, „die Lösung der ukrainischen Frage nicht künftigen Generationen zu überlassen“. Das sei nötig gewesen, damit aus der Ukraine kein „Anti-Russland und kein Vorposten des Westens zum Druck auf uns“ werde.

Die Ukraine „zurück zu Russland zu bringen“ wäre „mit jedem Jahrzehnt schwieriger“ geworden, aufgrund einer „Umkodierung“ und „Entrussifizierung“ der Ukrainer; auch das hat Putin beklagt. Hätte, so Ria, „der Westen die völlige geopolitische und militärische Kontrolle“ über die Ukraine „verfestigt, wäre ihre Rückkehr zu Russland vollkommen unmöglich geworden – man hätte dafür mit dem atlantischen Block kämpfen müssen“. Doch nun, so der Siegeskommentar, „gibt es dieses Problem nicht – die Ukraine ist zu Russland zurückgekehrt“. Das heiße nicht, dass „ihre Staatlichkeit aufgelöst“ werde, aber die Ukraine werde

„umgebaut, neu gegründet und zurück zu ihrem natürlichen Zustand als Teil der russischen Welt gebracht“.[79]

Der Kommentar ganz im Geiste Putin verfasst, zeigte die russische Sichtweise: Das historische Großrussland wiederzustellen ist die vornehmste Aufgabe, auch, um den immer weiteren Vormarsch des Westens, der EU und der NATO nach Osteuropa zu stoppen. Es war Perestroika und der damit verbundene Zerfall der Sowjetunion, den Putin und die nationalen Kräfte Russlands nicht verwinden konnten. Die USA und Europa hatten Russland angesichts des Aufstrebens der Volksrepublik China aus den Augen verloren, aber Russland hat sich stets als atomare Supermacht begriffen, die lediglich durch Perestroika und Glasnost etwas geschwächt war, aber sich keineswegs von der Weltbühne zurückgezogen hat.

Perestroika und Glasnost

Die Perestroika, die sich als „Umbau“, „Umgestaltung“, oder „Umstrukturierung“ übersetzen lässt, bezeichnet den von Michail Gorbatschow ab Anfang 1986 eingeleiteten Prozess zur Modernisierung des gesellschaftlichen, politischen und wirtschaftlichen Systems der Sowjetunion. Gorbatschow war von 1985 bis August 1991 Generalsekretär des Zentralkomitees der Kommunistischen Partei der Sowjetunion (KPdSU) und von März 1990 bis Dezember 1991 Staatspräsident der Sowjetunion. Neben dem Umbau setzte er auch auf „Glasnost“, also Offenheit, Transparenz, Meinungs- und Pressefreiheit. Lockerungen bis hin zu Facetten der Demokratisierung und dem Zurückdrängen der Planwirtschaft zeichneten diese Ära aus. In Abrüstungsverhandlungen mit den USA leitete Michail Gorbatschow das Ende des Kalten Krieges ein und erhielt dafür 1990 den Friedensnobelpreis.

Der Vorwurf nachfolgender russischer Generationen bis hin zu Putin lautete: Gorbatschow habe die Sowjetunion praktisch verschenkt. Während die Russen abgerüstet hätten und der Warschauer Pakt, das Militärbündnis der Sowjetunion, zerfallen sei, wäre der Westen mit der EU und der NATO immer weiter nach Osten gerückt und hätte sich gefährlich nahe an Russland sozusagen herangeschlichen. Es war dieser Duktus, der nicht nur Russland, sondern teilweise auch in der westlichen Welt durchaus auf offene Ohren gestoßen war – jedenfalls, bevor Russland den Frontalangriff auf die Ukraine startete.

Putin träumt von Großrussland

Nach dem Untergang der Sowjetunion spielte Russland Ende des 20. Jahrhunderts wirtschaftlich und politisch keine wesentliche Rolle mehr. Die Erinnerungen an einstmals glorreiche Zeiten lasteten schwer auf dem Land. Als mit Wladimir Putin ein ehemaliger Offizier des russischen Geheimdienstes an die Macht kam, war dies mit dem festen Willen verbunden, dem russischen Bären wieder Gehör und Respekt in der Welt zu verschaffen. Russland wollte zurückkehren auf die Weltbühne. Putin kämpfte mit Worten und Waffen, in Syrien, Osteuropa und Afrika. Immer wieder überraschte er den uneinigen Westen durch taktische, brutale und opportunistische Schläge. Beinahe von Anfang an gerierte sich Wladimir Putin als Kriegsherr, der seine Züge auf dem Schachbrett der internationalen Politik gegen alle Regeln verstoßend mit militärischer Gewalt durchzusetzen wusste. Die Außenpolitik entwickelte sich zum Lebensinhalt seiner „Regentschaft Russlands". Mehr als 20 Jahre lang arbeitete der ehemalige Oberstleutnant an einem neuen Großrussland – ein ambitioniertes Ziel, das er konsequent verfolgte.

Nachdem der Westen unter US-amerikanischer Führung der Sowjetunion den Garaus gemacht hatte, war das politische Vorgehen vor allem der Vereinigten Staaten von Amerika von einer geradezu auffällig arroganten Siegessicherheit gekennzeichnet. Der Kommunismus war besiegt, Russland zu einer scheinbar unbedeutenden Macht zweiter Güte degradiert, China zeichnete sich noch nicht als neues Feindbild ab und die globale Vorherrschaft der USA schien unangefochten. In dieser Zeit rückte die NATO immer weiter in Richtung Russland vor: Polen, Ungarn, Tschechien, Rumänien, Bulgarien und auch die baltischen Staaten schlossen sich nach und nach dem westlichen Bündnis an. Es waren wohl diese Jahre, die in Russland ebenso wie in China den Wunsch verstärkten, den übermächtigen USA eine eigene Machtposition entgegenzusetzen. Denn schließlich war und blieb Russland über alle diese Jahre hinweg die einzige Supermacht auf der Welt, die es an atomarer Kampfstärke mit den USA aufzunehmen vermochte.

Im Februar 2007 gab Wladimir Putin den ersten Warnschuss ab. Bei einem Auftritt auf der Münchener Konferenz für Sicherheitspolitik vom 9. bis 11. Februar prangerte er in einer von Wut und Zorn geprägten Rede das unverhohlene Streben der USA nach alleiniger Weltherrschaft an. In seiner Münchener Rede 2007 zog Putin erstmals eine rote Linie, deren Überschreitung durch den Westen unvermeidbar eine Gegenreaktion auslösen würde. Wer 2022 vom Angriff Russlands auf die Ukraine überrascht war, hatte 2007 in München nicht zugehört: Putin verkündete damals klar und deutlich die Rückkehr Russlands auf die Weltbühne – mit dem Anspruch einer unabhängigen Macht auf Augenhöhe mit dem Westen. Die USA waren auf das Wiedererstarken Russlands nicht vorbereitet; statt die Worte Putins ernst zu nehmen und in ihrer Politik zu berücksichtigten, stempelten sie den Mann im Kreml als Vorboten eines neuen Kalten Krieges ab. Putin, der vor 2007 durchaus eine Annäherung an Westeuropa versucht hatte, wurde zum Buhmann Europas – vergleichbar mit dem türkischen Präsidenten Recep Erdogan, aber mit deutlich mehr militärischer Macht und insbesondere auch Atommacht ausgestattet. So gab es seit 2007 für Wladimir Putin nur noch ein Ziel: Russland wieder zu einer Weltmacht aufsteigen zu lassen, deren Bedeutung dem Atompotential entsprach.

Die NATO, die Warnung Putins nicht ernst nehmend, setzte 2008 ihre Osterweiterung bis an die Grenzen Russlands fort. Die Doktrin des Kremls – „Hände weg von unseren direkten Nachbarn" – wurde vom Westen schlichtweg ignoriert. Ganz im Gegenteil begann der Westen über eine mögliche Aufnahme Georgiens und der Ukraine in die NATO zu diskutieren. In Russland schrillten die Alarmglocken. Es war kein Zufall, dass zeitgleich in den russisch-sprachigen Regionen Abchasien und Südossetien in Georgien die dort schwelenden Konflikte erneut aufflammten. Nach dem Zerfall der Sowjetunion war Georgien 1991 ein unabhängiger Staat geworden. Doch in den Regionen Abchasien und Südossetien strebte man von Anfang an nach der Loslösung von Georgien. Georgien glaubte zunächst, die Situation unter Kontrolle zu haben. Doch am 7. August 2008 rollten russische Panzer ins Land. Offenbar sah Russland die örtlichen Autonomiebestrebungen als Chance an und verhalf beiden Regionen in einem Blitzkrieg vom 7. bis 15. August 2008 zu einer Form der Unabhängigkeit. Zum ersten Mal seit dem Ende der Sowjetunion hatte der russische Bär wieder seine Höhle verlassen. Georgien verlor rund 20 Prozent seines Staatsgebiets.

Seitdem bezeichnet sich die „Republik Abchasien" als selbständiger Staat, wird von den meisten Länder der Welt jedoch als Teil von Georgien betrachtet. Dennoch verfügt Abchasien seit 1993 über eigenständige, von Georgien unabhängige staatliche Strukturen und Georgien übt keinerlei Souveränität über das Gebiet aus.[80] Ähnlich in Südossetien: Die Region südlich des Kaukasusgebirges gehört völkerrechtlich zu Georgien, ist de facto jedoch unabhängig und wird international von fünf Staaten, wovon einzig Russland und Syrien von Belang sind, anerkannt. Es gibt noch zwei weitere umstrittene Regionen, Arzach und Transnistrien, die zusammen mit Abchasien und Südossetien eine Gemeinschaft nicht-anerkannter Staaten bilden und sich wechselseitig in ihren Souveränitätsbestrebungen unterstützen.[81]

In weiten Teilen des Westens sind diese Zusammenhänge wenig bekannt. Lediglich der Kaukasus-Fünftagekrieg 2008 im Südkaukasus zwischen Georgien auf der einen und Russland sowie den von Russland unterstützten Regionen Südossetien und Abchasien auf der anderen Seite fand in den westlichen Medien kurze Beachtung. Dabei wurden etwa 850 Menschen getötet sowie zwischen 2.500 und 3.000 Menschen verwundet.[82]

Die Georgien-Krise von 2008 und der Ukraine-Krieg von 2022 folgten beide ein- und demselben Muster: Russland unterstützte die dortigen pro-russischen Gruppen, um am Ende de facto die Macht zu übernehmen. In beiden Fällen griff Russland ein, nachdem sich abzeichnete, dass die Länder direkt an seiner Grenze in die EU bzw. die NATO eintreten würden.

Die politische Botschaft war in beiden Fällen an Eindeutigkeit nicht zu überbieten, wenngleich zweigeteilt. Erstens, wenn russische Sicherheitsbelange unmittelbar betroffen sind, scheut Russland die militärische Option nicht. Zweitens werden die von Georgien bzw. der Ukraine anvisierten neuen Verbündeten, also die EU bzw. die NATO, militärisch nicht eingreifen, um einen großen Krieg mit Russland zu vermeiden. Diese Botschaft war 2008 in Georgien bereits klar zu lesen, doch sie hinderte die Ukraine offensichtlich nicht daran, ebenfalls ihre Fühler in Richtung des Westens auszustrecken – bis es zur Wiederholung der

Geschichte kam. Der Westen lieferte Kriegsgerät, nahm die Flüchtlinge auf und verhängte durchaus harte Sanktionen gegen Russland, vermied aber ausdrücklich ein militärisches Eingreifen. Zu groß war die Angst in Europa und sicherlich auch in den USA, Putin zu einem atomar geführten Krieg zu verleiten.

Der Kampf um die Ukraine begann 2004

Der Krieg in der Ukraine, von dem eine neue atomare Bedrohung ausgeht, begann lange vor der russischen Invasion 2022, nämlich im Jahr 2004, als der damalige ukrainische Präsident Wiktor Juschtschenko bekundete, dass sein Land eine baldige Mitgliedschaft in der Europäischen Union anstrebe. Am 9. September 2008 trafen die Ukraine und die EU eine Vereinbarung über ein Assoziierungsabkommen.[83]

Die Europäische Kommission ließ verkünden: „Die EU strebt eine zunehmend engere Partnerschaft mit der Ukraine an, die die allmähliche wirtschaftliche Integration und eine Vertiefung der politischen Zusammenarbeit zum Ziel hat."[84]

Umso überraschender kam die Ankündigung der ukrainischen Regierung im November 2013, das Assoziierungsabkommen mit der Europäischen Union vorerst nicht unterzeichnen zu wollen. Unter dem Druck Moskaus lehnte der damalige ukrainische Präsident Wiktor Janukowytsch die Unterzeichnung des Abkommens mit der EU ab. Damit zog er allerdings den Zorn derjenigen Bevölkerung auf sich, die sich von Russland abwenden und dem Westen zuwenden wollte. Der Aufstand nahm auf dem Platz der Unabhängigkeit (Maidan Nesaleschnosti) seinen Anfang.[85] Im Verlauf des sogenannten Euromaidan gingen Hunderttausende von Ukrainer auf die Straße. Trotz starker staatlicher Repressalien waren die Proteste über Wochen hinweg nicht zu unterbinden. Nach der vereinbarten Beilegung des Konfliktes durch einen seitens der Außenminister Deutschlands, Frankreichs und Polens vermittelten Vertrag vom 21. Februar 2014 flüchtete Janukowytsch überstürzt noch in derselben Nacht, woraufhin ihn das Parlament am 22. Februar für abgesetzt erklärte. Seinen Abschluss fand der Euromaidan mit der Ernennung Oleksandr Turtschynows zum Übergangspräsidenten am 23. Februar und schließlich der Bildung einer Übergangsregierung unter Arsenij Jazenjuk am 26. Februar, nachdem Regierungschef Asarow mit der ganzen Regierung schon am 28. Januar zurückgetreten war, um seiner geplanten Absetzung zuvorzukommen. Während der Endphase begannen die russische Annexion der Krim und die Destabilisierung des Landes durch den bewaffneten Einfall Russlands im Osten der Ukraine.

In dieser Lage sah die russische Regierung augenscheinlich ihre Chance gekommen, die Annäherung der Ukraine an die Europäische Union zu unterbinden und sich selbst zumindest Teile der Ukraine einzuverleiben, vor allem die ostukrainischen Verwaltungsbezirke Oblasten Donezk und Luhansk. In beiden Gebieten begannen prorussische Kräfte auf die Abspaltung hinzuwirken. Unklar blieb, in welchem Umfang genau die russische Regierung die aufkommenden Unruhen antrieb, aber klar war, dass in die Kampfhandlungen von Russland unterstützte Milizen, reguläre russische und ukrainische Truppen sowie Freiwilligenmilizen involviert waren. Der militärische Konflikt ging allem Anschein nach nicht von den Bewohnern aus – insofern kann man also nicht von einem Bürgerkrieg sprechen –, sondern von den bewaffneten Einheiten. Geradezu eine tödliche Posse spielte Russland, als Staatsmedien verkündeten, russische Soldaten seien freiwillig – teilweise sogar als Touristen – in das Kampfgebiet gereist und vor Ort als „Helden“ gestorben. Mehrere Fallschirmjäger seien aus Versehen in der Ukraine gelandet, spielte die russische Informationspolitik geradezu mit der Welt.[86] Die ukrainische Regierung erklärte die wohl rund 4.000 prorussischen Kämpfer für Terroristen.[87]

Doch Russland wehrte sich nicht nur militärisch, sondern auch diplomatisch. So verlangte der russische Präsident Wladimir Putin am 15. April 2014 in einem Telefonat mit dem damaligen UNO-Generalsekretär Ban Ki-moon, dass die Vereinten Nationen „das verfassungswidrige Vorgehen der Machthaber in Kiew verurteilen“ müsse. Zuvor hatte bereits die Ukraine die UNO angerufen und den Einsatz von Blauhelmen gefordert. Dies lehnte Ban Ki-moon mit den Worten „Ohne ein klares Mandat des Sicherheitsrates können wir keinen Einsatz einleiten“ ab. Dabei war dem UNO-Generalsekretär längst klar, dass angesichts des Vetorechts Russlands der Sicherheitsrat niemals einem Mandat in der Ukraine zustimmen würde. Die Vereinten Nationen saßen – wieder einmal – in der Vetofalle.

Immerhin beklagten die Vereinten Nationen im Juni 2014, also kurze Zeit später, massive Menschenrechtsverletzungen in den von Russland angegriffenen Teilen der Ukraine.[88] Einen Monat später erklärte die UNO den totalen Zusammenbruch von Recht und Ordnung und sprach von einer Terrorherrschaft der bewaffneten Gruppen über die Bevölkerung mit Freiheitsberaubungen, Entführungen, Folterungen und Exekutionen.[89]

Die UNO schaltet die OSZE ein – vergebens

Dennoch vermied die UNO eine über die Beobachtung und Kommentierung hinausgehende direkte Einmischung und trat den Konflikt an die ihr nach Kapitel VIII der UNO-Charta verbundene Organisation für Sicherheit und Zusammenarbeit in Europa (OSZE) ab, eine Art dauerhafte Staatenkonferenz zur

Friedenssicherung. Wie der Name schon sagt, ist die OSZE primär für Europa zuständig – und damit durchaus für den Ukrainekonflikt –, allerdings gehören zu den 57 Teilnehmerstaaten, darunter alle Länder Europas einschließlich der Türkei und alle Nachfolgestaaten der Sowjetunion, auch die USA und Kanada. Damit spiegelt die OSZE in gewisser Weise die Fronten des Kalten Krieges wider und der Konflikt in der Ukraine entpuppte sich in der Tat als eine Art Wiederaufleben des wohl längst vergessen geglaubten Kalten Krieges.

Der OSZE gelang es in keiner Weise, den militärischen Konflikt zu entschärfen. Selbst in der Zeit eines brüchigen Waffenstillstands – dem sogenannten „Protokoll von Minsk I" – ab September 2014, den die OSZE überwachte, starben binnen vier Monaten rund 1.300 Kämpfer und Zivilisten.[90] Auch nach einem neuerlichen Waffenstillstandsabkommen im Februar 2015 – „Minsk II" – hörten die Kämpfe nicht auf, sondern setzten sich Jahr für Jahr fort.

So registrierte die OSZE allein im Jahr 2017 über 400.000 (!) Verletzungen des Waffenstillstands. Das ist wie ein Schweizer Käse mit so vielen Löchern, dass man gar keinen Käse mehr sieht. Die OSZE hatte über 700 Beobachter im Einsatz, die Tag für Tag einen Bericht erstellten, in dem jedes noch so kleine Detail der Veränderung festgehalten wurde.[91] Das war angesichts der äußerst unübersichtlichen Lage zwar eine bürokratische Mammutaufgabe, brachte aber den Menschen in den umkämpfen Regionen keinen Deut an Linderung.

Es war von Anfang an sehr offensichtlich, dass die Unterwanderung der Ukraine durch die russischen Truppen Teil eines Plans Russland war, sein mit dem Ende der Sowjetunion zusammengeschrumpftes Territorium wenigstens in kleinen Teilen wieder zu vergrößern. Schon im Februar 2014 kursierte ein

Strategiepapier, das in sieben Punkten das mögliche russische Verhalten gegenüber der Ukraine beschrieb.[92] Kurze Zeit später fielen die ersten Truppen ohne Hoheitskennzeichen auf der Halbinsel Krim ein. Es handelte sich offensichtlich um russische Truppen, wie Russlands Präsident Wladimir Putin rund ein Jahr später im russischen Staatsfernsehen zugab. Am 18. März 2014 wurde die Krim von Russland offiziell annektiert.[93]

Krim gehörte zu Russland seit Katharina der Großen

Aus russischer Sicht holte sich der Staat nur, was schon immer zu Russland gehörte. Schließlich wurde die Krim bereits am 8. April 1783 formell von der russischen Kaiserin Katharina II. – auch „Katharine die Große" genannt – „von nun an und für alle Zeiten" als russisch deklariert, nachdem sie die Halbinsel im russisch-türkischen Krieg von 1768 bis 1774 aus dem osmanischen Reich herausgelöst hatte. Seit der Annexion 2014 gehört die Krim faktisch wieder zu Russland, wenngleich die Staatengemeinschaft die Krim weiterhin als Autonome Republik innerhalb des ukrainischen Staatsgebiets einstufte. Das war auch die Haltung der Vereinten Nationen, als sie in der Resolution A/RES/68/262 der UNO-Generalversammlung mit dem Titel „Territoriale Integrität der Ukraine" die Wahrung der territorialen Integrität der Ukraine innerhalb seiner international anerkannten Grenzen anmahnte.

Im UNO-Sicherheitsrat war eine entsprechende Resolution zunächst von Russland abgelehnt worden, so dass sich die Generalversammlung des Themas annahm.[94] Auswirkungen hatte die Resolution keine, einen Blauhelmeinsatz hätte ausschließlich der Sicherheitsrat beschließen können. Aber dafür gab es weder ein Mandat noch wäre ein Einsatz von UNO-Truppen gegen das russische Militär eine auch nur für einen

Augenblick denkbare Option gewesen – das hätte den Dritten Weltkrieg auslösen können.

Die Heimat der Schwarzmeerflotte

Warum Russland sich mit aller Macht dagegen sträubte, die Halbinsel Krim an den Westen zu verlieren, verdeutlicht ein Blick auf die ukrainische Hafenstadt Sewastopol, die auf der Krim liegt. Sewastopol war in der sowjetischen Zeit der einzige Zugang Russlands zu den südlichen Gewässern und für Moskau daher von vitalem Interesse. Über die türkische Meerenge können russische Schiffe aus dem Schwarzen Meer zum russischen Stützpunkt Tartus an der östlichen Mittelmeerküste in Syrien gelangen. Für Moskau ist Sewastopol also sozusagen wie ein Sprungbrett ins Mittelmeer. Für Russland ist es daher ein Albtraum, dass Sewastopol eines Tages ein NATO-Stützpunkt sein könnte, wenn die Ukraine den geplanten Beitritt zur NATO in die Tat umsetzen würde.[95]

Dass Sewastopol zur Ukraine gehörte, ist ohnehin einem kuriosen Zufall der Geschichte zu verdanken. 1954 verschenkte nämlich der damalige Generalsekretär der kommunistischen Partei, Nikita Chruschtschow, die Halbinsel Krim aus den Händen der russischen an die ukrainische Sowjetrepublik – zusammen mit der Hafenstadt Sewastopol, Schauplatz unzähliger russischer Legenden vom Krimkrieg bis zur Belagerung durch die deutsche Wehrmacht und Sitz der vielbesungenen Schwarzmeerflotte. Solange die Sowjetunion existierte, war die Schenkung nur eine politische Geste ohne Folgen. Doch als die Sowjetunion 1991 auseinanderbrach, wurde die Krim mit Sewastopol der Ukraine zugeteilt und damit zum Streitobjekt.

Nachdem der ukrainische Präsident Janukowitsch am 22. Februar 2014 unter dem Druck der Maidan-Proteste aus Kiew geflogen waren, gingen auf der ukrainischen Halbinsel Krim Befürworter und Gegner eines Machtwechsels auf die Straße. In den Morgenstunden des 27. Februar 2014 besetzten bewaffnete Kräfte strategisch wichtige Punkte auf der Krim. Bei den Soldaten ohne Rang- und Hoheitszeichen auf den Uniformen – in der ukrainischen Öffentlichkeit als „grüne Männchen" verspottet – handelte es sich offenbar um russische Spezialtrupps. Sie kontrollierten bald das Regionalparlament und das Gebäude der Regionalregierung in der Hauptstadt Simferopol – und hissten an offiziellen Gebäuden die russische Flagge. Das von den bewaffneten Kräften besetzte Regionalparlament wählte unter Ausschluss der Öffentlichkeit den Politiker Sergej Aksjonow von der Partei „Russische Einheit" zum neuen Regierungschef – ohne Zustimmung des ukrainischen Präsidenten, wie es die ukrainische Verfassung vorsieht. Am 6. März 2014 beschloss das neu eingesetzte Regionalparlament den Anschluss der Krim an die Russische Föderation. Gleichzeitig wurde für den 16. März ein Referendum angesetzt, in dem die mehrheitlich russischsprachige Bevölkerung über den künftigen Status der Krim entscheiden sollte. Mehr als 95 Prozent der Wähler sollen sich für Russland entschieden haben, wobei internationale Beobachter sowohl die Rechtmäßigkeit des Referendums als auch die Abstimmung als unrechtmäßig ansahen. Am 18. März 2014 unterzeichnete Wladimir Putin einen Vertrag über die Eingliederung der Krim in die Russische Föderation. Seitdem betrachtet Moskau die Halbinsel Krim einschließlich Sewastopol als Teil Russlands.[96]

Wladimir Putin verteilte in dieser Zeit des Jahres 2014 philosophische Schriften an Funktionäre und Parteikader: *Unsere Aufgaben* von Iwan Iljin, *Die Philosophie der Ungleichheit* von Nikolai Berdjajew und die *Die Rechtfertigung des Guten* von

Wladimir Solowjow, allesamt Werke russischer Denker des 19. und frühen 20. Jahrhunderts. In den Schriften geht es um ein Russland, das nicht den Regeln der westlichen Demokratien gehorcht, um einen christlichen Staat in Europa als Gegenmodell zur Profanisierung des Westens und dem Bekenntnis zu den Wurzeln der eigenen Geschichte und zur Wahrung der Traditionen. Wladimir Putin hat aus dem Gemisch der drei Philosophen augenscheinlich eine Mission entwickelt, nämlich die Schaffung eines Traditionen bewahrenden, christlichen Staates, der sich der westlichen Trivialisierung, Kommerzialisierung und Modernität entgegenstellt. Wer den Fernsehansprachen Putins folgte, konnte nicht erst seit 2014 heraushören, dass er sich als eine Art „Missionar“ begreift, also jemand, der die historische Aufgabe übernommen hat, die Geschichte sozusagen wieder gerade zu rücken. Beispielhaft hierfür stand seine Fernsehrede am 21. Februar 2022, drei Tage vor dem Einmarsch in die Ukraine. Er spann einen Faden vom Zarenreich über die Gründung der Sowjetunion und den Fehler Lenins, der auf Stalin hätte hören müssen. Lenin wollte, dass die einzelnen Republiken einen gewissen Grad der Selbstbestimmung erhalten sollten, Stalin war dagegen. Alle diese Elemente vermischten sich in seiner Rede zu einem ideologischen geschlossenen System, man könnte auch sagen, zu einer ideologischen Selbstradikalisierung.[37] Er steht damit „Wertkonservativen“ im Westen, die Angst vor der Islamisierung des Abendlandes haben und mit Gendern und gleichgeschlechtlichen Ehen nichts anzufangen wissen, die die „guten alten Werte“ anmahnen, im Grunde recht nahe. Es ist daher sicherlich kein Zufall, dass rechtsradikale Politiker und Parteien etwa in Deutschland und Frankreich über Jahre hinweg immer wieder Nähe zu Putins Russland gesucht und gefunden haben.

Der Anschluss der Krim war für Putins zweifelsohne ein großer Sieg und wurde in Moskau auch als solcher gefeiert. Es markierte zudem den Auftakt für eine Art patriotischen Frühling in Moskau, den Beginn einer neuen Ära des „make Russia great again". Wladimir Putin sah sich in der historischen Rolle desjenigen, der die sowjetischen Staaten zusammenhält und die Ehre Russland wiederherstellt. Ungefähr zur gleichen Zeit begannen Konflikte in der russisch-sprachigen Donbass-Region, auch Donezkbecken genannt, im Osten der Ukraine, die von Moskau angeheizt wurden. Später wurden die östlichen Regionen im Donbass, Donezk und Luhansk, von Russland als unabhängige „Volksrepubliken" anerkannt.[98] Wie schon nach der Annexion der Krim erntete Moskau internationale Kritik für sein Vorgehen – mehr geschah allerdings auch nicht. Das mögliche Gefahrenpotential einer atomaren Auseinandersetzung wurde zu diesem Zeitpunkt von keiner Seite thematisiert; weder drohte Russland damit noch sah sich der Westen dieser Gefahr ernsthaft ausgesetzt.

Russland greift nach Syrien

Während sich der Westen noch über die Übernahme der Krim ereiferte, plante Putin offenbar schon seinen nächsten Schachzug – in Syrien. Unter dem Deckmangel der Terrorismusbekämpfung war der Krieg in Syrien zu dieser Zeit längst unübersichtlich geworden. Islamistische Milizen, die freie syrische Armee, die Kurdenmiliz und die Truppen von Syriens Präsident Baschar Hafiz al-Assad bekämpften sich gegenseitig. Die westliche Diplomatie war in dieser Zeit von Moralpredigten und Zögern geprägt.

In kaum einem Konflikt wurde die Ohnmacht der internationalen Staatengemeinschaft so deutlich wie seit 2011 in Syrien.

Der Krieg in Syrien ist ein unaufhörliches Gemetzel, in dem seit 2011 mehr als 400.000 Menschen getötet und über eine Million Menschen verletzt, verstümmelt und verkrüppelt wurden.

Mehr als elf Millionen begaben sich auf die Flucht, viele davon in Richtung Europa, wo sie maßgeblich zur sogenannten „zweiten Flüchtlingskrise" beitrugen.

Immer und immer wieder bemühten sich die Vereinten Nationen, diesem Blutbad in Syrien in Ende zu bereiten. Doch alle Bemühungen waren vergebens. Syrien steht exemplarisch für die Grausamkeiten des Krieges auch ohne Atomwaffen, für die Unfähigkeit der internationalen Organisationen, einen Krieg zu verhindern oder zu beenden, und letztendlich für die Kompromisslosigkeit der darin verwickelten Staaten: Ein jahrelanger Krieg ist wichtiger als einen Zentimeter zurückzuweichen, um nach Wegen zum Frieden zu suchen. Es steht zu befürchten, dass dieselben Mechanismen der Macht zum Tragen kommen, sollte sich eine atomare Auseinandersetzung anbahnen – gleichgültig, an welchem Konflikt in welchem Land sie sich entzündet und ihren Anfang nimmt. Daher ist eine genauere Betrachtung der Lage in Syrien geeignet, um die potenzielle Eskalation zu einem „großen Krieg" abzuschätzen.

Vier Jahrzehnte Assad

Über vier Jahrzehnte regierte die Familie des Präsidenten Al-Assad in Syrien, einem der repressivsten Länder der arabischen Welt. Baschar Al-Assad beerbte seinen Vater im Jahr 2000. Als im Dezember 2010 in mehreren arabischen Staaten Proteste gegen die Regierungen laut wurden und der so genannte „arabische Frühling" seinen Lauf nahm, begann sich auch in Syrien der Widerstand gegen den Präsidenten zu regen. Während die Revolutionen in Tunesien, in etlichen Staaten im Nahen Osten und in Nordafrika zu Veränderungen führten, wehrte sich der syrische Präsident von Anfang an und bis zum Erscheinen dieses Buches gegen alle Versuche, ihn aus dem Amt zu jagen. Dabei setzte er konsequent auf Gewalt gegen die Demonstranten. Schulkinder, die im März 2011 den Satz „Das Volk will den Umsturz des Regimes“ an Wände schrieben, wurden von den Sicherheitskräften verhaftet und gefoltert. Gegen friedliche Demonstrationen, die am 18. März die Freilassung der Kinder sowie eine Demokratisierung des Landes forderten, ging das Regime gewaltsam vor mit der Begründung, „bewaffnete Gangs und Terroristen“ seien schuld an der eskalierenden Situation. Rufe nach dem Rücktritt Al-Assads verhallten ungehört.

Die Welle zunächst weitgehend friedlicher Proteste und gewaltsamer Repressionen erfasste schnell eine Reihe syrischer Städte, darunter die wichtigen Großstädte Hama und Homs, sowie das Umland der Hauptstadt Damaskus. Zeitweise verlor das Regime die Kontrolle, aber es brach nicht zusammen, sondern startete den Gegenangriff. Damit begann ein langer Weg Syriens an den Rand des Abgrunds, man kann auch sagen, in den Abgrund. Politische Rufe nach einem Reformkurs selbst von den Verbündeten Syriens wie Russland und dem Iran verhallten ungehört. Augenscheinlich hatte das Assad-Regime Angst davor, sich auf einen Reformprozess einzulassen, an dessen Ende – wie etwa in Ägypten und Tunesien geschehen – Rechenschaft abverlangt werden könnte. Allein die Verwicklung weiter Teile der politischen Elite des Landes in die massiven Menschenrechtsverletzungen des Jahres 2011 ließen nicht erwarten, dass Al-Assad und seine Schergen bei einem solchen Prozess glimpflich davonkommen würden.[99]

Der Plan der UNO für Syrien

Vor diesem Hintergrund ernannten die Vereinten Nationen im Februar 2012 ihren ehemaligen Generalsekretär Kofi Annan zum Sondergesandten für Syrien. Mit einem 6-Punkte-Plan wollte er einen Waffenstillstand bis April 2012 erreichen und damit die Grundlage für eine UNO-Beobachtermission in Syrien schaffen.[100] Der UNO-Sicherheitsrat verabschiedete dazu am 21. April 2012 die Resolution 2043, die diese Beobachtungsmission genehmigte.[101] Es war die erste Maßnahme in einer langen Reihe von Verhandlungen und Erklärungen, die allesamt von Misserfolg geprägt waren. Denn schon nach wenigen Wochen musste die UNO ihren Beobachtungsposten räumen, weil die Gefahr selbst für Militärbeobachter zu groß wurde.

Aber natürlich blieb das Land weiterhin unter Beobachtung und etwa ein Jahr später stellte es sich heraus, dass es am 21. August 2013 zu Giftgasangriffen gegen die Bevölkerung in der Region Ghuta östlich von Damaskus gekommen war. Die UNO kam zu dem Schluss, dass Boden-Boden-Raketen mit dem chemischen Kampfstoff Sarin in hoch konzentrierter Form verschossen worden waren.[102] Die Zahl der Toten schwankte je nach Quellenangabe zwischen 281 und 1729.[103] Tausende von Menschen wurden mit neurotoxischen Reaktionen in die Krankenhäuser eingeliefert. Als Angreifer wurde das Assad-Regime verdächtigt, weil das Sarin-Gas aus den Beständen der syrischen Armee stammte, aber nachweisen ließ sich dieser Bezug nie.[104]

Es konnte somit nie ausgeschlossen werden, dass eine andere Bürgerkriegspartei für die Gasgräuel verantwortlich war. Man darf nicht übersehen, dass in Syrien die Kampflinie nicht etwa geradlinig zwischen „den Rebellen“ und „dem Regime“ verlief, sondern viele der Rebellengruppen untereinander verfeindet waren und dementsprechend eher das Prinzip „jeder gegen jeden“ zur Anwendung kam. So kämpften auf Seiten der Regierung neben den regulären Truppen vor allem schiitische Milizen, wie etwa die libanesische Hisbollah, weil Assad der schiitischen Alewitensekte angehörte. Diese erfuhren wiederum Unterstützung durch den Iran, der auf syrischem Boden eine Art Stellvertreterkrieg gegen Saudi-Arabien austrug.

Daher kämpften verschiedene sunnitische Gruppierungen mit saudischer Unterstützung gegen das Assad-Regime. Sunniten stellen die Bevölkerungsmehrheit in Syrien, wobei es ebenso gemäßigte wie radikale Rebellen gab. Damit nicht genug, nutzte auch die Terrororganisation „Islamischer Staat" (IS) das Chaos des Bürgerkrieges, um weite Teile Syriens zu erobern. Die im Irak entstandene Terrormiliz war mit dem Ziel angetreten, ein arabisches Kalifat zu errichten. Die IS-Kämpfer machten mit Folter und Massenmorden von sich reden.

Diesem Regime des Grauens stellte sich eine „Internationale Allianz gegen den Islamischen Staat" unter Führung der USA entgegen. Die Vereinigten Staaten gründeten dieses Militärbündnis am 5. September 2014 beim NATO-Gipfel gemeinsam mit Großbritannien, Frankreich, Italien, Deutschland, Polen, Dänemark, Australien, Kanada und der Türkei.[105] Später kamen die Niederlande (Oktober 2014 bis Juli 2016) und Belgien (seit Juni 2016) hinzu.[106] Laut dem damals regierenden US-Präsidenten Barack Obama beteiligten sich mehr als 60 Länder am Kampf gegen den IS, allerdings nicht alle militärisch.

Putin nutzte die Gunst der Stunde, um al-Assad zu unterstützen. Ein totalitäres Regime, das sein Land abschottet, war für Putin weitaus besser als das vorherrschende Chaos, die mögliche Machtübernahme durch die Islamisten oder gar Erfolge der USA in dieser Region der Welt.

Ab 2011 breitete sich der sogenannte Arabische Frühling wie ein Lauffeuer aus – von Tunesien über Libyen und Ägypten bis nach Syrien. Putin vermutete augenscheinlich, dass die USA hinter dieser Entwicklung steckten und befürchtete offenbar, dass das daraus resultierende Machtvakuum die Ausbreitung des radikalen Islam begünstigen würde. Um dieser Entwicklung entgegenzuwirken, griff Moskau am 30. September 2015 mit einer Militäroperation in Syrien ein. Es war der erste Militäraufmarsch Russlands außerhalb seiner Nachbarländer. Die Angriffe auch auf zivile Ziele erfolgte überwiegend aus der Luft. Am Boden setzte Putin ausländische Söldner ein, um in Moskau keine toten russischen Soldaten erklären zu müssen. Experten sprechen von einer sogenannten hybriden Kriegsführung, die ebenso im Osten der Ukraine zum Einsatz kam. So gelang es Putin, Baschar al-Assad an der Macht zu halten – völlig überraschend für den Westen, der ihn bereits abgeschrieben hatte. Schließlich waren die einstigen Staatslenker Ben Ali in Tunesien[107], Muammar al-Gaddafi in Libyen[108] und Hosni Mubarak in Ägypten[109] vom arabischen Frühling hinweggefegt worden. Doch al-Assad blieb dank Moskaus militärischer Hilfe. Seitdem hat Russland den Hafen von Tartus und den Luftwaffenstützpunkt in Hmeimin kräftig ausgebaut, um seine Präsenz im Mittelmeer zu festigen.

Indes fuhr Russland in Syrien nicht nur einen militärischen Sieg ein, sondern auch einen machtpolitischen – nachdem die UNO über Jahre hinweg gescheitert war.

Am 24. Februar 2018 verabschiedete der Sicherheitsrat der Vereinten Nationen auf seiner 8188. Sitzung einstimmig die Resolution 2401 zur Situation in Syrien. Darin forderte das mächtigste Gremium der UNO von allen Konfliktparteien eine Waffenruhe für mindestens 30 Tage. Die kurze Friedenszeit sollte humanitären Organisationen Zugang zu den schwer umkämpften Gebieten ermöglichen, um Kriegsopfer zu versorgen und in Sicherheit zu bringen. Der UNO-Hochkommissar für Menschenrechte, Seid Ra'ad al-Hussein warnte, dass die beinahe 400.000 verzweifelten und hungernden Kinder, Frauen und Männer im Rebellengebiet Ost-Ghuta vor einer „Apokalypse" stünden.

Während der Feuerpause sollten Helfer mit ihren Konvois genügend Essen und Medikamente an die darbende Bevölkerung liefern sowie die Verwundeten und Kranken evakuieren. Die kurze Zeit ohne Gefechte sollte vor allem den Menschen im Kessel von Ost-Ghuta zugutekommen.

Lange rang der UNO-Sicherheitsrat um die Formulierungen in der Resolution, die wenigstens für kurze Zeit die erhoffte Waffenruhe bringen sollte. Russland setzte durch, dass der Beschuss von dschihadistischen Gruppen in Syrien wie „Islamischer Staat" und Al-Qaida sowie „anderen Individuen, Gruppen, Einheiten mit Verbindungen zu Al-Qaida und IS" in dem Resolutionstext von der Feuerpause ausgenommen wurden. Es durfte also weiterhin geschossen werden, nur eben selektiver als zuvor. Damit war die Resolution von Anfang an sinnlos, weil Syriens Machthaber Baschar al-Assad alle Rebellen per se als Terroristen einstufte, selbst solche, die vom Westen ausdrücklich unterstützt wurden.

Somit war das Dokument der Vereinten Nationen das Papier nicht wert, auf dem es gedruckt wurde. In der Tat schaffte das Regime des Machthabers Baschar al-Assad während der geforderten Feuerpause weiterhin blutige Fakten. Davon, dass „alle Parteien die Feindseligkeiten beenden", wie es im UNO-Papier hieß, konnte keine Rede sein.

Insgesamt zehn Syrien-Resolutionen scheiterten im Sicherheitsrat der Vereinten Nationen am Veto Russlands. Der Einsatz von Militärbeobachtern, Waffenruhen oder Sanktionen wegen Giftgasangriffen – alles wurde von Russland verhindert. Und diejenigen Resolutionen, die vom Sicherheitsrat tatsächlich herausgegeben wurden, waren inhaltlich derart abgeschwächt, dass sie keine Wirkung entfalten konnten.

Moskau hingegen war mit dem unerwarteten Eingreifen in Syrien wieder zu einem Mitspieler auf der Weltbühne geworden. Schiiten wie Sunniten, also die beiden größten religiösen Strömungen des Islam, waren Putin dankbar für das Zurückdrängen der Terrororganisation Islamischer Staat (IS). Ob im Iran, in Saudi-Arabien, in Israel oder in der Türkei – überall war Wladimir Putin nach seinem Eingreifen in Syrien willkommen. Damit haben Russlands Erfolge in Syrien zweifelsfrei dazu beigetragen, den Kreml-Chef in seinem Streben nach der Wiederbelebung der atomaren Weltmacht zu bestärken. Die „kleinen Kriege“ wie in Syrien könnten sich als Vorboten eines „großen Krieges“, des Dritten Weltkriegs, mit dem Einsatz von Nuklearwaffen erweisen.

Private Söldner auf dem Vormarsch

Wenn Staaten keine Soldaten schicken wollen, entsenden sie private Söldner. Meistens erfolgt das eher verdeckt, aber der russische Präsident Wladimir Putin stellte 2019 klar, dass er darin nichts Verwerfliches sieht. Er wählte dazu allerdings eine Umwegargumentation: Es sei völlig legitim, dass der Putin-Vertraute und Oligarch Jewgeni Prgoschin die sogenannte Wagner-Gruppe – eine Söldnertruppe – anheuere, um seine Interessen egal, wo auf der Welt, durchzusetzen – allerdings nur, solange er dabei nicht gegen russisches Recht verstößt.

Wörtlich sagte Putin: „Ich wiederhole, sie brechen nicht die russischen Gesetze und haben das Recht überall auf der Welt zu arbeiten und ihre Geschäftsinteressen zu verteidigen. Sollte die Wagner-Gruppe irgendwelche Gesetze missachten, muss die Staatsanwaltschaft eine rechtliche Bewertung abgeben.“

Das bestätigte indirekt die Vermutung, dass der Kreml die Söldner auch im syrischen Bürgerkrieg eingesetzt hatte. Zugegeben hat Putin dies allerdings nie.[110]

Russlands Charme-Offensive in Afrika

Gestärkt durch seine Erfolge in Syrien richtete Putin seinen Blick in Richtung Mittelmeer, vor allem auf Libyen, das zwar ein Wüstenstaat ist, aber viel Öl besitzt. Er sah offenbar einmal mehr eine günstige Gelegenheit, die Schwächen der USA und der Vereinten Nationen, die nach seiner Einschätzung für das Chaos in Libyen verantwortlich waren, auszunutzen.

Am 19. März 2019 hatten französische, britische und amerikanische Flugzeuge die Truppen des libyschen Autokraten Gaddafi angegriffen. Ihr erklärtes Ziel: die Zivilbevölkerung zu retten. Noch immer glaubte der Westen, dort Frieden stiften und die Demokratie einführen zu können. Doch nach dem Sturz Gaddafis versank das Land im Chaos.

Wie in Syrien standen sich auch in Libyen Türken und Russen gegenüber. Wie einen Kuchen teilten sich die beiden Mächte das ölreiche Land, das zugleich ein Eingangstor nach Afrika darstellt und Präsenz im Mittelmeer gewährleistet, auf. Dabei ging es für Russland keineswegs nur um das Seegebiet, das gemeinhin als Mittelmeer bezeichnet wird, sondern darüber hinausgehend um die schiffbaren Verbindungen zwischen dem Roten Meer, dem Schwarzen Meer, dem Mittelmeer und über Gibraltar den Zugang zum Atlantik.

Bei der kriegerischen Auseinandersetzung zwischen Truppen und Milizen der Regierung Fayiz as-Sarradsch unter dem *Government of National Accord* (GNA), welches Teile West-

Libyens mit der Hauptstadt Tripolis kontrolliert, sowie den Truppen des Machthabers Ost-Libyens, Chalifa Haftar, setzte Putin auf letzteren und empfing Chalifa Haftar am 11. Januar 2015 auf einem russischen Flugzeugträger mit allen Ehren. Am 7. November 2018 traf Haftar in Moskau augenscheinlich den Chef der Söldnergruppe Wagner, die schon in Syrien die „Bodenarbeit" für Putins Einmarsch erledigt hatte. In Libyen landeten kurze Zeit später rund 2.000 „Geistersoldaten" der Wagner-Truppe, um Haftar zu Diensten zu sein. Der Kreml erklärte kategorisch, es befänden sich keine russischen Soldaten auf libyschem Operationsgebiet. So hatte sich Russland Zugang zu den größten Ölvorräten Afrikas gesichert. Mit dem türkischen Staatschef Recep Erdogan einigte sich Putin über die Aufteilung Libyens. Das Versagen des Westens hatte – wieder einmal – Russland einen Sieg beschert. Putin und Erdogan sind sich insofern recht ähnlich, als beide Despoten ohne Rücksicht auf westliche Befindlichkeiten wie Demokratie oder Menschenrechte regieren. Das macht sie nicht zu Freunden, aber zu Partnern, wenn es in die eigene Machtstrategie passt – wenngleich Ankara als NATO-Partner 2022 den Westen beim Versuch, Russland aus der Ukraine herauszudrängen, kräftig unterstützte. Das könnte durchaus ein Vorbild für den Umgang Chinas und Russlands sein – nicht als Freunde, aber als Partner, die sich gegenseitig von Nutzen sind, soweit es in die eigene Strategie passt.

Nach den Siegen in Syrien und Libyen startete Wladimir Putin im Oktober 2019 eine breit angelegte „Charme-Offensive" in Richtung Afrika. An einem Afrika-Gipfel in Sochi nahmen die Staats- und Regierungschefs beinahe aller afrikanischen Staaten teil: 45 Staatsoberhäupter aus 54 Ländern. Der „Deal" lag auf der Hand: Moskau würde die Despoten mit Waffen beliefern, die afrikanischen Länder im Gegenzug die reichlichen Rohstoffe des schwarzen Kontinents für russische Unternehmen bereitstellen.

Zudem würden die afrikanischen Staaten Russland bei den Vereinten Nationen Russland ihre Stimme wo immer möglich geben. 30 afrikanische Länder unterzeichneten ein militärisches Abkommen mit dem Kreml. Die USA wurden nicht mehr als verlässlich eingestuft und China wurde zunehmend als Gefahr gesehen; also war Russland der perfekte neue Partner. Im Unterschied zum Westen versuchte Moskau nicht, den Afrikanern Lektionen in Sachen Demokratie und Menschenrechte zu erteilen, sondern wickelte den Deal als nüchternes Geschäft ab. Im Januar 2018 traf die erste große Waffenlieferung aus Russland in der zentralafrikanischen Republik ein – als ein Symbol für die Bewaffnung Afrikas durch Russland.

Putins Weltgeschichte als Kinderfilm

Wie gut Wladimir Putin dabei ist, die Weltgeschichte auf seine Weise zu interpretieren und vor allem der Öffentlichkeit darzustellen, zeigte damals ein Kinderfilm. In diesem wurden die Tiere Afrikas, Löwen, Giraffen und Elefanten, von gierigen Hyänen bedroht – solange, bis der starke Bär aus Russland herbeigeeilt kam, um Afrika zu befreien und zu beschützen. Die Hyänen symbolisierten dabei den Westen, genauer gesagt, die Franzosen als ehemalige Kolonialmacht Zentralafrikas. Es war ein einfaches Narrativ, aber es wirkte bei Kindern wie Erwachsenen, zumal die Russen tatsächlich in Schulen und Krankenhäuser vor Ort investierten, was die Franzosen jahrzehntelang vernachlässigt hatten. Das Geld dazu kam aus der Ausbeutung der Rohstoffe. Es war wie ein „perfekter Deal“ für die Machtpolitik Russlands und das Wohlbefinden der heimischen Bevölkerung.

Operation „Eiserne Faust“

Weit weg von Afrika war man in Moskau zwischenzeitlich besorgt, weil sich der türkische Präsident Recep Erdogan an den Grenzen des „russischen Reichs“ zu schaffen machte. So begann die Türkei 2020 mit Hilfe von Aserbaidschan die Eroberung des armenischen Berg Karabach voranzutreiben. Putin stoppte den türkischen Vormarsch und besiegelte damit Russlands Rückkehr in den Kaukasus, auch wenn er dafür Armenien als Verbündeten opfern musste. Am 27. September 2020 startete Aserbaidschan die Militäroperation „Eiserne Faust“. Das ölreiche Aserbaidschan wurde von der Türkei unterstützt, nach 25 Tagen musste Armenien kapitulieren. Dann beendete Russland das grausame Spiel um die Macht: Am 10. November 2020 wurden die direkten Kampfhandlungen in einer von Russland vermittelten Waffenstillstandsvereinbarung zwischen den Konfliktparteien beendet. Der Kreml gerierte sich wieder einmal als Friedensstifter und hatte zugleich die Kontrolle am Südkaukasus, die mit dem Ende der Sowjetunion verloren gegangen war, zurückgewonnen. Zudem war der türkische Einfluss, der Putin schon lange ein Dorn im Auge war, abgedrängt.

Am 9. Mai 2021 feierte Wladimir Putin mit großem Pomp auf dem roten Platz in Moskau den Frieden – jedenfalls offiziell. In Wirklichkeit war es eine Siegesfeier anlässlich der gelungenen Rückkehr Russlands auf die Weltbühne der internationalen Politik. Die Welt begann wieder Angst vor Wladimir Putin zu haben; so rückte auch das Atomwaffenarsenal Russlands wieder in das Bewusstsein nicht nur der politischen Öffentlichkeit. Kreml-Beobachter behaupten, dass er schon als kleiner Junge auf dem Hof immer den Anführer spielen wollte. Diesen Charakterzug hat er offenbar in die Weltpolitik mitgenommen.

Man muss diese aus russischer Sicht überwältigenden Erfolge berücksichtigen, will man begreifen, warum Putin 2022 eine Invasion in die Ukraine begann und warum seitdem wieder das Schreckgespenst eines Atomkrieges an die Wand geschrieben steht. Putin hat gezeigt, dass er und „sein“ Land immer noch das „Powerplay“ des Kalten Krieges beherrschen – und dazu gehört nun einmal die atomare Abschreckung. Bei der Invasion in der Ukraine ist jedenfalls am Rande auch die Rolle von Belarus zu berücksichtigen: Am 24. Februar 2022 griffen nämlich russische Truppen auch von Belarus aus die Ukraine an. Der seit 1994 regierende und in einer zweifelhaften Präsidentschaftswahl 2020 in seinem Amt bestätige Staatspräsident Aljaksandr Lukaschenko gilt schon lange als Freund Putins. Nachdem Lukaschenko am 23. Mai 2021 eine Passagiermaschine der irischen Fluggesellschaft Ryanair abfangen ließ, um eines Oppositionellen, der im Flugzeug saß, habhaft zu werden, wurde er von der EU mit Sanktionen belegt. Das hat ihn offenbar noch näher an Russland herangetrieben und damit Belarus zu einem Staat gemacht, der dem Einfluss Wladimir Putins unterliegt. Wie nah, wurde 2022 deutlich, als Putin dem belarussischen Diktator Alexander Lukaschenko das Raketensystem Iskander-M zusagte, das mit nuklearen Sprengköpfen bestückt werden kann.[111] Von einem Fahrzeug aus lassen sich damit ballistische Kurzstreckenraketen oder nukleare Marschflugkörper starten, die mindestens 500 Kilometer weit reichen, womöglich auch deutlich weiter. Besonders tückisch: Die gegnerische Luftabwehr hat es äußerst schwer, die anfliegenden Projektile zu zerstören, weil die mit rund 2100 Metern pro Sekunde fliegenden Rakete ihre Bahn im Flug ändern kann, so dass ihr Ziel nicht vorherzuberechnen ist. Der Marschflugkörper wiederum vermag es, feindliches Radar zu unter- oder umfliegen.[112]

Dies geschah vor dem Hintergrund, dass sich die jahrelangen Machtkämpfe Russlands 2022 zum ersten Mal zu einem Krieg in Europa auswuchsen. In der Nacht vom 23. auf den 24. startete das russische Militär einen Großangriff auf die Ukraine.

Die russische Invasion in der Ukraine

Die ukrainische Hauptstadt Kiew liegt rund 750 Kilometer Luftlinie von Moskau entfernt. Ziel des russischen Einmarsches, der am 24. Februar 2022 begann, war es offenbar von Anfang an, Kiew einzunehmen, die ukrainische Regierung zu stürzen und das Land vollständig unter russische Fittiche zu bringen – möglichst rasch und möglichst geräuschlos. Gleichzeitig gab sich der russische Präsident Wladimir Putin ebenfalls von Anfang an Mühe, den Krieg zu verharmlosen. Er bezeichnete ihn als eine „spezielle Militäroperation", die notwendig sei, um eine vom Westen initiierte Eskalation in der Ostukraine zu befrieden.

Putins Propagandamaschine war zunächst durchaus erfolgreich, dieses Narrativ in der eigenen Bevölkerung durchzusetzen. Am Tag des Kriegsbeginns veröffentlichte das russische Meinungsforschungsinstitut Lewada eine Umfrage, nach der 60 Prozent der Bevölkerung die USA und die Länder der NATO als Aggressoren im Osten der Ukraine einstuften.[113] Putin sprach von einem „Auslandseinsatz" seiner Soldaten und verkündete in einer Fernsehansprache: „Ich habe beschlossen, eine Sonder-Militäroperation durchzuführen." Er entspreche damit einer „schriftlichen Bitte der Chefs der Volksrepubliken Luhansk und Donezk um Beistand, um Angriffe der ukrainischen Armee abzuwehren".

Er begründete: „Ziel ist der Schutz der Menschen, die seit acht Jahren Misshandlung und Genozid ausgesetzt sind. Dafür werden wir die Entmilitarisierung und die Entnazifizierung der

Ukraine anstreben." Gleichzeitig forderte er die ukrainische Armee auf, sofort die Waffen niederzulegen.[114] Es war eine für die Welt lächerliche Begründung, bestenfalls zur Verbreitung über die Staatsmedien als Rechtfertigung gegenüber der russischen Bevölkerung geeignet.

Während Putin mit seiner Rundum-Lüge verblüffte, erwarb sich der ukrainische Präsident Wolodymyr Selenskyi internationale Anerkennung durch seinen Mut. Der frühere Komiker war im April 2019 mit rund 73 Prozent zum Staatspräsidenten gewählt worden. Nach einer Nacht mit krachendem Bombenbeschuss in Kiew veröffentlichte er am 26. Februar 2022 ein 40 Sekunden langes Selfie-Video mit einer klaren Botschaft: „Ich bin hier. Wir werden die Waffen nicht niederlegen. Wir werden unseren Staat verteidigen."

Zu diesem Zeitpunkt sollte Selenskyi nach Putins Willen schon längst von der Bildfläche verschwunden sein, getötet oder gefangen genommen. Wolodymyr Selenskyi so schnell wie möglich zu beseitigen war nämlich eines der wichtigsten Ziele der Militärmaschinerie Putins beim Angriff auf Kiew.[115] Doch in Erinnerung an die Knute der Sowjetunion, unter der die Ukraine bis zu ihrer Unabhängigkeit 1991 zu leiden hatte, sträubten sich sowohl ihr Präsident als auch die Bevölkerung 2022 stärker gegen die erneute Übernahme durch Russland, als es der Kremlchef offenbar erwartet hatte. Das hat auch historische Gründe: Immerhin bildete im Mittelalter die ukrainische Hauptstadt Kiew das Zentrum der Macht des damaligen russischen Großreichs. Das „Kiewer Rus" genannte Reich (abgeleitet vom Herrschergeschlecht der Rurikiden) kann als Vorläufer der heutigen Staaten Russland, Ukraine und Weißrussland (Belarus) angesehen werden.[116] Heute ist die Ukraine mit einer Fläche von 603.700 Quadratkilometern der größte Staat, dessen Grenzen vollständig in Europa liegen. Sie verfügt nach Russland über das zweitgrößte

Staatsgebiet in Europa.[117] Aus ukrainischer Perspektive läge also mehr Logik darin, dass sich Russland der Ukraine unterzuordnen hätte als umgekehrt.

Nach anfänglichem Zögern gab Deutschland angesichts des rücksichtslosen Vormarsches der Russen seinen Grundsatz, keine Waffen in Krisengebiete zu liefern, auf. Am 26. Februar 2022 ermächtigte die deutsche Bundesregierung die Niederlande, 400 Panzerfäuste aus deutscher Produktion an die Ukraine zu liefern, um den Kampf gegen russische Angreifer zu unterstützen. Zudem wurden 500 Boden-Luft-Raketen vom Typ „Stinger" aus Bundeswehrbeständen in die Ukraine verbracht.[118] Hinzu kamen 14 gepanzerte Fahrzeuge und bis zu 10.000 Tonnen Treibstoff, die über Polen in die Ukraine ausgeführt wurden.[119]

Die Entscheidung Deutschlands, geradezu eine Kehrtwende, hing damit zusammen, dass das russische Verteidigungsministerium damit gedroht hatte „den Vormarsch in alle Richtungen auszudehnen", nachdem die Ukraine nach Darstellung der Russen Verhandlungen über einen Waffenstillstand abgelehnt hatte. Die Ukraine hingegen betonte, für derartige Verhandlungen offen zu sein, aber nicht unter Ultimaten oder unzumutbaren Bedingungen. Zu diesem Zeitpunkt hatte die Ukraine bereits rund 200 Kriegstote und mehr als tausend Verletzte zu beklagen.[120] Im Laufe des 27. Februar einigten sich beide Seiten auf die Aufnahme von Friedensverhandlungen.[121]

Zu diesem Zeitpunkt hatte sich Deutschland schon längst eindeutig auf die Seite der Ukraine geschlagen. Bundeskanzler Olaf Scholz verkündete dazu im Deutschen Bundestag an die Ukraine gerichtet: „Als Demokratinnen und Demokraten, als Europäerinnen und Europäer stehen wir an ihrer Seite – auf der richtigen Seite der Geschichte." Die Handlungen des russischen Präsidenten Wladimir Putin seien menschenverachtend, völkerrechtswidrig und „durch nichts und niemanden zu rechtfertigen“. „Die himmelschreiende Ungerechtigkeit, der Schmerz der Ukrainerinnen und Ukrainer – sie gehen uns alle sehr nahe“, so Scholz. Russlands Präsident Wladimir Putin habe „kaltblütig einen Angriffskrieg vom Zaun gebrochen“. Scholz bezeichnete dies als eine „Zeitenwende in der Geschichte unseres Kontinents“. „Die Welt danach ist nicht mehr dieselbe wie die Welt davor.“ Im Kern gehe es um die Frage, ob Macht das Recht brechen dürfe und ob es Putin gestattet werden könne, die Uhren in die Zeit der Großmächte des 19. Jahrhunderts zurückzudrehen. „Oder ob wir die Kraft aufbringen, Kriegstreibern wie Putin Grenzen zu setzen.“ Der russische Präsident habe eine neue Realität geschaffen, die eine klare Antwort erfordere, so Scholz am 27. Februar 2022.

Der ukrainische Botschafter in Berlin, Andrij Melnyk, bedankte sich überschwänglich im Namen seines Landes: „Wir sind froh, dass Deutschland endlich diese 180-Grad-Wende vollzogen hat. Ich habe meinen deutschen Freunden und der Bundesregierung immer gesagt, dass sie die schrecklichen Bilder vom Krieg in der Ukraine nicht lange ertragen werden, ohne zu reagieren und umzusteuern. Endlich sind die Deutschen erwacht und haben begonnen, richtig zu handeln.“[122]

Der deutsche Bundeskanzler Olaf Scholz erklärte noch vor Ende Februar 2022 den Kurswechsel Bundesregierung bezüglich Waffenlieferungen: „Der russische Überfall auf die Ukraine markiert eine Zeitenwende. Er bedroht unsere gesamte Nachkriegsordnung. In dieser Situation ist es unsere Pflicht, die Ukraine nach Kräften zu unterstützen bei der Verteidigung gegen die Invasionsarmee von Wladimir Putin. Deutschland steht eng an der Seite der Ukraine“.[123]

Der deutsche Schmusekurs mit Russland

Das war eine Zeitenwende für Deutschland. Zuvor hatte sich die deutsche Politik gut 15 Jahre auf einen Schmusekurs mit Wladimir Putin eingelassen. Kein anderes Land hat ihm so viel verziehen wie die Bundesrepublik. Als Moskau im Herbst 2008 in Georgien Krieg führte, versammelte sich die deutsche Politik- und Wirtschaftselite in der russischen Botschaft in Berlin zu einem rauschenden Fest mit Kaviar, Champagner und Musik. Von der Invasion Georgiens bis zur Annexion der Krim – Deutschland hat immer einen Weg gefunden, dem Freund im Osten zu vergeben. Die Begründung: Mit Ausgrenzung wäre niemandem geholfen. Kritiker nannten das „einen deutschen Reflex, sich durch Dialog vor der Konfrontation zu drücken.“ Selbst nachdem Putin die Krim annektiert und den Krieg in der Ostukraine ausgelöst hatte, war Berlin nicht bereit, sich den USA beim Verhängen von Sanktionen gegen Moskau anzuschließen.[124]

Niemand steht für den deutschen Schmusekurs mit Moskau derart symbolisch wie der Altkanzler Gerhard Schröder. Schon während seiner Kanzlerschaft von 1998 bis 2005 hatte Schröder eng mit Putin zusammengearbeitet. Daraus machte er nie einen Hehl. Nach dem Ende seiner politischen Karriere wurde der Altkanzler Putins wichtigster Lobbyist: Sieben Jahre nach seiner Amtszeit nahm er einen Chefposten beim russischen Staatskonzern Gazprom an. 2017 trat er in die Führungsriege eines weiteren russischen Energieriesen ein: Rosneft. Die EU setzte den Konzern nach Russlands Einmarsch in die Ukraine im Frühjahr 2022 auf ihre Sanktionsliste. Doch es ging wohl nicht nur um viel Geld, sondern auch um Freundschaft.

Zu seinem 60. Geburtstag lud Schröder Putin nach Hannover ein. Seinen 70. Geburtstag feierte der Altkanzler mit Putin in St. Petersburg.[125] Kurz zuvor hatte sich Russland die völkerrechtlich zur Ukraine gehörende Schwarzmeer-Halbinsel Krim einverleibt.

Die Nähe Deutschlands zu Russland, wofür Gerhard Schröder beispielhaft stand, dürfte eine erhebliche Mitschuld daran tragen, dass Europa Russland lange Zeit eher als Freund denn als Feind wahrnahm. Das könnte allerdings auch umgekehrt Putin dazu verleitet haben, den Westen nicht ernst genug zu nehmen.

Kampfgeist der Ukrainer und des Westens

Wladimir Putin hatte wohl den Kampfgeist der Ukrainer und der westlichen Welt unterschätzt. Die Invasion im Frühjahr 2022 wurde in bemerkenswerter Einigkeit als Generalangriff auf den Westen, also die westlichen Demokratien, und die Unantastbarkeit der Souveränität der Grenzen unabhängiger Staaten gewertet. Mit einem Schlag war der Kalte Krieg zurück, also die fundamentale Auseinandersetzung der westlichen Welt mit Russland, mit dem Kampf um die Ukraine als ein Stellvertreterkrieg. Es ging nicht „bloß" um die Ukraine, sondern um die Verteidigung der westlichen Werte gegen das autoritäre und militärisch hochgerüstete Russland.

Wie ernst der Westen die Sache nahm, war daran abzulesen, dass die westlichen Staaten nur zwei Tage nach dem Einmarsch beschlossen, russische Banken aus dem internationalen Zahlungssystem Swift auszuschließen.[126] Die 1973 gegründete und in Belgien ansässige Society for Worldwide Interbank Financial Telecommunication (Swift) betreibt ein besonders sicheres Telekommunikationsnetz (SwiftNet), das von mehr als 11.000 Banken rund um den Globus genutzt wird, um internationale Zahlungsanweisungen zu übermitteln. Mit anderen Worten: Wer aus dem Swift-System ausgeschlossen wird, ist vom internationalen

Zahlungsverkehr gänzlich abgeschnitten. Der Ausschluss russischer Banken stellte einen Generalangriff des Westens auf das russische Finanzwesen dar. Dieser Schritt war ohne weiteres möglich, weil Swift rechtlich Genossenschaft im Besitz der Banken und mit Sitz in Belgien dem Rechtssystem der Europäischen Union unterworfen ist.[127] Es war eine der schärfsten Sanktionen von Seiten des Westens, auch deshalb, weil damit Russland außer Stande gesetzt wurde, Zahlungen an den Westen zu leisten bzw. im Empfang zu nehmen. Die Lieferung russischen Gases an Europa und vor allem an Deutschland war dadurch unmittelbar gefährdet; warum sollte Russland noch Gas durch die Pipelines gen Westen schicken, wenn eine Bezahlung dafür gar nicht mehr möglich war. Umgekehrt konnten westliche Unternehmen, die Geschäfte in Russland betrieben, über Nacht keine Zahlungsströme mehr aus dem Putin-Land erhalten. Mit anderen Worten: Unter den Swift-Sanktionen hatte nicht nur Russland zu leiden, sondern auch die westliche Wirtschaft und letztendlich auch die Versorgungslage in Westeuropa. Es war daher ein besonders klares Signal der Einigkeit der westlichen Welt, um Putin in seine Schranken zu verweisen.

Die Begründung brachte die EU-Kommissionspräsidentin Ursula von der Leyen auf den Punkt: „Wir wollen Putin daran hindern, seine staatlichen Rücklagen für die Finanzierung seines Krieges zu nutzen.“. Daher wurde auch das Vermögen der russischen Zentralbank blockiert. Zudem wurde der Zugang zahlreicher russischer Oligarchen zu ihrem Geldvermögen eingeschränkt.[128] Das trieb die russische Währung Rubel auf ein Rekordtief und die Millionäre und Milliardäre in tiefe Trauer.[129] Eine Person, die als persönliche Assistenz für mehrere in Großbritannien lebende Oligarchen arbeitete, erlebte den Schock hautnah: „Ich muss mir anhören, wie sie weinen, weil sie nicht mehr an Bord eines Privatjets kommen, keinen Urlaub mehr buchen und nicht einmal mehr einen Uber bestellen können.“ Die Quelle sprach auch über Oligarchen-Familien im Allgemeinen: „Sie kümmern sich nur um sich selbst und darum, wie sich die Sanktionen auf ihren Champagner-Lebensstil auswirken. Aber das ändert sich jetzt und es ist gut zu sehen, dass sie sich an ihren neuen Platz in der Welt anpassen müssen“.[130]

Nicht nur die Staatengemeinschaft stellte sich mit Sanktionen Putins Expansionsplänen entgegen, auch Hacker kämpften an der Seite des Westens. Hacker gelten „eigentlich“ als Verbrecher, die in fremde Rechner eindringen und dort Daten manipulieren oder zerstören, Kryptowährungen erbeuten oder Lösegeld erpressen. Nicht so am Anfang der Ukrainekrise im Februar 2021. Das internationale Hacker-Kollektiv Anonymous erklärte am Tag der Invasion der Regierung von Wladimir Putin den „Cyberkrieg“ und machte sich auch sogleich ans Werk. Gut eine halbe Stunde nach ihrer Kriegserklärung übernahmen die Hacker die Webseite des Kreml-nahe TV-Senders RT. Die russische Nachrichtenagentur Tass informierte dank Hacker-Manipulationen „Putin zwingt uns zu lügen“ und weiter „Wir fordern Sie dringend auf, diesen Wahnsinn zu stoppen, schicken Sie Ihre Söhne und Ehemänner nicht in den sicheren Tod.“[131] Der Übernahme waren massive Computerattacken ukrainischer Behörden und Banken vorausgegangen, hinter denen die Russen zu vermuten waren.[132]

Kurz nach der Invasion keimte die Hoffnung auf, Putin könnte von seinen eigenen Landsleuten aus dem Amt getrieben werden. Am 24. Februar 2022, also noch am ersten Tag des Einmarsches, verfasste die Moskauer Journalistin Jelena Tschernenko eine Erklärung, die kurz darauf fast 300 ihrer Kollegen unterschrieben: „Wir, russische Korrespondenten und Experten, die über die russische Außenpolitik schreiben, verurteilen die Militäroperation der Russischen Föderation in der Ukraine“, hieß es darin. Krieg sei noch nie eine Methode der Konfliktlösung gewesen und werde es auch nie sein. Eine Rechtfertigung für diesen Krieg gebe es nicht. Binnen weniger Tage wurden in Russland mehrere ähnliche Aufrufe veröffentlicht. Künstler, Lehrer, Wissenschaftler und Architekten appellierten an den Präsidenten Wladimir Putin, das Blutvergießen im Nachbarland zu beenden. Die Politologin Tatjana Stanowaja vom Moskauer Carnegie Center analysierte, Putin habe für seinen Krieg keine breite Unterstützung der Eliten: „Natürlich wird sich jetzt niemand aus dem inneren Kreis gegen Putin stellen, aber die Vorstellung, dass der Chef verrückt geworden ist, beschränkt sich nicht mehr auf die liberale Opposition.“[133]

Tatsächlich waren in den Tagen nach dem Angriff Tausende von Menschen auf den Straßen Russlands unterwegs, um öffentlich gegen Putins Kriegskurs zu protestieren. Aber die Moskauer Regierung griff hart durch: Mehr als 3000 Menschen wurden nach Angaben der russischen Menschenrechtsorganisation OWD-Info binnen weniger Tage bei Antikriegsprotesten in 34 Städten festgenommen.[134]

Drei Tage nach der Invasion aktivierte Wladimir Putin die Bereitschaft der sogenannten „Abschreckungskräfte“. Das schreckte die Welt in der Tat auf, weil dazu neben einem Arsenal ballistischer Raketen auch die russischen Atomwaffen gehörten. Das Stockholmer Friedensforschungsinstitut Sipri teilte nach Putins Äußerungen allerdings mit, dass es nicht damit rechne, dass der Krieg in der Ukraine zum Einsatz von nuklearen Waffen führen wird. „Ich glaube nicht, dass ein Atomkrieg eine wahrscheinliche Folge dieser Krise ist“, sagte Sipri-Direktor Dan Smith am 27. Februar 2022. Er fügte hinzu: „Wenn Atomwaffen existieren, dann gibt es aber leider natürlich immer diese kleine Möglichkeit. Und das wäre katastrophal.“[135]

Zuvor hatte Russland dem Westen angesichts von Warnungen vor einem Atomkrieg Panikmache vorgeworfen. „Alle wissen, dass ein Dritter Weltkrieg nur ein nuklearer sein kann“, sagte der russische Außenminister Sergej Lawrow. Diese Frage stelle sich aber nur in den Köpfen westlicher Politiker und nicht in denen der Russen.[136] Lawrow betonte: „Wir haben eine Militärdoktrin, die die Parameter und Bedingungen für den Einsatz von Atomwaffen beschreibt.“ Eine „Eskalation um der Deeskalation willen wird es nicht geben. Aber das Gespräch über einen Atomkrieg ist jetzt im Gange." Das liege allein am Westen. Er warf westlichen Staaten auch „Hysterie“ vor. Der russische Außenminister kritisierte im gleichen Atemzug die USA scharf: „Die folgenden Vergleiche drängen sich für mich auf: Sowohl Napoleon als auch Hitler wollten einst Europa unterjochen. Jetzt haben die Amerikaner es unterjocht.“[137] Damit war die Frontlinie zwischen dem Westen und Russland so klar markiert wie selten zuvor.

Deutschland bereitet sich auf den Krieg vor

Der brutale Angriff Russlands auf die Ukraine im Februar 2022 war ein Weckruf für die internationale Staatengemeinschaft, vor allem für den Westen, also Nordamerika und erst recht Europa. Es ging dabei nicht nur darum, Russland ernst zu nehmen, sondern auch, die eigene Verteidigungsfähigkeit zu erhöhen.

Der deutsche Bundeskanzler Olaf Scholz kündigte als Reaktion eine massive Aufstockung der deutschen Verteidigungsausgaben an. Der Bundeshaushalt 2022 solle einmalig mit einem Sondervermögen in Höhe von 100 Milliarden Euro für „notwendige Investitionen und Rüstungsvorhaben“ ausgestattet werden, sagte Scholz in seiner Regierungserklärung. Er ergänzte: „Wir werden von nun an – Jahr für Jahr – mehr als zwei Prozent des Bruttoinlandsprodukts in unsere Verteidigung investieren.“ [138]

Ebenso bemerkenswert wie die Wiederaufrüstung Deutschlands waren die Lieferungen deutscher Waffen in die Ukraine 2022. „Der russische Überfall auf die Ukraine markiert eine Zeitenwende. Er bedroht unsere gesamte Nachkriegsordnung“, begründete Bundeskanzler Olaf Scholz, er ergänzte: „In dieser Situation ist es unsere Pflicht, die Ukraine nach Kräften zu unterstützen bei der Verteidigung gegen die Invasionsarmee von Wladimir Putin. Deutschland steht eng an der Seite der Ukraine.“ Beinahe über Nacht verfrachtete Deutschland 1.000 Panzerabwehrraketen und 500 Boden-Luft-Raketen vom Typ „Stinger“ in die Ukraine. Die deutsche Außenministerin Annalena Baerbock und Vizekanzler Robert Habeck, beide in *der* Pazifistenpartei Die Grünen politisch groß geworden, waren sich einig: „Nach dem schamlosen Angriff Russlands muss sich die Ukraine verteidigen können. Sie hat ein unabdingbares Recht auf Selbstverteidigung. Die Bundesregierung unterstützt daher die Ukraine auch bei der Ausstattung mit dringend benötigtem Material.“

Damit einher ging im Frühjahr 2022 ein 15-Punkte-Programm der Grünen, um öffentliche Gebäude in Schutzräume zu verwandeln und damit die Zivilbevölkerung besser auf einen militärischen Angriff vorzubereiten. So hieß es in dem Plan unter anderem: „Eine Möglichkeit besteht zum Beispiel darin, grundsätzlich geeignete Bauten wie U-Bahnhöfe, Tiefgaragen oder Keller in öffentlichen Gebäuden in Schutzkonzepte einzubeziehen.“ Zudem sollen in Deutschland wieder regelmäßige Katastrophenübungen abgehalten und die Warnung der Bevölkerung soll verbessert werden. Statt die europäischen Werte am Hindukusch in Afghanistan zu verteidigen, sollte sich die Bundeswehr wieder auf ihre „Kernaufgabe“ der Landesverteidigung konzentrieren.[139]

Deutschland begann im Frühjahr 2022 also mit den Vorbereitungen für einen Krieg, genauer gesagt, mit der Verteidigung gegen einen russischen Angriff. Das war gelinde gesagt reichlich spät gemessen an den vorherigen Dekaden, in denen Russland von Deutschland eher als ein Freund Europas eingestuft wurde. Die Abhängigkeit Deutschlands von russischen Gaslieferungen sprach Bände: Nie zuvor war man in der offiziellen deutschen Politik davon ausgegangen, dass Wladimir Putin Panzer gen Westen schicken würde. So hat Deutschland 2019 mehr als die Hälfte seiner Erdgasimporte aus Russland bezogen (51 Prozent). Die weiteren Hauptlieferanten für Erdgas waren Norwegen (27 Prozent) und die Niederlande (21 Prozent). Innerhalb der Europäischen Union war Deutschland mit beinahe 56 Milliarden Kubikmetern der größte Importeur von Erdgas aus Russland.[140] In eine derart starke Abhängigkeit begibt man sich wohl nur, wenn man ein Urvertrauen in die andere Seite besitzt – oder unbegrenzt blauäugig ist.

Es geht um Gas und Geld

Die Abhängigkeit begann im November 2011. Damals ging die Gaspipeline Nord Stream (heute als Nord Stream 1) bekannt, in Betrieb. Das System aus Gasleitungen unter der Ostsee reicht von Wyborg in der russischen Oblast Leningrad bis nach Mecklenburg-Vorpommern und besitzt eine Transportkapazität von rund 550 Terawattstunden pro Jahr. Eigentümer und Betreiber von Nord Stream 1 ist die Nord Stream AG, deren Anteile von Gazprom (51 Prozent) sowie Wintershall, Dea, E.on, Gasunie und Engie gehalten werden. Als ob das nicht schon genug Abhängigkeit bedeutet hätte, unterzeichneten Gazprom, Wintershall und E.on 2005 den Vertrag zur Gründung einer weiteren Betreibergesellschaft – für Nord Stream 2 und in Anwesenheit des damaligen deutschen Bundeskanzlers Gerhard Schröder und

Russlands Präsident Wladimir Putin. Als Schröders SPD wenige Monate später die Bundestagswahl verlor und der Ex-Kanzler kurzerhand Aufsichtsratschef der Betreibergesellschaft werden sollte, war die Empörung groß – zu Recht. Man konnte sich des Eindrucks nicht erwehren, dass Schröder, dessen Partei in den Umfragen vor der Wahl schon lange hinter der CDU gelegen hatte, sich selbst einen Altersposten zugeschanzt hatte. Im September 2021 waren die Verlegearbeiten für die zweite Pipeline Nord Stream 2 abgeschlossen. Damit hatten sich die Gastransportkapazitäten aus Russland zumindest theoretisch verdoppelt. Doch im Februar 2022 wurde die Betriebsgenehmigung von deutscher Seite als Antwort auf die russische Aggression in der Ukraine versagt.[141] War die Abhängigkeit Deutschlands vom russischen Gas schon mit Nord Stream 1 bemerkenswert hoch, so überstieg sie mit der Planung von Nord Stream 2 jedes zu verantwortende Maß – auch ohne Krieg. Das schien die Bundesregierung allerdings erst im Frühjahr 2022 überhaupt zu bemerken, möglicherweise sogar erst, als der russische Vize-Regierungschef Alexander Nowak im Staatsfernsehen mit einem Lieferstopp für Gas und Öl drohte. Nowak stellte mit Blick auf westliche Sanktionen klar: „Wir haben das volle Recht, eine ‚spiegelgerechte' Entscheidung zu treffen und ein Embargo zu erlassen auf die Durchleitung des Gases durch die Pipeline Nord Stream 1, die heute maximal mit 100 Prozent ausgelastet ist." Und weiter: „Es ist völlig offensichtlich, dass der Verzicht auf russisches Öl zu katastrophalen Folgen auf dem Weltmarkt führt. Die europäischen Politiker sollten ihre Bürger und Verbraucher ehrlich davor warnen, dass die Preise dann fürs Tanken, für Strom und für das Heizen in die Höhe schießen."[142] Tatsächlich stoppten im März 2022 die bayerischen Lech-Stahlwerke als erster Betrieb dieser Branche tageweise die Produktion, weil die Energiekosten zu hoch geworden waren.[143]

Immerhin war die Abhängigkeit nicht einseitig. Russland lag ebenso viel am florierenden Gasgeschäft, damit im wahrsten Sinne des Wortes „der Rubel rollt". So verlangte Putin im Frühjahr 2022 allen Ernstes, die Abnehmerländer sollten die Energielieferungen in Rubel bezahlt. Offenbar hatte er Angst, die Gelder würden auf ausländische Konten gezahlt, an die Russland aufgrund der westlichen Sanktionen gar nicht mehr herankäme.[144] Hinzu kam eine weitere Sorge auf Russland zu: Viele Länder wollten auf einmal das russische Öl nicht mehr haben – aus Angst vor möglichen Sanktionen durch die USA. Das wichtigste russische Exportgut war nur noch mit erheblichen Preisabschlägen auf dem Weltmarkt loszuwerden.[145]

In Deutschland kam 2022 unabhängig von der Art der Bezahlung rasch der Vorwurf auf, die Bundesrepublik würde mit dem anhaltenden Bezug von russischem Gas den Krieg gegen die Ukraine sozusagen mitfinanzieren. Vytautas Landsbergis, erster Präsident Litauens nach dessen Unabhängigkeit im Jahr 1990, schrieb in einem drastisch formulierten Brief an Bundespräsident Frank-Walter Steinmeier und Bundeskanzler Olaf Scholz: *„Jeden Tag werden in der Ukraine Frauen, Kinder, alte Menschen vergewaltigt, gefoltert, erschossen oder durch Bomben getötet, ihre Leichen auf der Straße verrotten gelassen. Jeden Tag, an dem Sie russisches Öl und Gas bezahlen, bezahlen Sie dafür, dass Putins Panzer durch das ukrainische Land fahren, Sie bezahlen ihn für die Tötung, Zertrümmerung und Zerstörung."*

Landsbergis warnte Steinmeier und Scholz, sich „durch Untätigkeit, Gleichgültigkeit, Egoismus oder Angst an diesen Verbrechen mitschuldig" zu machen.[146] Die Anschuldigungen mögen überspitzt formuliert gewesen sein, aber sie zeigten das deutsche Dilemma auf: Einerseits wollte man so rasch wie möglich die Abhängigkeit von Russland bei der Energieversorgung zumindest zurückschrauben, andererseits konnte man schlecht die deutsche

Wirtschaft und auch nicht die hiesigen Haushalte „einfach so“ von der Gasversorgung abtrennen.

Um die Abhängigkeit von russischem Erdgas zu verringern, kündigte Bundeskanzler Scholz den Bau von zwei Terminals für Flüssigerdgas (LNG) in Deutschland an. Zwar gab es in der EU viele Terminals für Flüssigerdgas, aber eben kein eigenes in Deutschland. Überhaupt lief die Welt oder zumindest Europa und auf jeden Fall Deutschland seit Februar 2022 schneller.

Es war wie ein Witz der Geschichte, dass die Ukraine im Sommer 2022, also mitten im Krieg, anbot, Deutschland mit Atomstrom als Ersatz für das ausgefallene russische Gas zu versorgen. „Im Bereich der Dekarbonisierung bewegt sich die Ukraine in einer anderen Logik als Deutschland“, erklärte der ukrainische Energieminister Herman Haluschtschenko. Daher würden über 50 Prozent des ukrainischen Stroms in Atomkraftwerken erzeugt.

„Damit kann die Ukraine, die seit dem 16. März (2022) ihr Energienetz mit dem Verband Europäischer Übertragungsnetzbetreiber synchronisiert hat, zum Outsourcer von Strom für Deutschland werden“, legte Haluschtschenko dar. Es entstehe „eine Art Versicherungspolster in Zeiten witterungsbedingt rückläufiger Erzeugung aus Solar- und Windkraftanlagen“. Dieses Angebot zeigt das Atomdilemma Deutschlands auf.[147] Kernkraft wurde über Jahrzehnte hinweg in Deutschland verpönt und ausgerechnet in der Krise, in der eigentlich deutsche Hilfe für die Ukraine angesagt war, bot das von Russland attackierte Land Deutschland Hilfe bei der Lösung seiner Energieprobleme durch Atomstrom an.

Die „Heilige Verpflichtung“ Amerikas

Wladimir Putin hatte mit seinem Einmarsch in der Ukraine am 24. Februar 2022 Europa und Deutschland aufgeweckt. Binnen einer Woche erwies sich die EU als so geschlossen wie lange nicht mehr. Die NATO verkündete, ihr seit Jahren hin gebummeltes Ziel, dass alle Mitgliedsländer zwei Prozent ihres Bruttosozialproduktes für Verteidigungsausgaben aufwenden sollten, kurzfristig zu erreichen. Schweden und Finnland diskutierten beinahe spontan den Beitritt zur NATO. Ende April, nur zwei Monate nach der russischen Invasion in der Ukraine, kündigten beide Länder an, noch im Mai die Mitgliedschaft in der NATO zu beantragen.[148]

Das brachte Moskau in eine Zwickmühle. Einerseits hatte Russlands Präsident Putin klargestellt, dass er den Beitritt Finnlands und Schwedens zum nordatlantischen Militärbündnis nicht hinzunehmen gedenkt. Andererseits hatte US-Präsident Biden ebenso klargestellt, dass im Fall eines Angriffs auf ein NATO-Land die Bündnistreue greift. Biden sagte: „Wir betrachten Artikel fünf als eine heilige Verpflichtung, und darauf können Sie sich verlassen. Er gehe davon aus, dass Putin „damit gerechnet hat, die NATO spalten zu können, die Ostflanke vom Westen trennen zu können“. Genau das war aber nicht passiert. Artikel fünf des Nordatlantikvertrags besagt, dass ein Angriff gegen einen oder mehrere NATO-Mitgliedstaaten als Angriff gegen alle angesehen und gemeinsam bekämpft wird.[149] Es war ein Spiel mit dem Feuer und das Entflammen in Europa hatte Biden unverhohlen einkalkuliert.

Die Europäische Union gab sich deutlich besonnener und formulierte langfristiger. Die EU-Kommissionschefin Ursula von der Leyen sagte zu einer möglichen EU-Mitgliedschaft der Ukraine: „Im Laufe der Zeit gehören sie tatsächlich zu uns. Sie sind einer von uns und wir wollen sie drin haben." Kurz zuvor hatte der ukrainische Präsident Salenskiyj erklärt: „Wir wenden uns an die EU zur unverzüglichen Aufnahme der Ukraine nach einer neuen speziellen Prozedur". Gemeint war wohl: so schnell wie möglich.

Auch in der Bundesrepublik liefen die Uhren im Februar 2022 schneller und anders herum. So lieferte Deutschland Waffen in ein Krisengebiet, zuvor ein „no-go". Die zu dieser Zeit amtierende Bundesregierung aus SPD und Grünen war sich einig, die Bundeswehr binnen kürzester Zeit massiv aufzurüsten. Die SPD, im Selbstverständnis *die* Friedenspartei Deutschlands, votierte für den Einsatz von Kampfdrohnen. Beinahe über Nacht begannen die Grünen, also *die* Anti-Atom- und Pro-Umweltpartei schlechthin, den längst beschlossenen Ausstieg aus Kern- und Kohlekraftwerken nochmals zu überdenken.

Die russischen Expansionsgelüste riefen eine ähnlich agile Politik hervor wie es zwei Jahre zuvor beim Ausbruch der Virusseuche Corona zu verzeichnen war. Salopp formuliert: Wenn's sein muss, kann Deutschland ebenso wie andere Staaten erstaunlich schnell reagieren und zuvor über Jahre gefestigte Dogmen binnen weniger Tage über den Haufen werfen.

Bemerkenswert war, wie sich 2022 nicht nur die internationale Staatengemeinschaft Russland entgegenstellte und Hilfe für die Ukraine leistete, sondern auch die Wirtschaft. Beispielhaft hierfür stand der US-amerikanische Multi-Unternehmer Elon Musk. Auf Bitten des ukrainischen Digitalministers und Vize-Premiers Mychajlo Fedorow aktivierte Musks Firma Starlink sein Satellitennetzwerk über die Ukraine, um die Internetversorgung des Landes sicherzustellen. Damit verfügte das angegriffene Land losgelöst von russischen Zerstörungen über eine funktionierende Kommunikationsinfrastruktur.[150]

Der Mut der Ukrainer und ihres Präsidenten

Doch es waren nicht etwa nur die internationale Staatengemeinschaft und ausländische Unternehmer, sondern es waren vor allem die Ukrainer selbst, die die Welt mit ihrem Mut und ihrer Entschlossenheit, das russische Militär abzuwehren, in Erstaunen versetzten. Vorbild war der ukrainische Präsident Wolodymyr Selenskyj, der nach dem Start der russischen Invasion den Kriegszustand ausrief und sich mit folgenden Worten an die Bevölkerung wandte:[151]

„Sehr geehrte Bürger der Ukraine,

heute Morgen hat Präsident Putin die Durchführung einer Sondermilitäroperation im Donbass erklärt. Russland hat auf unsere Militärinfrastruktur und unsere Grenzsicherheitstruppen einen Angriff ausgeführt. In vielen Städten waren Explosionen zu hören.

Wir führen den Kriegszustand ein auf dem gesamten Territorium unseres Staates. Vor einer Minute habe ich ein Gespräch mit Präsident Biden geführt. Die USA haben schon angefangen, internationale Unterstützung zu organisieren.

Heute ist von Ihnen – von jedem von Ihnen – Fassung nötig, wenn möglich, bleiben Sie bitte zu Hause. Wir arbeiten, die Armee arbeitet, der ganze Verteidigungs- und Sicherheitsbereich arbeitet. In ständiger Verbindung mit Ihnen bleibe ich, bleibt der Nationale Sicherheits- und Verteidigungsrat der Ukraine und das Ministerkabinett der Ukraine.

Demnächst werde ich mich wieder melden. Keine Panik! Wir sind stark und auf alles gefasst. Wir werden alle besiegen, denn wir sind die Ukraine. Ruhm der Ukraine!“

Wenige Stunden später trat er erneut vor die Öffentlichkeit:

„Meine lieben Ukrainer,

wie versprochen, melde ich mich wieder. Ich werde Euch stündlich aktuelle und zuverlässige Information mitteilen. Wir werden jetzt nicht nur von Bomben, sondern auch von Fakes angegriffen. Es ist wichtig, die Wahrheit aus offiziellen Quellen zu erhalten.

Heute hat Russland einen Einmarsch begonnen, Putin hat einen Krieg mit der Ukraine, mit der ganzen demokratischen Welt begonnen. Er will meinen Staat vernichten. Er will unseren Staat vernichten – alles was wir aufgebaut hatten, wofür wir leben.

Ich wende mich an alle Ukrainer, vor allem an alle Militärs, die sich schon dem ersten Angriff des Feindes stellen mussten und ihn gebührend zurückweisen: Ihr seid mutig, Ihr seid ungebrochen, denn Ihr seid Ukrainer.

Ich wende mich an jeden Ukrainer, der sich jetzt auf unserem Boden aufhält: Wir sollen nicht in Panik geraten, wir sollen alles Nötige tun, um das Militär der Ukraine zu unterstützen.

Ich wende mich an alle Ukrainer, die sich jetzt im Ausland aufhalten: Wir brauchen auch Eure Unterstützung, Ihr seid eine starke, vereinigte Kraft, und Ihr habt es auch schon mehrmals bewiesen, wir brauchen Euch jetzt.

Ich habe mit Biden, Johnson, Charles Michel, Duda, Nauseda gesprochen – wir beginnen eine Anti-Putin-Koalition zu bilden. Wir haben die Weltführer aufgerufen, alle möglichen Sanktionen gegen Putin zu betätigen, eine massive Verteidigungsunterstützung in die Wege zu leiten, den Luftraum über der Ukraine für den Aggressor zu schließen.

Gemeinsam müssen wir die Ukraine retten, die demokratische Welt retten – und wir werden es tun. Ruhm der Ukraine!“[152]

Komiker, Korrumpist, Kriegsheld

Der studierte Jurist und einstige Schauspieler, Synchronsprecher, Drehbuchautor, Fernsehmoderator, Filmproduzent und Komiker reifte in der Krise zum Staatsmann und Kriegshelden. Er machte damit seine dunkle Seite weitgehend vergessen: Schließlich war Wolodymyr Selenskyi erst kurze Zeit zuvor als „Kleptokrat“ entlarvt worden. Aus den sogenannten „Pandora Papers“ lässt sich herauslesen, dass Selenskyi auf seinen Konten in Belize, Zypern und auf den Britischen Jungferninseln rund 41 Millionen Dollar liegen hat. Das Geld soll er von dem Oligarchen Iho Kolomojskyj erhalten haben, der sich zuvor in der Ukraine um 5,5 Milliarden Dollar bereichert und dann das Land fluchtartig verlassen haben soll. Kolomosjskyj hatte demnach im Gegenzug den Wahlkampf Selenskyis finanziert. [153] Im Angesicht des Krieges 2022 verstand es der Ex-Schauspieler allerdings gut, bei seinen virtuellen Auftritten im Deutschen Bundestag, im Britischen Unterhaus und im US-Kongress, seine Korruptionsaffäre vergessen zu machen und sich als Held zu inszenieren, der mit seinem Land und dem Blut seiner Landleute die europäischen Werte verteidigte. [154]

Einen militärischen Eingriff des Westens zur Unterstützung der Ukraine lehnten indes sowohl die USA als auch die EU kategorisch ab. Scharfe Worte, harte Sanktionen und reichlich Waffenlieferungen – das musste genügen. Zu groß erschien die Gefahr, bei einem tatsächlichen Einschreiten in der Ukraine einen „großen Krieg“ vom Zaun zu brechen.

Dennoch scheiterte Moskaus Bemühen, die „Ukraine-Frage“ sozusagen als Nebenschauplatz darzustellen, angesichts der Gegenwehr im In- und Ausland auf ganzer Linie. Wladimir Putin hatte die Auswirkungen seines Einmarsches in der Ukraine völlig unterschätzt. Er hatte offensichtlich angenommen, dass der

Westen ebenso wie bei seinen „Abenteuern“ in Syrien, Georgien und Libyen sowie auf der Krim zwar ein wenig „aufmurren“, aber letztendlich die von ihm geschaffene neue Lage akzeptieren würde.

Die Welt stimmt gegen Russland – China nicht

Doch es waren nicht nur Deutschland und nicht nur Europa – die USA sowieso –, für die der russische Einmarsch in der Ukraine dem Überschreiten einer roten Linie gleichkam. Am 2. März 2022 stimmten bei einer außerordentlichen Vollversammlung der Vereinten Nationen 141 Länder einer UNO-Resolution zu, die den russischen Einmarsch in der Ukraine verurteilte. Sie forderten Moskau dazu auf, „unverzüglich, vollständig und bedingungslos alle militärischen Kräfte von ukrainischem Territorium innerhalb dessen international anerkannten Grenzen abzuziehen“. Lediglich Belarus, Eritrea, Nordkorea und Syrien stimmten dagegen. Selbst traditionelle Freunde Russlands wie Kuba und Serbien unterstützten den russischen Angriff nicht – das galt auch für China.

Die Volksrepublik China enthielt sich bei der UNO-Resolution, wie zuvor schon im Sicherheitsrat der Vereinten Nationen. Die Tatsache, dass Peking Moskaus Position nicht verteidigte, bewirkte, dass andere nicht-westliche Staaten, die stets an der Seite Chinas stehen, Russland ebenfalls ihre Unterstützung verweigerten.

Zugleich stellte Chinas Außenamtssprecher Wang Wenbin klar: China und Russland seien „strategische Partner”, nicht aber „Verbündete“. China entscheide seine Haltung und Politik jeweils im Einzelfall selbst. „Alle Seiten sollten ruhig bleiben, Zurückhaltung zeigen und eine weitere Eskalation vermeiden”, war aus Peking zu vernehmen. Diese Distanz war wohl vor allem dadurch hervorgerufen worden, dass Wladimir Putin mit dem Einsatz von Atomwaffen gedroht hatte, sollte sich der Westen in der Ukraine militärisch einmischen. Denn China will als Friedensstifter in der Welt wahrgenommen werden, als besonnene Weltmacht, die auf Ausgleich und Mäßigung bedacht ist, und der das Wohl aller Staaten rund um Globus am Herzen liegt. Daher kam eine offene Unterstützung des russischen Aggressors Putin 2022 für Peking nicht in Frage.

Doch es kann kein Zweifel daran bestehen, dass China weiterhin an Russland als Partner festhält – und sei es als ein „Juniorpartner" – im Wettbewerb mit den Vereinigten Staaten von Amerika. So war es 2022 nur konsequent, Russland zwar nicht für den Einmarsch in der Ukraine zu loben, aber die Invasion eben auch nicht zu verdammen. Während sich der versammelte Westen zügig auf Sanktionen einigte, lehnte Peking derartige Schritte vehement ab. Vielmehr unterstützte die Volksrepublik China das Narrativ Moskaus, dass die sukzessive Osterweiterung der NATO „legitime" Sicherheitsbedürfnisse Russlands außer Acht gelassen habe und somit der Westen den Krieg provoziert habe.

Offiziell begründete China seine Enthaltung bei der UNO-Resolution gegen Russland damit, dass diese nicht „die Geschichte und Komplexität der gegenwärtigen Krise berücksichtigt". Hinter der Formulierung steckte Pekings Haltung, dass die NATO und die USA den Krieg verursacht hätten und dass eine friedliche Lösung voraussetze, dass Russlands Forderungen nach Sicherheitsgarantien erfüllt werden, insbesondere die Zusicherung, dass die Ukraine weder der EU noch der NATO beitreten werde. Der chinesische Botschafter bei den Vereinten Nationen, Zhang Jun, beschrieb die Resolution als „blindes Druckausüben", das die Lage nur weiter eskalieren werde. So moralisch berechtigt die Verurteilung Russlands durch die Staatengemeinschaft auch gewesen sein mag, in der Sache hatte der Vertreter Chinas recht.

Denn an einem größeren Krieg mit atomaren Waffen war China jedenfalls zu diesem Zeitpunkt kaum gelegen. Schon zwei Tage nach dem Einmarsch russischer Truppen in der Ukraine hatte der chinesische UNO-Botschafter Zhang Jun geäußert: „Wir sind jetzt an einem Punkt angelangt, den wir nicht sehen wollen." Chinas Außenminister Wang Yi erklärte, die Volksrepublik respektiere die Souveränität und territoriale Integrität aller Länder – einschließlich der Ukraine. Erst kurz zuvor hatten Moskau und Peking bei der Eröffnung der Olympischen Winterspiele 2022 demonstrativ zusammen gestanden und eine „grenzenlose Partnerschaft" erklärt.

In dieser Situation der Balance gerierte sich China als versöhnender Vermittler. Nach einem Telefonat zwischen Xi Jinping und Wladimir Putin erklärte sich Russland zu Gesprächen mit der Ukraine bereit. China feierte dies als Erfolg in der Rolle des Vermittlers. Der Sprecher des chinesischen Außenministeriums, Wang Wenbin, betonte: „Chinas Ansatz steht in erheblichem Gegensatz zu der Praxis anderer Länder, die Krisen verursachen, sie weiter befeuern oder gar von ihnen profitieren. In der Frage, welcher Ansatz der Sicherheit und Stabilität Europas der Richtige ist, da werden wir, so glaube ich, alle zu einem gerechten Ergebnis kommen."

Ziel des Drahtseilaktes war es offensichtlich, die Partnerschaft mit Russland nicht zu verletzen, dem Vormarsch der USA Einhalt zu gebieten und dabei Europa als Partner nicht zu brüskieren. Anfang März 2022 bezeichnete Chinas Außenminister Wang Yi Russland ungeachtet des Ukraine-Krieges als seinen wichtigsten strategischen Partner. Die Bande zu Moskau sei eine der wichtigsten bilateralen Beziehungen weltweit und die Freundschaft beider Völker unanfechtbar: „Wie bedrohlich die internationale Lage auch sein mag, wir werden unsere strategische Ausrichtung beibehalten und die Entwicklung einer umfassenden Partnerschaft zwischen China und Russland in der neuen Ära voranbringen." Bei der „neuen Ära" hat Peking die ganze Welt im Blick: Die Kooperation sei nicht nur von Nutzen für die Völker beider Länder, „sondern trägt auch zu Frieden, Stabilität und Entwicklung in der Welt bei", erklärte der chinesische Außenminister 2022 die Politik seines Landes.[155] Damit wurde einmal mehr deutlich, dass die zur Supermacht aufstrebende Volksrepublik China und die Atommacht Russland gemeinsame Interessen verfolgen, und sei es nur, die „Weltmacht Nummer 1", die USA, in ihre Schranken zu verweisen.

Bündnisvertrag zwischen China und Russland 2022

Am 4. Februar 2022, also kurz vor dem russischen Einmarsch in die Ukraine, hatten der russische Präsident Wladimir Putin und der chinesische Präsident Xi Jinping in Peking einen „Bündnisvertrag" unterzeichnet.

Historiker verglichen das Bündnis der beiden Staaten 2022 mit der Annäherung der USA und Chinas unter US-Präsident Richard Nixon bei seinem historischen Besuch in China 1972. Nixons Besuch bei Mao Zedong war ein entscheidender Moment in der Geschichte des Kalten Krieges. Die Beziehungen zwischen China und der Sowjetunion waren damals nämlich ausgesprochen schlecht. Das Auseinanderdriften der beiden kommunistischen Staaten hatte 1956 begonnen, als sich Nikita Chruschtschow beim 20. Kongress der Kommunistischen Partei von Stalin distanzierte. Diese Rede sowie Chruschtschows Destalinisierungskampagne verärgerten Mao, der sie als revisionistisch verurteilte, da er wohl fürchtete, eines Tages in seinem Land ähnlich geächtet zu werden wie Stalin durch Chruschtschow in Russland. Die ideologischen und politischen Meinungsunterschiede führten 1960 zum chinesisch-sowjetischen Zerwürfnis. Neun Jahre später lieferten sich sowjetische und chinesische Streitkräfte erbitterte Gefechte entlang des Ussuri in der Nähe zur Mandschurei. Ein umfassenderer Krieg konnte nur mit Mühe abgewendet werden.

Der damalige US-Präsident Richard Nixon sah in dem Zerwürfnis der beiden kommunistischen Mächte die Chance mitten im Kalten Krieg zwischen den USA und der Sowjetunion mit China einen neuen Verbündeten zu gewinnen. So landete die Air Force One mit Richard Nixon am 21. Februar 1972 um 11.30 Uhr in Peking. Es war wohl eine der kühnsten diplomatischen Missionen des 20. Jahrhunderts. Denn zwischen Washington und Peking lagen damals der Sieg der Kommunisten im chinesischen Bürgerkrieg, die Toten des Korea- und des Vietnamkrieges und fast ein Vierteljahrhundert gegenseitiger Verwünschungen. Die „Große Proletarische Kulturrevolution“, Maos gigantische und blutige Politkampagne, hatte zwar ihren Höhepunkt überschritten, aber in den USA erschien China neben der Sowjetunion geradezu als Inbegriff des menschenverachtenden Kommunismus. Die Annäherung beider Länder war eine diplomatische und eine geopolitische Sensation. „Keiner von uns hätte sich damals vorstellen können, wo China heute steht“, sagt der Diplomat Winston Lord später, der damals mit Nixon nach Peking reiste und später US-Botschafter in China wurde. „Doch angesichts seiner schieren Größe, seiner Geschichte und Kultur konnte man sich eines Umstands sicher sein: dass es keine stabile Welt geben würde, solange China nicht Anteil an ihr hatte.“[156] Das war zweifelsohne eine weise Erkenntnis, doch sie gilt auch für Russland.

Es war damals sicherlich dem von Nixon hervorgerufenen Szenario eines Zwei-Fronten-Kriegs der Sowjetunion – gegen die NATO im Westen und gegen China im Osten – zu verdanken, dass sich die UdSSR auf eine Entspannungspolitik gegenüber den USA einließ. Der damalige russische Präsident Leonid Breschnew ging sogar so weit, die Helsinki-Verträge zu unterzeichnen, die den Westen in die Lage versetzten, den sowjetischen Totalitarismus auf der Basis der Menschenrechte infrage zu stellen.

Genau wie die Sowjetunion der große Verlierer der chinesisch-amerikanischen Annäherung des Jahres 1972 war, dürfte sich Russland als der große Verlierer der Übereinkunft zwischen Putin und Xi 2022 erweisen. China versteht sich nämlich längst als die einzige Supermacht auf der Welt, die den USA ernsthaft Paroli bieten kann. Russland ist für China im globalen Machtpoker lediglich ein Juniorpartner, bestenfalls dazu geeignet, die militärischen Kräfte des Westens vor allem durch die atomare Bedrohung zu binden. Immerhin verfügt Russland nach wie vor über deutlich mehr Waffenstärke, vor allem bei Atomwaffen, als China.

Zudem stellt Russland für China einen attraktiven Rohstofflieferanten dar. Das Erdgas, das nicht westwärts in Richtung Europa fließt, ist im energiehungrigen China willkommen. Alle sibirischen Rohstoffvorkommen, für deren Erschließung Russland westliches Kapital und Know-how brauchte, würden ausschließlich China zur Verfügung stehen, wenn die russische Wirtschaft vom Westen abgeschnitten wäre. Putin wägte sich bei seinem Schulterschluss mit Xi 2022 zweifelsohne in der Annahme, dass ihm diese Partnerschaft bei seiner Konfrontation mit dem Westen helfen würde. Doch aus Chinas Sicht war und ist Putin eher ein „nützlicher Idiot“, um Russland in eine vasallenartige Abhängigkeit von China zu bringen.[157]

Es war bemerkenswert, wie China und Russland zusammen die Vereinten Nationen geradezu austricksten, als sich der UNO-Sicherheitsrat im Mai 2022 erstmals seit der Invasion in der Ukraine auf eine gemeinsame Stellungnahme einigte. In dieser gab sich das Gremium „zutiefst besorgt“ über den Konflikt in der Ukraine und begrüßte zugleich die Vermittlungsbemühungen von UNO-Generalsekretär António Guterres.[158]

Die Erklärung, vom Aggressor Russland mitunterzeichnet, stellte eine Verhöhnung der Vereinten Nationen dar: Das wäre ungefähr so, als wenn ein Mörder im Richtergremium über seine eigene Tat zu befinden hätte, und sie – ohne sich selbst als Täter zu bezeichnen – ein Ende des Mordens fordern würde. Es war absurdes Theater auf der großen Bühne der Diplomatie, während die Menschen in Scharen dem Schlachtfeld zu entkommen versuchten.

Wladimir Putin: „die Schwachen schlägt man“

Der Angriff auf die Ukraine kam im Februar 2022 nur für diejenigen überraschend, die den russischen Präsidenten Wladimir Putin nicht genau genug beobachtet hatten. Denn er war schon immer ein Mann der brutalen Gewalt – diese Eigenschaft macht ihn so unberechenbar und damit gefährlich in Bezug auf den möglichen Einsatz atomarer Waffen.

Wladimir Putin wuchs im engen Milieu einer Gemeinschaftswohnung in Sankt Petersburg auf, das damals noch Leningrad hieß. Er lebte mit seiner Familie in einem Zimmer von etwa 20 Quadratmetern, ohne fließend Wasser; eine improvisierte Küche befand sich auf dem Flur. Seine Zeit verbrachte der Junge in diesen Jahren auf den Hinterhöfen des Stadtbezirks. Der Heranwachsende prügelte sich nach den Aussagen ehemaliger Freunde häufig und stets mit besonderer Wut. Er selbst bestätigte in seinen Erinnerungen: „Du musstest in jedem Fall Stärke zeigen – egal ob du recht hattest oder nicht. Denn die Schwachen schlägt man.“

Mit elf Jahren begann Putin seinen Lieblingssport Sambo, eine Kampfsportart mit Wurzeln im japanischen Judo. Einer seiner Lehrer war Leonid Uswjazow, ein Krimineller, der fast 20 Jahre hinter Gittern gesessen hatte, unter anderem wegen einer Gruppenvergewaltigung. In seinen Erinnerungen erwähnt Putin den Mann, der 1994 bei einer kriminellen Auseinandersetzung getötet wurde, mit großer Anteilnahme.

Mit 17 meldete sich Wladimir Putin beim KGB, den er wohl für die einzig starke Organisation in der damaligen Sowjetunion hielt. Dort war er dem Vernehmen nach nie besonders aufgefallen – außer durch seine Hartnäckigkeit. Das deckt sich mit einem Urteil, das Ex-Präsident Boris Jelzin später über seinen Nachfolger traf: Er habe Putin als „militärisch hart und standhaft“ erlebt.[159]

Der ehemalige Geheimdienstoffizier kam 1999/2000 an die Macht mit einem überaus brutalen Krieg im eigenen Land, gegen das abtrünnige und von islamistischen Kräften unterwanderte Tschetschenien.

Spätestens seit dieser Zeit trauerte er der einst mächtigen Sowjetunion nach. In einem Film kurz vor der Präsidentschaftswahl 2018 sagte er, der Westen wolle Russland den Platz zuweisen, aber das passe Moskau nicht. Aus der Erinnerung an sein Kräftemessen in den Leningrader Hinterhöfen, in denen er groß wurde, erzählte er die Geschichte von einer Ratte, die er in die Ecke getrieben hatte und die ihn danach verfolgte. Sogar auf seinen Kopf habe sie zu springen versucht. Das war ihm nach eigener Aussage eine Lehre.[160] Das sollte wohl übersetzt in Putins Vorstellung von der Weltpolitik heißen: Wenn du die Macht hast, einen Feind zu zerstören, so vernichte ihn, bevor er dir auf dem Kopf herumtanzt. In unterschiedlichen Machtpositionen hatte Putin bis heute mit fünf US-Präsidenten zu tun gehabt; nach dem Abgang der deutschen Bundeskanzlerin Angela Merkel 2021 ist Wladimir Putin seitdem der erfahrenste Staatschef in Europa.

Putin erobert die Herzen der Deutschen

Vor 2022 agierte Putin jedoch häufig strategisch und taktisch geschickt, mit Gespür für den richtigen Zeitpunkt, um Erfolge zu erzielen. So eroberte der Kremlchef etwa im Rahmen eines Staatsbesuches in Deutschland gemeinsam mit seiner Frau Ludmilla im Herbst 2001 die Herzen vieler Deutscher. Am 25. September 2001 hielt er nach der Begrüßung durch den damaligen Bundestagspräsidenten Wolfgang Thierse und einer Eintragung ins Gästebuch des Deutschen Bundestages vor den Mitgliedern des Bundestages und des Bundesrates eine Rede, die von Friedfertigkeit triefte und das Angebot zur Zusammenarbeit klang aufrichtig und überzeugend.

Es ist wohl noch den Erinnerungen an diese Zeit zu verdanken, dass es in Deutschland so viele „Putin-Versteher“ gibt, Menschen, die den amerikanischen Machtdrang als Ursache für beinahe alles Übel in der Welt ansehen und den Angriffskrieg Russlands gegen die Ukraine 2022 mehr oder minder als „Notwehr“ Moskaus einstufen, um sich gegen die „Umzingelung“ der US-bestimmten NATO zu wehren. Putin konnte stets freundlich und verbindlich sowie ebenso brutal und unberechenbar sein.

Damals, 2001, hatte Putin noch erklärt, er „erkenne die Rolle der NATO in der Welt an. Wenn wir die Qualität der Beziehungen zwischen Russland und der Nato ändern, wird die Nato-Erweiterung kein bedeutendes Thema mehr sein." Später gab er sich mit Blick auf den NATO-Beitritt der baltischen Länder großzügig: „Wir können ihnen nicht verbieten, ihre Wahl zu treffen, wenn sie ihre Sicherheit auf einem besonderen Weg verbessern wollen." Das atomare Waffenpotenzial war auch damals aberwitzig hoch, aber der Frieden schien zum Greifen nahe.

Doch mit der Entfremdung Russlands vom Westen und dem Niedergang der russischen Wirtschaft änderte Putin seine Strategie: Die NATO war fortan der verhasste Feind, den er zunächst mit Hinterlist und seit 2022 mit offenem Kampf bedrohte.

Die handstreichartige Einverleibung der Krim und die Intervention in Syrien standen beispielhaft für geschicktes Taktieren. Doch 2022 verließ er diesen Pfad hinterhältiger Taktik und begab sich auf den Weg der brutalen Gewalt. Möglicherweise lag es daran, dass er mit seinen immerhin beinahe 70 Jahren zu der Erkenntnis gekommen war, dass er die einstige Macht der Sowjetunion nicht mit kleinen Schritten so rechtzeitig wiederherstellen könnte, dass er dies noch erleben würde.[161]

Kopfgeld auf Wladimir Putin ausgesetzt

Mit dem unverhohlenen Angriff auf die Ukraine gefährdete Wladimir Putin indes seine eigene Position an der Spitze Russlands. Denn die darauf folgenden Sanktionen der EU und der USA trafen Russland hart. Neben der breiten Bevölkerung waren auch die über die Jahre hinweg reich gewordenen Oligarchen betroffenen. Die milliardenschweren Wirtschaftsmagnate mussten hilflos mit ansehen, wie ihre Jachten beschlagnahmt, ihre

Vermögen eingefroren und ihre Reisefreiheit über Nacht zunichte gemacht wurde, so dass sie plötzlich von ihren Traumvillen in Europa gar nichts mehr hatten. Nachdem die EU mit Sanktionen vorgeprescht war, erklärte US-Präsident Joe Biden: „Wir schließen uns unseren europäischen Partnern an und holen uns eure Jachten, eure Luxus-Appartments und eure Privatjets. Wir holen uns euren illegalen Reichtum.“ Putin selbst hatte seine Jacht „Graceful“ Anfang Februar noch schnell vor seinem Angriffskrieg aus der Hamburger Werft „Blohm + Voss“ nach Kaliningrad schippern lassen.[162] Eine weitere Jacht namens „Scheherazade“, die ihm ebenfalls zu geschrieben wurde, beschlagnahmten die Behörden allerdings im Mai 2022 in Italien.[163]

Doch die Oligarchen zahlten im wahrsten Sinne des Wortes einen hohen Preis für die Machtgelüste des obersten Kriegsherrn im Kreml, aus denen sie keinerlei Profit schlagen konnten. Vor diesem Hintergrund war 2022 die Hoffnung des Westens zu verstehen, dass die russischen Tycoons Putin in einem Handstreich entmachten und den Krieg in der Ukraine beenden würden. Genährt wurde diese Hoffnung, als der russische Geschäftsmann Alexander Konanykhin etwa eine Woche nach Kriegsbeginn ein Kopfgeld auf Wladimir Putin aussetzte. Auf seiner Facebook-Seite zeigte er Putins Konterfei auf einem Wild-West-Plakat mit der Aufschrift „Wanted Dead or Alive“ und schrieb dazu: „Ich verspreche, eine Million Dollar dem oder den Polizisten zu zahlen, der, entsprechend der verfassungsgemäßen Pflicht, Putin als einen Kriegskriminellen unter russischem und internationalem Recht festnimmt. Putin ist nicht der russische Präsident, da er aufgrund einer Spezial-Operation, die ein Wohnhaus in Russland in die Luft gejagt hat, die Verfassung verletzt hat, in dem er freie Wahlen abschaffte und seine Gegner eliminierte. Als ein Russe und russischer Bürger sehe ich es als meine moralische Pflicht, die Entnazifizierung von Russland zu unterstützen. Ich werde weiterhin der Ukraine in ihren heroischen Anstrengungen, den Angriffen Putins zu widerstehen, helfen.“[164] Der Post stand nicht lange online, bevor er gelöscht wurde – allerdings nicht von der russischen Regierung, sondern von Facebook. Während die gesamte westliche Welt den Despoten zu stoppen versuchte und in der Ukraine täglich Menschen im Kriegsgetümmel starben, beharrte Facebook darauf, dass eine solche Aufforderung zum „Tyrannenmord“ den allgemeinen Geschäftsbedingungen des weltweit größten sozialen Netzwerks widerspricht.

Kriegstreiber Joe Biden

Das Narrativ, die USA wollten Europa in einen Stellvertreterkrieg mit Russland hineinmanövrieren, wurde von US-Präsident Joe Biden intensiv, öffentlich und häufig genährt. Exemplarisch hierfür stand der Auftritt Bidens Ende März 2022 in Polen, Nachbarland der Ukraine. Während seines zweitägigen Besuchs bezeichnete Biden den Kremlchef als „Schlächter“, „Kriegsverbrecher“ und „mörderischen Diktator“. Der russische Präsident dürfe nicht länger an der Macht bleiben, erklärte Biden. Das ging selbst dem US-Außenminister zu weit, der rasch zurückruderte: „Wie Sie wissen, und wie Sie uns wiederholt sagen hören, haben wir keine Strategie für einen Regimewechsel in Russland oder sonst wo.“ Frankreichs Präsident Emmanuel Macron distanzierte sich: Er würde den Begriff „Schlächter“ nicht verwenden und es gelte, „eine Eskalation der Worte wie der Handlungen“ im Ukraine-Krieg zu vermeiden.[165] Deeskalation war die Leitlinie praktisch aller Regierungen in Europa – und übrigens auch der chinesischen Regierung –, aber die kaum verhohlene Kriegstreiberei der USA war nicht zu übersehen.

Der Angriffskrieg Russlands und die damit eng verbundenen Gräueltaten in der Ukraine machten Biden die Dämonisierung

Putins leicht – und man konnte schwerlich widersprechen. Anfang April 2022 wurden in der ukrainischen Kleinstadt Butscha zahlreiche tote Zivilisten entdeckt, die von der russischen Armee offenbar willkürlich erschossen worden waren. Bürgermeister Anatoly Fedoruk beklage, die Straßen seien mit Leichen übersät. Es stünden Autos auf den Straßen, in denen „ganze Familien getötet wurden: Kinder, Frauen, Großmütter, Männer". Nach Angaben des Bürgermeisters mussten 280 Menschen in Butscha in Massengräbern beigesetzt werden, da die städtischen Friedhöfe in Reichweite des russischen Militärs lagen. Der ukrainische Präsident Wolodymyr Selenskyj beschuldigt Russland des Völkermordes: „Gewiss, das ist Völkermord. Die Auslöschung einer Nation und seines Volkes."

Selenskyjs Berater Olexij Arestowytsch verglich die Schauplätze mit „einem Horrorfilm". Manchen Opfern sei in den Kopf geschossen worden und ihre Hände seien gefesselt gewesen, und einige der Leichen wiesen Folterspuren auf. Er beschuldigte die russischen Truppen, die Frauen vergewaltigt und versucht zu haben, ihre Leichen zu verbrennen. Der Kreml wies indes alle Anschuldigungen in Bausch und Bogen zurück.[166] UNO-Generalsekretär António Guterres forderte „eine Untersuchung" und drängte auf eine rasche Waffenruhe und ein Ende des Krieges. Als offiziellen Vermittlungsversuch wollte die UNO die mahnenden Worte allerdings nicht verstanden wissen. Vermutlich war Guterres längst klar, dass er in der Sache ohnehin nichts ausrichten konnte – warum also eine Mediation am Ende als gescheitert hinnehmen, wenn es viel einfacher ist, sie gar nicht erst zu beginnen.[167] Schließlich hatte Russland ausgerechnet während des Besuchs von Guterres in Moskau im April 2022 einen Raketenangriff auf Kiew gestartet.[168] Deutlicher kann man der UNO wohl kaum in den Allerwertesten treten.

Die USA begannen Beweise für eine internationale Anklage gegen Russland und Putin persönlich wegen Kriegsverbrechen zu sammeln. Das erklärte Ziel: Land und Präsidenten vor den Internationalen Strafgerichtshof in Den Haag zu bringen.[169] Das war nicht nur bemerkenswert, sondern geradezu grotesk, weil die Vereinigten Staaten von Amerika – im Unterschied zu allen EU-Staaten und übrigens auch Russland und China –dieses höchstrichterliche Gremium selbst gar nicht anerkennen.

Die Bemühungen zur Errichtung eines internationalen Strafgerichtshofs reichen bis in die Zeit zwischen den beiden Weltkriegen zurück. Nach dem Ersten Weltkrieg wollten die Alliierten Verfahren gegen einzelne Deutsche einleiten, die bei der Kriegführung des Deutschen Reiches eine tragende Rolle gespielt hatten. Die damaligen Bemühungen scheiterten aus einem einfachen Grund: Die eigene Souveränität war den Staaten wichtiger als eine transnationale Justiz, die gegebenenfalls den Einzelnen gegen den eigenen Staat verteidigen würde. Während der Zeit des Kalten Krieges scheiterten alle Versuche zur Errichtung eines Strafgerichtshofes am Widerstand der USA und der Sowjetunion, weil sie befürchten mussten, selbst Gegenstand eines internationalen Straftribunals zu werden.[170] Erst 1998, nach der Beendigung des Kalten Krieges 1998, wurde der Internationale Strafgerichtshof ins Leben gerufen.[171] Von den USA wurde er bis heute wohl auch deshalb nicht anerkannt, weil sonst zu befürchten gewesen wäre, dass sich US-Soldaten und vor allem der frühere US-Präsident George W. Bush persönlich für ihre mutmaßlichen Verbrechen im Irakkrieg zu verantworten hätten.[172] Die Inaussichtstellung einer Anklage Putins im Jahr 2022 durch die US-Regierung war daher an Doppelzüngigkeit kaum zu überbieten.

Das hinderte US-Präsident Joe Biden allerdings nicht daran, die Welt auf einen „langen Kampf zwischen Demokratie und

Autokratie“ einzustimmen. „Putin darf nicht bleiben“, forderte er, woraufhin der Kreml ausrichten ließ, dass Putin ein gewählter Präsident sei. Ob er im Amt bleibe, entscheide nicht Biden, sondern das russische Volk.[173] Putin hatte indes Ende 2020 eine Verfassungsänderung durchgesetzt, die es ihm ermöglicht, bis mindestens 2036 im Amt zu bleiben. Er wäre dann 84 Jahre alt.[174] Wollte er einen Atomkrieg führen, blieben ihm also von Erscheinen des vorliegenden Buches an noch gut zehn Jahre. Der ehemalige russische Präsident Dmitrij Medwedew erklärte angesichts des US-Vorstoßes einer Anklage Russlands vor dem Internationalen Strafgerichtshof 2022: „Die Idee, ein Land zu bestrafen, das über das größte Atomwaffenarsenal verfügt, ist an und für sich absurd.“ Dadurch werde möglicherweise „eine Bedrohung für die Existenz der Menschheit“ geschaffen.[175]

Viele Waffen provozieren viel Krieg

Eine der großen Fragestellung nach dem Einmarsch Russlands in die Ukraine lautete: Bis zu welchem Ausmaß kann der Westen dem attackierten Land helfen, ohne selbst als Kriegspartei zu gelten. Humanitäre Hilfe und Unterstützung für die Geflüchteten waren in diesem politischen Sinne leicht zu rechtfertigen. Doch bei Waffenlieferungen und der Ausbildung der Ukrainer in der Bedienung der bereitgestellten Waffen stellte sich der Diskurs anders dar. „Wir sind moralisch verpflichtet, dem ukrainischen Volk zu helfen, seine Freiheit zu verteidigen, weil der russische Angriff auf die Ukraine einem Angriff auf die europäischen Werte und damit auf ganz Europa gleichkommt“, argumentierte die eine Seite für ungezügelte Waffenlieferungen in die Ukraine. „Europa darf nicht Kriegspartei werden, indem wir uns in einer Kriegsfront gegen Russland positionieren“, lautete das Gegenargument. Diesem Duktus folgend weigerte sich Deutschland lange Zeit, schwere Waffen an die Ukraine zu liefern.

Panzerfäuste, Handgranaten und Maschinengewehre, aber keine Panzer und schwere Artillerie -— so sah die Bilanz deutscher Waffenlieferungen in die Ukraine noch im April 2022 aus. Über allen Überlegungen schwebte die Gefahr, Russland könnte militärisch derart an die Enge getrieben werden, dass sich das Land sozusagen „gezwungen“ sähe, zu atomaren Waffen zu greifen.

Während Deutschland nicht zuletzt angesichts der atomaren Gefahr zurückhaltend agierte, kündigten andere NATO-Länder unterdessen an, schwere Waffen zu liefern. Darunter versteht man zum Beispiel Kampf- und Schützenpanzer, schwere Artillerie, Kriegsschiffe, Kampfflugzeuge und -hubschrauber sowie schwer gepanzerte Fahrzeuge. Die Bilanz der NATO-Partner im Frühjahr 2022 war beachtlich; Frankreich: schweres Artilleriegeschütz, Slowakei: Luftabwehrsystem, Slowenien: Kampfpanzer, Tschechien: Kampf- und Schützenpanzer, Radhaubitzen und Raketenwerfer; Estland: Haubitzen; Litauen: schwere Mörser, Polen: Panzer, Türkei: Kampfdrohnen; Großbritannien: Panzer und gepanzerte Fahrzeuge; Niederlande: Panzerhaubitzen. Über einige dieser und weitere Lieferungen ließ sich teilweise nur spekulieren, weil die Länder keine offiziellen Angaben dazu machten.

Da die meisten Europäer heutzutage kaum noch mit Kriegsgerät vertraut sind, ist wohl ein kurzer Exklärungsexkurs angebracht. Bei der sicherlich jedermann bekannten Kanone, im Krieg vor allem als Feldkanone eingesetzt, wird das Rohr direkt auf das Ziel gerichtet und gefeuert. Mörser, häufig auch als Granatwerfer bezeichnet, werden hingegen für Steilfeuer eingesetzt: Das Geschoss (die Granate) wird dabei in die Luft geschossen, um ihr Ziel nach einer bogenförmigen Flugbahn zu erreichen. Es gibt Panzermörser, also auf Panzern montierte Granatwerfer. Als Haubitzen werden Geschütze bezeichnet, die beides können, also sowohl direkt feuern als auch ihr Ziel per Bogen zu treffen. Werden die Haubitzen auf Kettenfahrzeugen befestigt, spricht man von Panzerhaubitzen. Diese gehören zu den leistungsfähigsten Waffen überhaupt, weil sie überall hingebracht, in allen Varianten feuern und nach einem Schuss blitzschnell ihren Standort wechseln können, um nicht selbst vom Feind getroffen zu werden. Die von der Bundesrepublik Deutschland unter anderem gelieferten Panzerhaubitzen 2000 und Panzer waren für die Schlacht um die Ukraine daher zweifelsohne von großer militärischer Bedeutung.[176]

Um in der NATO nicht isoliert dazustehen, verständigte sich die Bundesregierung Ende April 2022 auf einen „Ringtausch“. Dem Rüstungskonzern Krauss-Maffei Wegmann (KMW) sollte von der Bundesregierung erlaubt werden, Panzer vom Typ Gepard zu liefern. Der Gepard ist ein in den 1970ern entwickelter Flugabwehrkanonenpanzer, der bis Ende der 1990er Jahre unter anderem von der Bundeswehr eingesetzt wurde. Bei einem Ringtausch liefern andere Länder Waffen sowjetischer Bauart in die Ukraine und bekommen dafür Ersatz aus Deutschland. Die Idee dahinter: Mit den in die Jahre gekommenen Waffen können die ukrainischen Streitkräfte ohne spezielle Ausbildung umgehen. Sie können also schnell eingesetzt werden.[177] Zudem kann Deutschland mit Fug und Recht von sich sagen, keine schweren Waffen in die Ukraine geliefert zu haben. KMW verfügte über eine mittlere zweistellige Zahl an Gepard-Panzern aus der aufgelösten Heeresflugabwehr der Bundeswehr. Der Gepard kann auch im Kampf gegen Bodenziele eingesetzt werden.[178] Deutschland versuchte in dieser Phase die Quadratur des Kreises: Einerseits wollte man Putin nicht provozieren und damit die Gefahr einer Ausweitung des Krieges über die Ukraine hinaus beschwören, andererseits durfte man unter den NATO-Partnern auch nicht als „schwach“ dastehen.

Ein Gutachten des Wissenschaftlichen Dienstes des Bundestags kam im Frühjahr 2022 zu dem Schluss, dass Deutschland durch die Lieferung schwerer Waffen an die Ukraine laut Völkerrecht keineswegs zur Kriegspartei wurde, vermutlich aber durch die Ausbildung ukrainischer Soldaten an westlichen Waffen auf deutschem Boden, die zu diesem Zeitpunkt längst stattfand. So hieß es in dem zwölfseitigen Gutachten mit dem Titel „Rechtsfragen der militärischen Unterstützung der Ukraine durch NATO-Staaten zwischen Neutralität und Konfliktteilnahme“ wörtlich: „Erst wenn neben der Belieferung mit Waffen auch die Einweisung der Konfliktpartei bzw. Ausbildung an solchen Waffen in Rede stünde, würde man den gesicherten Bereich der Nichtkriegsführung verlassen.“ Der Rechtsstatus der „Nichtkriegsführung“ hat in der Völkerrechtspraxis die „traditionelle Neutralität“ in den letzten Jahrzehnten ersetzt, um eine Unterstützung von angegriffenen Staaten mit Waffenlieferungen und Geld zu ermöglichen. Die Opposition wetterte im Verteidigungsausschuss des Deutschen Bundestages: „Die Ampel-Koalition (SPD, FDP, Grüne) und die Union haben Deutschland mit ihrem Bundestagsbeschluss, schwere Waffen an die Ukraine zu liefern und darüber hinaus auch ukrainische Soldaten in Deutschland oder auf NATO-Gebiet auszubilden, zur aktiven Kriegspartei gemacht. Die Bundesregierung setzt ganz Europa einer völlig unkontrollierbaren Gefahr aus, die im schlimmsten Fall in einem Atomkrieg enden kann.“[179] Unabhängig von der politischen Bedeutung ließ sich diese Analyse nicht von der Hand weisen.

Am hervorstechendsten waren, wenig verwunderlich, die USA. Der militärisch mit Abstand stärkste NATO-Partner lieferte unter anderem elf Hubschrauber, 200 gepanzerte Mannschaftstransporter, Hunderte gepanzerte Allzweckfahrzeuge, Hunderte Drohnen, 90 Haubitzen und 180.000 dazugehörige Artilleriegeschosse, 1.400 Flugabwehrraketen, mehr als 5500 Panzerabwehrlenkwaffen und rund 14.000 weitere panzerbrechende Waffen sowie mehr als 50 Millionen Schuss Munition. Art und Umfang der Waffenlieferungen machten klar: Die USA wähnten sich mit Russland auf europäischem Boden im Krieg.[180]

So stellte Russlands Außenminister Sergej Lawrow im Frühjahr 2022 wenig überraschend klar, dass Moskau Waffenlieferungen der NATO an die Ukraine als „berechtigte Angriffsziele für sein Land" einstufe. Er sagte: „Natürlich werden diese Waffen ein legitimes Ziel für die russischen Streitkräfte sein. Wenn die NATO über einen Stellvertreter de facto in einen Krieg mit Russland tritt und diesen Stellvertreter bewaffnet, dann tut man im Krieg, was man im Krieg tun muss."[181] Die Ausbildung ukrainischer Soldaten durch die USA in Europa, darunter auch Deutschland, im Frühjahr 2022 hat zur weiteren Eskalation beigetragen und war für die vermeintliche Unabhängigkeit Europas wie eine schallende Ohrfeige.[182]

Der Mut der Ukrainer unterstützt mit westlicher Waffengewalt bescherte der russischen Armee erhebliche Verluste. Am 9. Mai 2022 – der Siegestag über Hitlerdeutschland am 9. Mai 1945 ist in Russland ein wichtiger Gedenktag – hätte zur Siegesfeier über die Ukraine werden können. Doch stattdessen hatten die Russen in den zweieinhalb Monaten seit Kriegsbeginn an die tausend Panzer verloren und 15.000 bis 25.000 getötete Soldaten (je nach Quelle) zu beklagen; sieben Generäle waren gefallen.[183] Der geplante Blitzkrieg war zum zähen Ringen geworden, zum Abnutzungskrieg.

Russland macht in der Ukraine nicht Halt

Noch während des russischen Angriffskriegs gegen die Ukraine kam im Frühjahr 2022 die Befürchtung auf, dass Moskau auch andere Länder ins Visier nimmt. Vor allen eine Ausweitung auf das Gebiet Ex-Jugoslawiens, also letztlich den Balkan, war anzunehmen. Putin könnte dabei nach dem Muster in der Ukraine vorgehen: zunächst die dortigen pro-russischen Kräfte stärken, diese dann um Hilfe rufen lassen und anschließend, diesem „Ruf" folgend, einmarschieren. Die „Hilferufe" kommen wohl vor allem aus Gebieten, in denen Serben leben – das orthodoxe Brudervolk der Russen. Gefährdet sind somit Serbien, Bosnien, der Kosovo, Montenegro und Nordmazedonien. Typisches Beispiel ist die mehrheitlich serbische Teilrepublik Bosniens, die Republika Srpska (RS). Diese strebt schon lange die Loslösung aus dem Staat an. „Es lebe Serbien, es lebe Russland, es lebe die Republika Srpska", tönte der Separatistenführer Dodik Mitte im April 2022. 30 Jahre nach Ausbruch des Bosnienkriegs, in dem an die 100.000 Menschen ihr Leben ließen, zeichnet sich also ein erneuter bewaffneter Konflikt im ehemaligen Jugoslawien ab.

„Wenn es am Westbalkan kracht, dann trifft es sozusagen den Innenhof der EU", analysierte Österreichs Außenminister Alexander Schellenberg im Frühjahr 2022 und forderte: „Die verbleibenden sechs Nicht-EU-Länder auf dem Balkan müssen schnellstmöglich in die Union integriert werden. Das ist Selbstschutz, kein Altruismus." [184]

Wendet man Putins Vorgehen in der Ukraine auf weitere Länder an, stehen zudem Georgien und Moldau auf der Kippe. So sagte sich die „eigentlich" zu Moldau gehörende Region Transnistrien bereits 1990 von Moldau los; der Versuch einer Zurückeroberung 1992 blieb erfolglos. Schon damals unterstützten russische Truppen Transnistrien bei der Verteidigung.[185]

Der russische Exil-Oligarch Michail Chodorkowski gab sich im Frühjahr 2022 überzeugt, dass Kremlchef Wladimir Putin weitere Attacken gegen osteuropäische Staaten durchführen und dabei auch vor einem Angriff auf NATO-Mitgliedstaaten nicht zurückschrecken wird. Wörtlich erklärte er: „Er wird NATO-Staaten angreifen, so oder so – nicht unbedingt mit Raketen, aber etwa mit Terrorangriffen.“[186]

Insbesondere stand im Sommer 2022 die Frage im Raum, welche Reaktionen auf russischer Seite der Eintritt Schwedens und Finnlands in die NATO hervorrufen wird. Beide Länder gaben sich fest entschlossen, sich dem nordatlantischen Militärbündnis anzuschließen.[187] Die finnische Ministerpräsidentin Sanna Marin erklärte: „Es gibt keine andere Möglichkeit, Sicherheitsgarantien zu haben, als im Rahmen der Abschreckung und der gemeinsamen Verteidigung der NATO.“ Dieses „Gleichgewicht des Schreckens“ bildete im Kalten Krieg die Grundlage der globalen Sicherheitsüberlegungen, häufig auch unter dem Stichwort der „nuklearen Abschreckung“. Man kann das auch umfangssprachlich formulieren: „Wer zuerst schießt, stirbt als Zweiter“. Seit 2022 ist dieses Szenario, das viele als „beerdigt“ einstuften, wieder aktuell.

NATO-Generalsekretär Jens Stoltenberg stellte Finnland und Schweden prompt eine Schnell-Mitgliedschaft in Aussicht. Russland warnte die nördlichen EU-Mitglieder vor „Konsequenzen“. Wie die aussehen, scheint unklar. Russlands früherer Präsident Dmitri Medwedew sprach davon, Atomwaffen in der Nähe der drei baltischen Staaten Estland, Lettland und Litauen zu stationieren. Diese wären dann für Finnland und Schweden „in Reichweite des eigenen Hauses“.

Aus dem russischen Außenministerium hieß es, Helsinki und Stockholm müssten „verstehen, welche Folgen ein solcher Schritt für unsere bilateralen Beziehungen und für die europäische Sicherheitsarchitektur insgesamt hat“.[188]

UNO: Die Welt befindet sich in nuklearer Gefahr

Vor diesem Hintergrund warnte UNO-Generalsekretär António Guterres zum Auftakt der Überprüfungskonferenz zum Abkommen über die Nichtverbreitung von Kernwaffen (NVV) in New York im Sommer 2022, die Welt befinde sich in einer „Zeit nuklearer Gefahr, wie es sie seit dem Höhepunkt des Kalten Krieges nicht mehr gegeben hat“.

Die Menschheit laufe Gefahr, die Lehren zu vergessen, die in den schrecklichen Feuern von Hiroshima und Nagasaki geschmiedet wurden“, sagte Guterres mit Bezug auf die von den USA durchgeführten Nuklearschläge gegen Japan im Zweiten Weltkrieg. Und: Die Welt sei „nur ein Missverständnis oder eine Fehlkalkulation von der nuklearen Vernichtung entfernt“, fügte der Generalsekretär hinzu.

Das Abkommen über die Nichtverbreitung von Kernwaffen (NVV), dem 191 Staaten beigetreten sind, gilt als wichtigste Grundlage für die atomare Abrüstung weltweit. Es besagt, dass nur die USA, Russland, China, Frankreich und Großbritannien Atomwaffen besitzen dürfen. Die vier anderen mutmaßlichen Atommächte Indien, Pakistan, Israel und Nordkorea sind dem Vertrag entweder nicht bei- oder wieder ausgetreten. Ziel des Vertrags ist es, die Verbreitung von Atomwaffen zu verhindern, nukleare Abrüstung voranzutreiben und die friedliche Nutzung von Kernenergie zu fördern. Alle fünf Jahre ist eine Überprüfung des Erreichten vorgesehen. Die zehnte Überprüfungskonferenz sollte bereits 2020 stattfinden, wurde wegen der Coronapandemie aber auf um zwei Jahre verschoben. Im Sommer 2022 sagte António Guterres, bisher habe die Menschheit großes Glück gehabt, dass es nicht noch weitere Atomangriffe gegeben habe. „Aber Glück ist keine Strategie. Und es schützt auch nicht davor, dass geopolitische Spannungen in einen nuklearen Konflikt übergehen." Russlands Präsident Wladimir Putin teilte indes in einem Brief an die Teilnehmer der Konferenz mit, bei einem Atomkrieg könne es keinen Gewinner geben. Ein solcher Krieg dürfe nie begonnen werden. Russland erfülle seine Verpflichtungen als Gründungsmitglied des Atomwaffensperrvertrags.[189]

Das war der Stand der politischen und militärischen Großwetterlage 2022, stets mit der mehr oder minder unverhohlenen atomaren Drohung. Doch daneben gibt es, wie im Vorwort erläutert, noch eine ganz andere atomare Bedrohungslage: die Gefahr eines schwerwiegenden Unfalls bei der friedlichen Nutzung der Kernenergie. Darum geht es auf den folgenden Seiten.

Die friedliche Nutzung der Kernkraft

Das Zeitalter der zivilen Nutzung der Kernenergie begann im August 1955 mit der ersten Genfer Atomkonferenz (*International Conference on the Peaceful Uses of Atomic Energy*) unter der Federführung der Vereinten Nationen. US-Präsident Dwight D. Eisenhower befürwortete in seiner berühmten Rede „Atoms for Peace“ die friedliche Nutzung der Kernenergie in jenen Teilen der Welt, die noch nicht im Besitz von Atomwaffen waren.[190] Die Stimmung auf der Konferenz war positiv, weil man mit der Atomkraft einen zukunftsweisenden Ausweg aus der aus damaliger Sicht drohenden Gefahr einer möglicherweise weltweiten Energieknappheit gefunden zu haben glaubte. Die Devise „Atome für den Frieden“ begeisterte viele der rund 1.500 angereisten Wissenschaftler. Die Debatten drehten sich vor allem um Fragen der Finanzierbarkeit und der Wirtschaftlichkeit; Sicherheitsbedenken gab es praktisch keine. Immerhin wurden Möglichkeiten zur Kontrolle der Verbreitung spaltbaren Materials diskutiert.[191]

In der deutschen Politik löste die Konferenz einen Schock aus, weil sich der Eindruck herauskristallisierte, einen Rückstand von etwa zehn Jahren aufholen zu müssen. Der Bundesrepublik war es nach dem Krieg erst mit der Unterzeichnung der Pariser Verträge 1955, die Deutschland eine staatliche Teilsouveränität verschafften, wieder erlaubt, auf dem Gebiet der Kernphysik zu forschen.[192]

Vom Atomminister zum Atomausstiegsgesetz

Der damalige Bundeskanzler Konrad Adenauer gründete im Oktober 1955 ein Bundesministerium für Atomfragen; zuständiger Minister wurde Franz Josef Strauß (CSU), der für Deutschland die Chance sah, sich mittels Kerntechnik in der „vordersten Reihe der Industrienationen“ behaupten zu können. Aber auch die SPD ging damals davon aus, dass „die Atomenergie zu einem Segen für Hunderte von Millionen Menschen werden“ würde, „die noch im Schatten leben“.[193] Anfang 2022 stellte Bundeskanzler Olaf Scholz (SPD) hingegen das Nein seiner Regierung zur Atomkraft klar: „Die Nutzung der Kernenergie ist nicht nachhaltig und sie ist auch wirtschaftlich nicht sinnvoll“.[194] So ändern sich die Zeiten.

Rund 62 Jahre zuvor, am 1. Januar 1960, war in Deutschland das *Gesetz über die friedliche Verwendung der Kernenergie und den Schutz gegen ihre Gefahren* (kurz Atomgesetz) in Kraft getreten.[195] Seitdem und bis zum Ausstieg aufgrund des breiten Widerstands in der Bevölkerung wurden etwa 110 kerntechnische Anlagen hierzulande in Betrieb genommen.[196] Im Jahr 2002 trat in Deutschland das Atomausstiegsgesetz „zur geordneten Beendigung des Betriebs ortfester kerntechnischer Anlagen zur gewerblichen Erzeugung von Elektrizität“ in Kraft.[197] Die Atomwirtschaft trat also den Rückzug an – zumindest in Deutschland. In vielen anderen Ländern rund um den Globus wird die Atomkraft auch heute noch als Zukunftstechnik eingestuft.

Über 400 Atomreaktoren in 32 Ländern

In 32 von 195 Staaten waren 2021 mehr als 400 Atomreaktoren in Betrieb. Der Anteil der Atomkraft am weltweiten Stromverbrauch lag bei rund 10 Prozent. Zum Vergleich: 1996 war der

Anteil am höchsten und lag bei 17,5 Prozent. Die meisten Reaktoren wurden zwischen 1968 und 1986 vor allem in Europa, den USA, der ehemaligen Sowjetunion und Japan gebaut. Das globale Durchschnittsalter der Reaktoren liegt bei 31 Jahren.[198]

Lange Zeit deutete einiges darauf hin, dass die friedliche Nutzung der Kernkraft auch im Weltmaßstab allmählich verschwinden würde. Doch seit Anfang der 2020er Jahre zeichnet sich eine mögliche Renaissance der Kernkraft ab – nicht zuletzt angesichts der Unsicherheiten bei der Energieversorgung durch den russischen Einmarsch in der Ukraine 2022, aber auch aufgrund neuer Technologien und neuer Geschäftsmodelle für den Bau und den Betrieb von Atomkraftwerken.

Atomweltmeister USA

In den USA waren Anfang 2021 über 90 Atomreaktoren zur Stromerzeugung mit über 95 Gigawatt in Betrieb – mehr als in jedem anderen Land der Welt. Etwa 20 Prozent des Strombedarfs der USA wird aus Atomkraftwerken gedeckt.[199] Die meisten Reaktoren in den USA gingen bis 1985 in Betrieb und nur einer innerhalb der letzten 20 Jahre. Mit dem Bau von zwei neuen Reaktoren wurde 2013 begonnen. Diese befinden sich weit hinter dem Zeitplan, sollen aber in den nächsten Jahren ans Netz gehen. Die USA haben die älteste Reaktorflotte in der Welt mit einem Durchschnittsalter von 40 Jahren. Wohl auch aus diesem Grunde haben die USA im Jahr 2021 mehrere Atomkraftwerke mit einer Leistung von rund 5 Gigawatt vom Netz genommen. Die US Energy Information Administration (EIA) nannte zur Begründung allerdings auch die historisch niedrigen Erdgaspreise, ein begrenztes Wachstum der Stromnachfrage und die zunehmende Konkurrenz durch erneuerbare Energien.[200]

Ein Endlager für hochradioaktiven Müll aus den Atomkraftwerken gibt es in den USA bislang nicht. Gelagert wird er vor Ort bei den Anlagen. Allerdings gab es Bestrebungen, ein Endlager im Berg Yucca Mountain im Westen der USA einzurichten. Planungen sahen eine Einlagerungskapazität von rund 77.000 Tonnen Atomabfall vor, darunter 63.000 Tonnen abgebrannte Brennelemente aus kommerziellen Kernkraftwerken. Das Projekt wurde jedoch 2009 aus zwei Gründen gestoppt: erstens wegen der Erdbebenrisiken am Yucca Mountain und zweitens, weil die inzwischen aufgelaufene Menge an radioaktivem Abfall das Aufnahmevolumen des Berges längst überholt hat.[201]

Allerdings gibt es seit dem Ende des Kalten Krieges eine „andere Art von Endlager“: 85.000 Kubikmeter nuklearen Abfall, darunter Plutonium-239, eine der giftigsten Substanzen der Erde, liegen in einem Betonbunker auf den Marshallinseln. Der Nuklearmüll ist ein Überbleibsel der 67 amerikanischen Atombombentests zwischen 1946 und 1958, die rund 1.200 Inseln im Pazifik verseuchten. Durch den Klimawandel, der in naher Zukunft zur Überschwemmung der Inseln führen dürfte, droht eine Verseuchung des Pazifiks.[202]

Die USA sehen sich in dieser Angelegenheit allerdings seit 1986 nicht mehr in der Verantwortung: Schließlich ist die ehemalige deutsche Kolonie und das später von den USA kontrollierte UNO-Treuhandgebiet seitdem ein eigenständiger Staat. Geblieben ist neben dem ungelösten Müllproblem nur der Bikini, der die Figur bombig zur Geltung bringt, benannt nach dem zu den Marschallinseln gehörenden Bikini-Atoll, auf dem zur Zeit der Atombombenversuche über 42.000 Techniker, Wissenschaftler und US-Militärs stationiert waren.[203]

Atomexporteur Russland

In Russland produzieren 38 Atomreaktoren mit 28 Gigawatt Strom; sie decken etwa 20 Prozent des Strombedarfs. Innerhalb der letzten zehn Jahre sind zehn neue Reaktoren ans Netz gegangen. Zwei Reaktoren sind seit 2018 und 2019 im Bau und sollen in den nächsten Jahren folgen. Das Durchschnittsalter der Reaktoren liegt bei 28 Jahren.[204]

2021 startete Rosatom den Bau eines bleigekühlten schnellen Brüters. Der Reaktor soll der internationalen Kategorie Generation IV entsprechen und damit besonders hohe Anforderungen an Sicherheit, Nachhaltigkeit und Wirtschaftlichkeit erfüllen. Das Staatsunternehmen will damit seine „Technologieführerschaft in der Kernkraft“ unterstreichen. Die Inbetriebnahme ist für 2027 vorgesehen. Für einen weiteren Brutreaktor soll die technische Dokumentation bis 2030 abgeschlossen sein.[205]

Darüber hinaus will der Staatskonzern Rosatom vor allem mit dem Bau von Reaktoren im Ausland Geld verdienen und bietet weltweit Reaktoren inklusive Finanzierung an. Derzeit sind zehn russische Kernkraftwerke im Ausland im Bau; jeweils zwei in Bangladesch, Indien, der Türkei und der Slowakei, jeweils einer im Iran und in Belarus. Russland ist damit der größte Atomkraft-Exporteur der Welt: Schätzungsweise die Hälfte aller 51 Atomreaktoren, die mit Stand 2022 auf der Welt gebaut werden, stammen aus Russland. Erst mit großem Abstand folgt China mit einem Anteil von etwa 20 Prozent am Atomtechnik-Weltmarkt. Eine gewisse Rolle spielen noch Südkorea, Japan und Frankreich. Die USA, die lange dominierend waren, sind hingegen seit Anfang der 2020er an keinem Bauprojekt im Ausland mehr beteiligt. Es gibt Befürchtungen, dass damit eine geopolitische Machtverschiebung zugunsten der ehemaligen Sowjetunion ins Rollen gekommen ist.[206]

Ähnlich wie die USA setzt Russland für die Zukunft vor allem auf den Export von Mini-Kernkraftwerken, die an anderer Stelle in diesem Buch dargestellt werden. Dazu gehören in Russland auch schwimmende Atommeiler; ein erster Prototyp ging bereits 2020 im Hafen Pewek in Betrieb. Vier weitere schwimmende AKW mit einer Leistung von jeweils 55 Megawatt sollen ab 2028 ans Netz gehen. Rosatom will bis 2030 mindestens sechs neue Aufträge im Ausland gewinnen und mit einem Anteil von 20 Prozent zum Weltmarktführer bei „Small Modular Reactors" werden.[207] Allerdings ist der Kreis der möglichen Abnehmerländer seit der russischen Invasion in der Ukraine 2022 sicherlich klein.

Ein Endlager für hochradioaktiven Atommüll hat Russland nicht. Immerhin gibt es seit 2011 ein Gesetz über den Umgang mit radioaktiven Abfällen. Das Problem wurde dem Staatsunternehmen „Nationaler Betreiber für den Umgang mit radioaktiven Abfällen" übergeben. Geschehen ist seitdem – nichts.[208] Das hinderte Russland allerdings nicht daran, Atommüll aus dem Ausland aufzunehmen, darunter auch abgereichertes Uran aus Gronau, der einzigen kommerziellen Urananreicherungsanlage Deutschlands. In Russland wurden die Originalbehälter mit den Uranrückständen augenscheinlich unter freiem Himmel gelagert, darunter in Nowouralsk nahe der Stadt Jekaterinburg am Ural, bei einer von vier Urananreicherungsanlagen in Russland. Die Atomtransporte von Deutschland nach Russland hatten einen trickreichen Hintergrund: Zwar durfte nach deutscher Gesetzgebung kein radioaktiver Müll ins Ausland transportiert werden, aber nach russischem Gesetz war dies gar kein radioaktiver Abfall, weil er der weiteren Verwendung als Rohstoff für Uranprodukte unterliegt. Mit anderen Worten: Russland hat den hochgiftigen und strahlenden Uranabfall einfach als „Wertstoff umgedeutet.[209] Selbst wenn dies legal gewesen sein sollte, war es sicherlich weder geeignet, das Problem zu lösen, noch Vertrauen in die Entsorgung von radioaktivem Abfall zu schaffen – nicht in Russland, aber auch nicht in Deutschland.

China: Mehr Erneuerbare Energien statt Atomkraft

China ist weltweit Spitzenreiter beim Neubau von Kernkraftwerken. Mehr als 50 Atommeiler waren Anfang 2022 in Betrieb, allein in den letzten zehn Jahren sind neue 37 Reaktoren ans Netz gegangen. Im Jahr 2020 begann China mit der Planung 44 neuer Atomreaktoren – mehr als in jedem anderen Land der Welt –, die spätestens 2030 in Betrieb genommen werden sollen.[210] Der Anteil von Atomkraft im Strommix beträgt dennoch nur etwa fünf Prozent (zum Vergleich: In den USA liegt der Atomanteil bei 20 Prozent).[211] Die ehrgeizige Atomplanung zeigt sich allerdings auf der Zeitreihe: 2000 lag der Anteil der Kernkraft im Strommix nur bei einem Prozent. Das kommt immerhin einer Verfünffachung innerhalb von 20 Jahren gleich.[212]

Weltweit stark beachtet hat China 2021 den ersten Thorium-Reaktor in Betrieb genommen. Für 2030 ist die Aufnahme der Serienproduktion dieser besonders kompakten und besonders sicheren Mini-Atomkraftwerke geplant, die im vorliegenden Buch in einem eigenen Kapitel umfassend behandelt werden.

Parallel dazu nimmt der Ausbau der erneuerbaren Energien in China seit Jahren rasant zu. So gingen im Jahr 2020 laut nationaler Energiebehörde 72 Gigawatt Windkraft, 48 Gigawatt Photovoltaik und 13 Gigawatt Wasserkraft an Netz. Atomkraftwerke steuerten im selben Jahr lediglich zwei Gigawatt Neukapazitäten bei.[213] Am globalen Wettbewerb im Bereich Offshore-Windkraft spielt China an vorderster Front mit. Nachdem 2021 vor der Küste Schottlands der größte schwimmende Windpark der Welt[214] an den Start gegangen war, verkündete China den Bau des mit 264 Metern größten Offshore-Windrads der Welt. Die kommerzielle Produktion ist bereits für 2024 vorgesehen. Der Gigant der Lüfte soll dann rund 20.000 Haushalte mit Strom versorgen.[215] Das Land setzt also ersichtlich auf einen Mix aus Kernkraft und erneuerten Energien, um sein Ziel, bis 2060 klimaneutral zu werden, zu erreichen.[216]

China hat kaum Endlager für hochradioaktiven Müll; der Atomabfall wird häufig an den Reaktorstandorten zwischengelagert. Um zu erkunden, ob sich die Wüste Gobi für ein Endlager anbietet, wurde 2005 eine Kooperation mit der Technischen Universität Clausthal vereinbart.[217]

Immerhin meldete das Land 2021 Fortschritte mit der Eröffnung einer Anlage zur Verglasung radioaktiver Abfälle. Die Anlage in der südwestlichen Provinz Sichuan soll hochradioaktiven Flüssigmüll in Glasform binden können, welches dann für eine langfristige Lagerung und Entsorgung geeignet sein soll. Dabei werden die radioaktiven Elemente ausgebrannter Brennstäbe bei einer Temperatur von 1.100 Grad Celsius mit Silikatglas in Spezialbehältern für „High Active Waste“ (HAW) eingeschmolzen und verplombt. Die HAW-Behälter werden anschließend unter der Erde gelagert. Die jährliche Entsorgungsmenge wird auf mehrere hundert Kubikmeter veranschlagt.[218] Über die Funktionsfähigkeit und die Zuverlässigkeit lässt sich mit Stand 2022 allerdings nur spekulieren.

Frankreich setzt auf die Atomwirtschaft

Frankreich hat wie kein anderes Land auf der Welt in den letzten Jahrzehnten auf Atomkraft gesetzt. 56 Kernkraftwerke decken mehr als 70 Prozent des Strombedarfs. Die Kraftwerke haben ein Durchschnittsalter von 36 Jahren, der letzte Reaktor ging 1999 ans Netz, ein neuer befindet sich im Bau.[219]

2021 kündigte Frankreich den Bau einer neuen Generation von Atomkraftwerken an. Frankreichs Präsident Emmanuel Macron erklärte: „Um Frankreichs Energieunabhängigkeit zu gewährleisten, die Stromversorgung unseres Landes zu sichern und unser Ziel der Kohlenstoffneutralität im Jahr 2050 zu erreichen, werden wir zum ersten Mal seit Jahrzehnten die Errichtung von Kernreaktoren in unserem Land wieder aufnehmen."[220]

Ein Endlager für hochradioaktiven Müll gibt es in Frankreich nicht. Immerhin lässt indes die französische Atommüllbehörde ANDRA (*Agence Nationale pour la Gestion des Déchets Radioactifs*) seit 2016 prüfen, ob ein Untertagelabor im Département Meuse dafür in Frage kommt. 2030 könnte mit der Einlagerung begonnen werden. Im benachbarten Département Haute-Marne wird ebenfalls die Einrichtung eines Endlagers für radioaktiven Abfall namens *Cigéo* (*Centre industriel de stockage géologique pour les déchets HA et MA-VL,* deutsch: *umkehrbares geologisches Endlager für radioaktiven Abfall in den Départements Meuse und Haute-Marne*) in einem unterirdischen Tunnelsystem in Erwägung gezogen.[221]

Die Bevölkerung in Frankreich steht mehrheitlich hinter dem Atomkurs. 52 Prozent sprachen sich Ende 2021 für die Nutzung von Kernkraft ergänzend zu erneuerbaren Energien aus. Der französische Stromnetzbetreiber RTE behauptete gar, dass die Stromversorgung aus 100 Prozent erneuerbaren Energien das Land im Jahr 2050 ein Drittel mehr Geld kosten würde als der Mix aus je 50 Prozent Atomkraft und Erneuerbaren. Der französische Rechnungshof äußerte allerdings 2021 starke Zweifel an der wirtschaftlichen Nachhaltigkeit. Seinen Berechnungen zufolge müsste der französische Betreiber der Kernkraftwerke bis

2030 etwa 100 Milliarden Euro investieren, um die Lebenszeit der bestehenden Meiler um lediglich zehn Jahre zu verlängern.[222] Doch die Erneuerungen sind notwendig, da viele der französischen Meiler schon sehr alt sind und zunehmend anfällig für Probleme werden. 2020 ging mit dem Kernkraftwerk Fessenheim an der deutschen Grenze, das bis dahin älteste Kraftwerk des Landes, vom Netz. Es galt schon seit Jahrzehnten als ein Sicherheitsrisiko; die Abschaltung erfolgte vor allem auf Drängen der deutschen Bundesregierung.[223] Seit 2021 steht allerdings im Raum, dass in Fessenheim eine Aufbereitungsanlage für Bauteile alter Atomkraftwerke entstehen könnte.[224]

So sehr Frankreich auf Atomkraft setzt, um die Versorgungssicherheit beim Strom zu maximieren, könnte gerade diese Strategie den Blackout, also den an anderer Stelle in diesem Buch beschriebenen anhaltenden Stromausfall, befördern. So traten Anfang 2022 erneute Störfälle in französischen Kernkraftwerken auf, die die ohnehin schon niedrig bewerteten Aktien des staatlichen Kraftwerkbetreibers EDP weiter in den Keller trieben. Zwar dürfte die Einstufung der Kernkraft als „saubere Energie“ in der seit 2022 geltenden EU-Taxonomie die Investitionen in Atomkraftwerke beflügeln – aber ob Investoren dabei die völlig überalterte Kraftwerkslandschaft in Frankreich finanzieren wollen, bleibt in Frage gestellt. Lässt sich die Privatwirtschaft nicht begeistern, wird wohl der europäische Steuerzahler zur Kasse gebeten werden. Vieles deutet darauf hin, dass der 2020 beschlossene sogenannten „Wiederaufbaufonds“ der EU im Umfang von bis zu 750 Milliarden Euro zur Wiederbelebung der Wirtschaft im Rahmen der Coronakrise auch für die Finanzierung französischer Kernkraft und damit europäischer Versorgungssicherheit herangezogen wird.[225] So sehr Frankreich auf die Kernkraft für die Energieversorgung setzt, so stark ist die Anti-Atom-Bewegung in Deutschland.

Atomkraft – nein danke!

Der Ausstieg Deutschlands aus der Kernkraft und der Aufstieg der politischen Partei „Die Grünen“ sind untrennbar miteinander verbunden. Die Wurzeln reichen weit zurück bis zum 7. April 1968. An diesem Tag war der *Club of Rome* gegründet worden, der in seinem 1972 veröffentlichten Bestseller „Die Grenzen des Wachstums“ deutlich machte, warum der Schutz unserer Umwelt für das Überleben der Menschheit unabdingbar ist.[226] Der *Club of Rome* wurde damit zum Vorreiter einer weltweiten Umweltbewegung und zum Ideengeber für die in den 1970er Jahren entstandene gesellschaftliche Anti-Atomkraft-Bewegung in Deutschland, die sich unter anderem mit dem Symbol „lachende Sonne“ oder „rote Sonne“ genannten Logo und dem Slogan „Atomkraft? Nein, danke!“ jahrelang gegen die Nutzung der Kernenergie zu Energieerzeugung zu Wehr setzte.[227]

Sonnenenergie als Alternative zur Atomkraft

Das Logo, das als Button rund eine Million Mal verkauft wurde, stammte übrigens aus Dänemark. Die damals 22-jährige Studentin der Wirtschaftswissenschaften Anne Lund zeichnete im April 1975 mit einem orangefarbenen Wachsmalstift erstmals das Logo mit dem Originalspruch „Atomkraft? Nej tak“.[228] Die Sonnenenergie sollte als die bessere Alternative zur Atomkraft dargestellt werden. In diversen Varianten bis hin zu „Nuclear Power – No Thanks“ wurde das Logo weltweit schätzungsweise auf 64 Millionen verkauften Artikeln verwendet.[229] Wenn heutzutage die Atomkraft wieder als Energie der Zukunft „aus dem Hut“ geholt wird, dann scheint absehbar, dass die geballte Kraft der damaligen Anti-Atom-Bewegung wieder aufleben könnte.

Von der APO zur grünen Partei

Die Partei „Die Grünen“, erstmals von 1998 bis 2006 und seit 2021 erneut Regierungspartei auf Bundesebene, steht als Symbol für den Widerstand gegen die Nutzung der Atomkraft. Die gesellschaftlichen Wurzeln der Grünen Partei reichen bis in die 1960er Jahre zurück. In der vor allem von Wirtschaftswachstum bestimmten Nachkriegszeit bildet sich 1966 eine große Koalition aus CDU/CSU und SPD, die vor allem die akademische Jugend an der Existenz einer wirklichen Demokratie zweifeln ließ. Aus diesem Zweifel heraus entwickelte sich die sogenannte Außerparlamentarische Opposition (APO), die vor allem die als demokratiefeindlich wahrgenommenen Notstandsgesetze kritisierte. Diese wurden als politisch notwendig erachtet, um der Bundesrepublik Deutschland mehr Unabhängigkeit von den Siegermächten des Zweiten Weltkriegs zu verschaffen: Das demokratische Deutschland wollte sich selbst eine eigene Gesetzgebung für den Notfall geben, so dass die Siegermächte nicht eingreifen müssten. Doch die Gesetze räumten der Bundesregierung Sonderrechte ein, wofür eine Änderung des Grundgesetzes notwendig war. Die APO sah hierin einen Rückschritt der Demokratie und fürchtete, dass der Staat durch die Notstandsgesetze diktatorische Züge erhalte. Die politische Jugend sah die Verfassung und Gesetze nicht mehr als Instrumente zum Schutz der Bürger, sondern als Machtmittel einer bürgerfernen und autoritären Staatsgewalt. Beim „Sternmarsch auf Bonn“ am 11. Mai 1968 bezogen so prominente Gegner wie der Schriftsteller Heinrich Böll gegen die Notstandsverfassung Position. Doch der Protest half nichts: Am 30. Mai 1968 verabschiedete der Deutsche Bundestag mit einer Zweidrittel-Mehrheit die Notstandsgesetze, die übrigens bis heute gültig sind.[230]

Die APO zerfiel daraufhin, doch der Geist der Veränderung war nicht verschwunden. Viele Menschen forderten eine neue Politik, die sie im alten Parteiensystem immer weniger vertreten sahen. Neue soziale Bewegungen entwickelten sich hauptsächlich um die Themen Umwelt, Frieden und Frauenrechte. Wie die Studentenbewegung verließen auch sie die gewohnten Pfade politischer Einflussnahme, veranstalteten Demonstrationen, Blockaden, Hausbesetzungen. Im Gegensatz zu den Studenten konnten sie aber einen weitaus größeren Teil der deutschen Bevölkerung mobilisieren. Atomenergie und Kalter Krieg waren die Drohwörter in dieser Zeit, die vor allem der Umweltschutz- und Friedensbewegung Sympathisanten geradezu in die Arme trieben. Ein allgemeines Gefühl der Angst lag in der Luft.[231]

An vielen Stellen entstanden Bürgerinitiativen gegen geplante Großprojekte wie Atomkraftwerke in Wyhl (1975), Brokdorf (1976) oder Grohnde (1977) sowie den schnellen Brüter in Kalkar (1977). Am Bohrloch des ebenfalls geplanten Endlagers in Gorleben riefen Demonstranten 1980 gar die „Republik freies Wendland" aus.[232]

Als der Bundestag 1979 dem sogenannten NATO-Doppelbeschluss zustimmte, der vorsah, atomare Mittelstreckenraketen in der Bundesrepublik zu stationieren, wurde aus der Friedens- eine Massenbewegung. Hunderttausende Menschen gingen in den folgenden drei Jahren auf die Straße, um gegen die neue atomare Bedrohung zu protestieren – jedoch ohne Erfolg. 1983 beschloss der Bundestag die Raketenstationierung trotz vieler Widerstände aus der Bevölkerung.[233] Aus diesen Erfahrungen heraus, dass eine außerparlamentarische Opposition am Ende zum Scheitern verurteilt war, erwuchs die Erkenntnis, dass man den Widerstand ins Parlament, also in den Deutschen Bundestag, einbringen müsste.[234]

Am 11. Mai 1977 wagte eine Bürgerinitiative gegen das geplante Atomkraftwerk in Grohnde einen entscheidenden ersten Schritt. Die erste „Umweltschutzpartei" wurde in Niedersachsen gegründet. Im benachbarten Hildesheim entstand die „Grüne Liste Umweltschutz" (GLU). Sie schaffte es binnen eines Monats in den dortigen Kreistag. Die beiden Gruppen schlossen sich unter dem Namen „Grüne Liste Umweltschutz" (GLU) zum ersten Landesverband zusammen. Auch im Rest der Republik folgte man 1978 dem Beispiel der niedersächsischen Umweltbewegung. Je nach politischer Grundausrichtung organisierten sich die ehemaligen Umwelt- und Friedensaktivisten bundesweit in „grünen", „bunten" oder „alternativen" Listen und Vereinigungen. Sie alle verband das gemeinsame Ziel, ökologisches Bewusstsein in die Parlamente zu tragen.[235]

1979 wurde die „Sonstige Politische Vereinigung (SPV) / Die Grünen" aus der Taufe gehoben. Als Spitzenkandidaten des eher bürgerlich-konservativ ausgerichteten Listenbündnisses gingen der ehemalige CDU-Mann Herbert Gruhl, Petra Kelly und der Künstler Joseph Beuys ins Rennen. Die Prominenz reichte zwar nicht aus, um die SPV/Die Grünen über die Fünf-Prozent-Marke zu heben, aber immerhin wurden 4,5 Millionen D-Mark als Wahlkampfkostenerstattung in die Kassen des Listenbündnisses gespült. Eine Sachverständigenkommission wird später analysieren: „Die Entstehungsgeschichte der Partei 'Die Grünen' stellt somit einen in der Geschichte der Bundesrepublik einzigartigen Fall staatlich subventionierter Parteiengründung dar."[236]

Bei Bundestagwahlen am 6. März 1983 erreichten die Grünen 5,6 Prozent der Stimmen. Mit den vier parteilichen Grundsätzen Gewaltfreiheit, Ökologie, soziale Gerechtigkeit und Basisdemokratie zogen zum ersten Mal grüne Abgeordnete in den Deutschen Bundestag ein.[237] Wer diese Entwicklung Revue passieren lässt, für den wird verständlich, warum es für die grüne Partei geradezu unmöglich ist, die Kernkraft als eine saubere, umweltfreundliche Form der Energieversorgung zu akzeptieren. Die Partei ist maßgeblich aus der Anti-Atomkraft-Bewegung heraus entstanden.[238] Eine Zustimmung der Grünen zur Kernkraft käme einer Verleumdung der eigenen Parteigeschichte gleich.

Organisierter Widerstand gegen die Kernkraft

In Garching bei München wurde 1957 der erste Forschungsreaktor in der Bundesrepublik gebaut.[239] Seit Mitte der 1960er Jahren gingen wirtschaftlich genutzte Kernkraftwerke ans Netz. Sie galten als sichere, umweltfreundliche und wirtschaftliche Möglichkeit zur Lösung des Energieproblems. Nach der Ölkrise 1973 plante die Bundesregierung den großzügigen Ausbau der Kernenergie, um den prognostizierten, ständig steigenden Energiebedarf zu sichern. Bis 1985 sollten nach der damaligen Planung 40 neue Atommeiler gebaut werden. Doch gegen den Bau eines Kernkraftwerkes in der kleinen südbadischen Gemeinde Wyhl kam es 1975 zur ersten großen Protestaktion von Atomkraftgegnern in der Bundesrepublik.[240]

Nachdem die Planungen abgeschlossen und das Genehmigungsverfahren fast beendet war, meldeten sich Bürger der Region zu Wort. Sie forderten mehr Informationen, bezweifelten die Notwendigkeit der Anlage und befürchteten Schaden für ihren Lebensraum. Nach vergeblichen juristischen Einspruchsversuchen griffen sie zu radikaleren Mitteln und besetzten den Bauplatz. Der Protest aus der südbadischen und elsässischen Bevölkerung fand bundesweite Unterstützung. Bei der Räumung des Bauplatzes kam es zu gewaltsamen Auseinandersetzungen mit der Polizei.[241] Der Widerstand gegen Wyhl und andere Atomkraftwerke in den 1970er-Jahren wurde zu einem Symbol für die Wirkungsmacht außerparlamentarischer politischer Einflussnahme und auch den heraufziehenden gesellschaftlichen Wandel in der Bundesrepublik.[242]

Brokdorf und Gorleben als Symbole des Widerstands

Während der Proteste gegen das Kernkraftwerk Brokdorf an der Unterelbe eskalierte 1976 der Konflikt zwischen den Atomkraftgegnern und der Polizei durch militante Gruppen, die sich unter friedliche Demonstranten mischten. Brokdorf wurde Schauplatz tagelanger bürgerkriegsähnlicher Auseinandersetzungen. Auch im niedersächsischen Gorleben, wo eine Wiederaufbereitungsanlage und ein Endlager für abgebrannte Brennstäbe entstehen sollte, besetzten Demonstranten 1979 den Bauplatz. Polizei und Bundesgrenzschutz räumten schließlich das Gelände.[243]

Nach den Protesten in Brokdorf richtete sich der Fokus auf das geplante AKW Grohnde in Niedersachsen. 1977 demonstrierten 40.000 Menschen in Kalkar am Niederrhein gegen die Fertigstellung des sogenannten „Schnellen Brüter“. Obwohl der Bau bis 1986 beendet war, wurde die Anlage nie angefahren.[244]

Gegen Ende der 1970er-Jahre erweiterte sich das Themenspektrum der Proteste. Ging es bis dahin in erster Linie um die Gefahr für Mensch und Umwelt durch den sogenannten GAU (größter anzunehmender Unfall eines Kernkraftwerkes), rückte nun der anfallende Atommüll und seine Lagerung beziehungsweise die Wiederaufarbeitung ins Zentrum der Anti-Atomkraft-Proteste. Die Bekanntgabe von Gorleben in Niedersachsen als Standort für ein nukleares Entsorgungszentrum führte 1979 zu einer erneuten Protestwelle. Als das Aus für die Wiederaufarbeitungsanlage in Gorleben kam, war dies für die Anti-AKW-Bewegung ein großer Erfolg. Die Pläne für ein Atommülllager blieben jedoch weiter bestehen und boten bis 2020 immer wieder Anlass für Protestaktionen. Erst dann wurde der Salzstock Gorleben als geologisch ungeeignet bewertet.

Die Suche nach alternativen Standorten für Wiederaufarbeitungsanlagen gestaltete sich von da an schwieriger, weil in der Bevölkerung ein kritisches Bewusstsein gegenüber der Atomenergie gewachsen war. Stark dazu beigetragen hatten zwei Reaktorunfälle in Harrisburg (USA) und Tschernobyl (Russland) in den Jahren 1979 und 1986. Wie zuvor in Gorleben scheiterte 1989 deshalb auch im bayerischen Wackersdorf der Versuch, eine Wiederaufarbeitungsanlage zu errichten, an einer Protestwelle mit heftigen Gewalteskalationen zwischen Polizei und Demonstranten.[245] Pfingsten 1986 kam es zu bürgerkriegsähnlichen Auseinandersetzungen bei Wackersdorf. Auf Molotowcocktails, Stahlkugeln und Steine der Demonstranten reagierte die Polizei mit Schlagstöcken, Wasserwerfern und Reizgas, das aus Hubschraubern abgeworfen wurde. Das Bild einer alten Dame, die Demonstranten in einer Plastiktüte Steine zum Werfen zuträgt, wurde zu einem Symbol dafür, dass der Widerstand gegen Atomkraft weite Teile der Bevölkerung erfasst hatte – vom AKW (Atomkraftwerk) bis zur WAA (Wiederaufarbeitungsanlage).[246] Während das AKW durch Kernspaltung Strom erzeugt, werden in der WAA durch ein chemisch-physikalisches Verfahren bereits benutzte Brennelemente in wiederverwendbare Anteile (ungenutzte Kernbrennstoffe und diverse Radionuklide) einerseits und radioaktiven Abfall andererseits getrennt. Dabei kann auch bombentaugliches Plutonium gewonnen werden (was in Deutschland nie eine Rolle spielte, soweit bekannt, in anderen Ländern aber sehr wohl genutzt wurde).[247]

Im Laufe der Protestbewegung solidarisierten sich renommierte deutsche Musiker mit den Atomkraftgegnern. Am 26. und 27. Juli 1986 veranstalten Udo Lindenberg, Herbert Grönemeyer,

Die Toten Hosen, BAP, Rio Reiser und andere ein Anti-Wahnsinns-Festival, zu dem mehr als hunderttausend überwiegend friedliche Besucher erschienen.[248]

Der Anti-Atomkraft-Bewegung in Deutschland war es durch jahrzehntelange Bemühungen gelungen, große Teile der Bevölkerung vom Gefahrenpotenzial der Kernenergie zu überzeugen. Das (vorläufig) endgültige Ende der friedlichen Nutzung der Kernenergie wurde 2011 nach einem Unfall im japanischen Atomkraftwerk bei Fukushima besiegelt. Drei Monate später beschloss der Deutsche Bundestag den definitiven Ausstieg aus der Atomenergienutzung bis Ende 2022 – vorbehaltlich einer eventuellen Neuausrichtung angesichts des Angriffs Russlands auf die Ukraine im Februar 2022 mit den daraus resultierenden gravierenden Unsicherheiten bei der Versorgungssicherheit.[249]

Diesen jahrzehntelangen Kampf und den Ausstieg aus der Kernkraft gilt es zu berücksichtigen, wenn seit Anfang 2022 über den Wiedereinstieg in die Atomkraft bzw. die Einordnung dieser Form der Energiegewinnung als umweltfreundlich diskutiert wird. Den Hintergrund dazu bildet die sogenannte „Energiewende“, ein Begriff für den Übergang von der nicht-nachhaltigen Nutzung von fossilen Energieträgern zu einer nachhaltigen Energieversorgung mittels erneuerbarer Energien. Angesichts der globalen Erderwärmung steht heutzutage besonders die Dekarbonisierung der Energiewirtschaft im Vordergrund –durch Beendigung der Nutzung von fossilen Energieträgern wie Erdöl, Kohle und Erdgas.[250]

Die Lösung des globalen Energieproblems gilt als eine zentrale Herausforderung des 21. Jahrhunderts.[251] Die Kernenergie wäre geeignet, auf diese Herausforderung eine adäquate Antwort zu geben. Doch die in diesem Kapitel geschilderte Geschichte eines breiten Widerstands gegen diese Technologie scheint es politisch und gesellschaftlich beinahe unmöglich zu machen, der Atomenergie eine Rolle bei der Energiewende einzuräumen. Und diese Energiewende scheint unabwendbar, um den Erhalt unseres Klimas und damit den Erhalt unseres Planeten zu gewährleisten.

Der Green Deal der Europäischen Union

Die Erkenntnis, dass der Raubbau an unserer Natur nicht ewig weitergehen kann, dass die Rettung unseres Klimas höchste Priorität für unsere Zukunft hat, ist nicht neu. Der „Green Deal" der Europäischen Union stellt den Versuch dar, aus der Erkenntnis, dass ein „weiter so" bei der Umweltbelastung die Erde ins Verderben stürzen wird, ein planvolles Handeln abzuleiten. Das Ziel ist schnell erklärt und leicht vermittelbar: Die EU will bis 2050 klimaneutral werden.[252] Die europäische Staatengemeinschaft hat sich für den Green Deal entschieden und verkündete 2019 vor aller Welt, die weltweite Vorreiterrolle beim Klimaschutz zu übernehmen.

Die Handlungspläne waren zunächst noch vage, das Zaudern der nationalen Regierungen der EU-Länder war unübersehbar. Dennoch hat die EU damit als erster großer Staatenbund das Kartell des Nichthandelns zerschlagen. Das war eine Führungsrolle, die weite Teile der Bevölkerung der EU wohl gar nicht zugetraut hätten. Viele mögen es auch kritisch sehen, gemäß dem Phänomen „die anderen lachen über uns". Doch nach Überwindung dieser Phase wächst womöglich der Stolz, dass die EU eine globale Führungsrolle übernommen hat. Schlimmstenfalls wird dieser Stolz allerdings von den Diskussionen und sicherlich auch Streitigkeiten darüber, welche Maßnahmen konkret zu ergreifen sind, überdeckt. Beim Streit um die friedliche Nutzung der Kernenergie als Teil des Green Deals geht es jedenfalls um eine fundamentale, ideologisch geprägte politische und gesellschaftliche Auseinandersetzung.

Wie die EU Atomstrom grün machen will

Zum Jahreswechsel 2021/22 stellte die EU-Kommission im Rahmen des Green Deals einen Plan vor, der Gas- und Atomkraftwerke „grün machen" sollte. Der Hebel dazu war die sogenannte Taxonomie, ein Bürokratiemonster, das Finanzanlegern eine Richtschnur für nachhaltige Investitionen an die Hand geben soll. Demnach wären Investitionen in Gas- und Kernkraftwerke also nachhaltig, ökologisch sinnvoll, sauber und damit eben auch „moralisch vertretbar".[253]

In der Taxonomie gibt es drei Kategorien. In der ersten befinden sich alle Aktivitäten, die direkt zur Vermeidung von CO2-Emissionen beitragen – etwa der Aufbau von Wind- und Wasserkraftwerken oder Solarpaneelen. In die zweite Kategorie gehört alles, was derartige Aktivitäten ermöglicht oder unterstützt. Auf der dritten und damit untersten Stufe stehen Technologien, die für begrenzte Zeit den Übergang in eine klimaneutrale Zukunft ebnen sollen. In diese dritte Kategorie ordnet die EU-Kommission auch die Kernkraft ein.

Die Kommission schlug zum Jahreswechsel 2021/22 vor, dass alle bis 2045 erteilten Genehmigungen für neue Atomkraftwerke unter die Taxonomieverordnung fallen. Auch alle bis 2040 genehmigten Arbeiten an bestehenden Reaktoren zur Verlängerung der Betriebsdauer sind eingeschlossen. Anders formuliert: Investoren, die ihr Geld in „grüne Energie" stecken wollen, sind aufgefordert, dabei auch Kernkraftwerke zu berücksichtigen.

Die neue Generation von Atomkraftwerken in der EU benötigen nach Angaben der EU-Kommission bis 2050 Investitionen in Höhe von 500 Milliarden Euro. Allein für die bestehenden Kernkraftwerke werden demnach bis 2030 Investitionen in Höhe von 50 Milliarden Euro erforderlich sein. Das dazu notwendige Kapital ist nach Einschätzung der Kommission nur „anzulocken“, indem die Atomkraft als nachhaltige Energieform eingestuft wird.[254] Im Juli 2022 machte das Europäische Parlament den Weg frei, um Investitionen in Atomkraft und Erdgas als nachhaltig einzustufen.[255]

Für die meisten europäischen Länder stellte die Kernkraftfreundliche Weichenstellung der EU-Kommission seit Anfang 2022 kein Problem dar, weil sie ohnehin eine Atomstrategie verfolgen. Anders Deutschland, Österreich, Dänemark, Portugal und Luxembourg – in diesen fünf Nationen ist Kernkraft verpönt, die Regierungen haben sich vom Atomstrom verabschiedet.

Aus französischer Sicht war es hingegen bereits ein Entgegenkommen, Kernkraft in der dritten statt in der ersten Kategorie einzuordnen. Frankreich, die einzige Nation in der EU, die über Atomstreitkräfte verfügt, hält Kernkraft nämlich keineswegs für eine Übergangs-, sondern für eine Zukunftstechnologie.

Die Aufnahme von Gaskraftwerken in die Taxonomie ist hingegen vor allem auf Deutschland zurückzuführen. Nachdem Deutschland beinahe zeitgleich aus der Atom- und der Kohleverstromung ausgestiegen ist, besteht zu Recht die Befürchtung, dass ausschließlich erneuerbare Energien die Lücke auf absehbare Zeit nicht füllen können. Die Bundesrepublik Deutschland ist daher auf Gas dringend angewiesen.[256]

Deutschland versus Frankreich

Diese Gemengelage, Frankreich setzt auf Atom, Deutschland auf Gas, erklärt mithin, warum die Europäische Union beim Green Deal keineswegs nur auf erneuerbare Energien baut. Doch die Entscheidung der EU-Kommission zur Aufnahme dieser beiden Energieformen in die Taxonomie wurde in der Öffentlichkeit deutlich dramatischer aufgenommen, als sie in Wahrheit war. Das hat zwei Gründe. Erstens obliegt es allein den nationalen Regierungen, ob sie Gas- bzw. Atomstrom politisch akzeptieren. Die EU kann ihnen in diese Entscheidungen in keiner Weise hineinreden. Ihren Energiemix bestimmen alle Länder in der EU selbst. Zweitens stellt die bürokratisch-aufwändige Taxonomie lediglich einen unverbindlichen Kompass für Investoren dar. Es ist keineswegs ausgemacht, dass der Klimakatalog der EU tatsächlich Investorengelder lenkt. Schließlich soll die Taxonomie lediglich eine Art „klimapolitisches Gütesiegel“ für Fonds, Firmen und auch Bürger, die ihr Geld sinnvoll anlegen wollen, sein. Dadurch soll eine unverbindliche Richtschnur geschaffen werden, was unter einer „grünen Geldanlage“ zu verstehen ist.[257]

Doch die Aufnahme von Atom und Gas könnte das EU-Werk viel Glaubwürdigkeit kosten. Wenn der Betrieb von Gas- und Kernkraftwerken im „grünen Kompass“ der EU als umweltfreundlich klassifiziert wird, so verliert dadurch möglicherweise der gesamte Kompass an Wert. Das gilt umso mehr, als es keineswegs einen Konsens in der Europäischen Union darüber gibt, gut zehn Jahre nach der Reaktorkatastrophe von Fukushima die Atomenergie als „grüne“ Alternative für Kohle und Gas salonfähig zu machen. Während die Bundesrepublik 2011 entschied, alle Reaktoren vom Netz zu nehmen, setzen einige europäische Partner auf den Ausbau der Kernenergie, allen voran Frankreich. „Atomenergie kann zwar nicht als gleichwertig mit Erneuerbaren betrachtet werden", räumte Frankreichs Präsident Emmanuel Macron im Dezember 2021 ein, verwies jedoch zugleich darauf, dass sie nur „sehr wenig" Kohlendioxid (CO2) ausstößt.[258]

Kritiker nicht nur aus Frankreich klagen über den riskanten „deutschen Sonderweg" des zeitgleichen Ausstiegs aus Kohle- und Atomstrom. Die Tatsache, dass Deutschland 2021 Milliarden Kilowattstunden Strom aus Frankreich, also überwiegend Atomstrom, importieren musste, lässt die deutsche Politik in den Augen vieler als bigott erscheinen, also als doppelzüngig und heuchlerisch. Ob sich Deutschland oder Frankreich auf einem Irrweg befindet, wird die Zukunft entscheiden – wobei die Frage weit über diese beiden Länder hinaus in der EU weitere äußerst merkwürdige Antworten findet, denen nur schwerlich mit den moralischen Argumenten des Klimaschutzes beizukommen ist.

Der Atomausstieg Deutschlands erfolgt etwa zeitlich mit der Verbannung von Dieselautos aus den Innenstädten, der Verdonnerung der Bürger mit allerlei Zwangsmaßnahmen, sich Elektroautos zu kaufen, dem Verbot von Silvesterfeuerwerken und dem Verpönen von Flugreisen. Doch nur 500 Kilometer von Berlin entfernt, im polnischen Belchatów, arbeitet das größte Braunkohlekraftwerk der Welt – und Polen denkt gar nicht daran, es abzuschalten. Jedes Jahr rollen 45 Millionen Tonnen Braunkohle in die Brennkammern. Dadurch gelangen jährlich zwischen 30 und 40 Millionen Tonnen CO2 in die Atmosphäre. Das ist mehr als der Jahresausstoß ganzer EU-Länder wie Irland oder der Slowakei. Die Förderlizenzen reichen bis zum Jahr 2040, Nachfolgekonzepte gibt es nicht.[259] Man muss wohl arg nativ sein, um anzunehmen, dass das Kraftwerk 2050 – wenn die EU klimaneutral sein will – tatsächlich abgeschaltet wird. Einer der Gründe für die Fortführung ist im Thema Versorgungssicherheit zu finden.

Angst vor der Versorgungslücke

Nach dem Atomausstieg Deutschlands scheint eine Rückkehr hierzulande beinahe unmöglich. Doch das ist längerfristig keineswegs gesagt. Es wird vom Erfolg bei den Erneuerbaren Energien abhängen, ob wir nicht noch einmal eine Renaissance der Atomenergie auch in Deutschland erleben. Die Stichworte lauten „Versorgungssicherheit" und „Klimawandel". Erstens: Sollte durch die Abschaltung der Kohlekraftwerke und Hürden beim Bezug von Strom die Versorgungssicherheit in Deutschland gefährdet werden, könnte sich möglicherweise künftig eine Bewegung herauskristallisieren, der die sichere Versorgung mit Strom als eine Voraussetzung für unsere heutige Zivilisation wichtiger ist als andere Aspekte. Zumal nur rund zwei Prozent der globalen Energie überhaupt von Wind und Sonne geliefert wird. Die Drosselung russischer Gaslieferungen 2022 hat das Thema der Versorgungssicherheit ganz oben auf die politische Agenda in Deutschland gesetzt.

Selbst in Frankreich, dem Land in Europa, das am stärksten auf Atomkraft setzt, kam es Anfang 2022, wie schon im Jahr zuvor, zu Blackout-Warnungen. Der französische Netzbetreiber RTE kündigte im Januar an, dass im Fall einer Kältewelle „Industriebetriebe heruntergefahren werden müssen oder es in Privathaushalten stundenweise zu Stromausfällen kommen könne. Statt 60 Gigawatt würden die Atomkraftwerke nur noch zwischen 43 und 51 Gigawatt produzieren, wobei allein die Elektroheizungen in schlecht gedämmten Wohnungen bei Kälte etwa 30 Gigawatt anfordern. Die Probleme in Frankreich bergen die reale Gefahr, dass das Atomstromland mit einem Blackout das gesamte europäische Stromnetz herunterzieht.[260]

Die Zustimmung für Kernkraftwerke könnte also unter anderem aus der Angst vor einem Blackout, einem flächendeckenden

Stromausfall, zunehmen. Zwar herrscht unter Experten weitgehende Einigkeit, dass der Großteil des Stroms in ferner Zukunft aus einem Mix aus Sonnen- und Windenergie, Biomasse und Wasserkraft kommen wird. Doch die Frage nach der Versorgungslage im Falle einer sogenannten „Dunkelflaute“, also dem weitgehenden Ausfall von Wind- und Solarstrom, ist nach wie vor unbeantwortet. Die Energiewende, also die Umstellung von fossilen Brennstoffen auf nachhaltige Energieträger, um die Umwelt zu schonen und den Klimawandel zu stoppen, ist nicht so einfach zu bewerkstelligen, wie es gelegentlich im politischen Lager dargestellt wird. Seit dem Jahr 1990 hat sich die Gewinnung von Energierohstoffen in Deutschland um etwa 40 Prozent reduziert. 2021 schöpfte die Bundesrepublik etwa ein Drittel des eigenen Energiebedarfs aus dem eigenen Land, zwei Drittel wurden importiert.[261] Pikanterweise entfällt das Gros des Energieimports auf Atomstrom aus Frankreich.[262]

Anfang 2022 brachte es der Präsident des Bundesverbandes der deutschen Industrie auf den Punkt: „Deutschland importiert 70 bis 75 Prozent seines Energiebedarfs… Dieser Anteil wird zwar vielleicht auf 60 Prozent sinken, das Gros der Energie wird aber auch in Zukunft aus Importen stammen… Wenn an einem kalten Januarabend unsere Wärmepumpe Strom braucht, dann wird sie nicht danach fragen, ob es roter Atomstrom aus Frankreich ist oder grüner Strom aus Skandinavien. Wir müssen Versorgungssicherheit herstellen.“

Für die angesichts des Atom- und des Kohleausstiegs erforderlichen Gaskraftwerke forderte der BDI-Chef eine Verkürzung der entsprechenden Genehmigungsverfahren von Jahren auf Monate: „Jedes dieser Kraftwerke ist eine Versicherung dagegen, dass die Sonne nicht scheint, der Wind nicht weht.“[263]

Das deutsche Klimaproblemjahr 2021

2021 war für Deutschland ohnehin ein „Klimaproblemjahr“. Der Ausstoß von Kohlendioxid stieg nämlich um 33 Millionen Tonnen auf 772 Millionen Tonnen. Damit rückte die Erreichung des Klimaziels der Bundesregierung bis 2030 in weite Ferne. Bis dahin soll der Ausstoß an Treibhausgasen laut Klimaschutzgesetz um 65 Prozent niedriger sein als im Jahr 1990. Ein wesentlicher Grund für die gestiegenen CO2-Emissionen 2021 war die Erholung der Wirtschaft nach dem Lockdownjahr 2020, aber auch die simple Tatsache, dass weniger Wind wehte, wodurch der ohnehin niedrige Anteil der erneuerbaren Energien weit hinter den Erwartungen zurückblieb. Der Anteil der erneuerbaren Energien am Stromverbrauch lag 2021 in Deutschland bei 42,3 Prozent, gut drei Prozentpunkte weniger als 2020. Die 2021 ins Amt gekommene Regierung aus SPD, Grünen und FDP hat sich im Koalitionsvertrag das Ziel gesetzt, den Anteil auf 80 Prozent im Jahr 2030 zu steigern.[264] Das mag die Angst vor Energieengpässen etwa bei weniger Wind oder weniger Sonne schüren, weil wir von einer sicheren Stromversorgung abhängig sind. Zum Erschrecken trug sicherlich bei, dass Anfang 2022 Hunderte von Stromanbietern in Deutschland Preiserhöhungen von durchschnittlich 64 Prozent ankündigten.[265]

Fast 84 Prozent des weltweiten Energiebedarfs stammten 2020 noch aus fossilen Energieträgern: 33 Prozent Öl, 26 Prozent Kohle und 24 Prozent Gas, die verheizt und verfeuert wurden. Die Energiegewinnung ist für 75 bis 80 Prozent aller Treibhausgasemissionen auf der Erde verantwortlich. Ein schnelles Umschwenken auf Wind-, Wasser- und Solarkraft erscheint zumindest im globalen Maßstab unmöglich, ohne an Versorgungssicherheit zu verlieren. Denn trotz der Effizienzsteigerung von Solarpaneelen, Windkraftanlagen, Wasserkraftwerken und anderen Erneuerbare-Energie-Infrastrukturen – und deren massivem Ausbau in zahlreichen Teilen der Welt: Der Anteil an verfeuerten fossilen Energieträgern weltweit blieb in den vergangenen 20 Jahren in Summe nahezu unverändert.[266]

Der weltweite Anteil von Erneuerbaren an der gesamten Energieproduktion betrug 2020 knapp 14 Prozent. In Deutschland entfielen 2020 höchst bemerkenswerte 46 Prozent auf Erneuerbare.[267] Das klingt nach viel, bedeutet aber andererseits auch, dass mehr als die Hälfte der Energieversorgung in Deutschland nicht aus Erneuerbaren kam. Und das war 2020, also vor Abschaltung aller Kohle- und aller Kernkraftwerke in Deutschland Ende 2021 bzw. Ende 2022. Es wäre vermessen zu glauben, diese „andere Hälfte" könnte ab 2023 mit erneuerbaren Energien ersetzt werden, und auch nicht 2024 oder 2025 oder… – sicherlich nicht vor 2030. Im Frühjahr 2022 legte der grüne Bundeswirtschafts- und Klimaschutzminister Robert Habeck eine groß angelegte Gesetzesinitiative für den Weg zur Klimaneutralität Deutschlands vor. Aber er musste einräumen: „Wir starten mit gehörigem Rückstand." Seit 2022 gehe darum, „um den Faktor drei schneller zu werden". Der bisherige Pfad würde zu einer deutlichen Zielverfehlung führen.[268] Mit anderen Worten: Das Horrorszenario einer Energieknappheit ist nicht aus der Luft gegriffen.

Neue Nahrung erhielt die Angst vor einem Energieengpass, als im Februar 2022 die Ukraine vom russischen Militär überrollt wurde. Konsequenterweise verhängte die EU binnen weniger Tage ein ganzes Bündel an Sanktionen gegen Russland. Die deutsche Bundesregierung stoppte die Zertifizierung der Ostsee-Pipeline Nord Stream 2, die verlegt worden war, um Gas aus Russland nach Deutschland zu transportieren und damit maßgeblich zur Energieversorgung hierzulande beizutragen. Das Projekt war von Anfang an politisch heftig umstritten, weil es die

Abhängigkeit Deutschlands von russischem Gas weiter vergrößern würde. Nord Stream 2 war das Nachfolgeprojekt der seit 2011 bestehenden Pipeline Nord Stream. Bis zu 55 Milliarden Kubikmeter Gas sollten pro Jahr durch die neue Pipeline über eine Strecke von rund 1.230 Kilometern und ohne Umweg über Transitländer auf dem Grund der Ostsee nach Deutschland gepumpt werden. Innerhalb der Europäischen Union ist Deutschland der größte Importeur von Erdgas aus Russland. Mehr als die Hälfte des importierten Gases stammte 2021 aus Russland, rund 30 Prozent aus Norwegen und etwa 13 Prozent aus den Niederlanden.[269] Unmittelbar nach dem russischen Einmarsch in der Ukraine Ende Februar 2022 berechneten Experten, dass die deutschen Gasspeicher etwa einen Monat später leer sein würden. Andere Gaslieferanten konnten nicht ohne weiteres einspringen. Norwegen produzierte bereits am Anschlag und die Niederlande wollten nach Erdbeben in der Region Groningen aus der Erdgasproduktion aussteigen.[270] Zwar boten die USA Gas an, aber Deutschland verfügte 2022 nicht einmal über ein LNG-Terminal, um Flüssiggas (Liquefied Natural Gas oder kurz LNG), das per Schiff ankommt, in das hiesige Netzwerk einzuspeisen. So müsste Deutschland gegebenenfalls Flüssiggas über Terminals in Belgien, Frankreich oder die Niederlande einführen.[271] 2022 kündigte die Bundesregierung die Errichtung von zwei LNG-Terminals in Deutschland an.[272]

Unsere zivilisationskritischen Infrastrukturen – Wasser, Gas, Polizei, Feuerwehr, Rettungsdienste, Krankenhäuser, Lebensmittelversorgung, Entsorgung, Computer, Internet und so weiter – sind nur mit einer stabilen Energie- und insbesondere Stromversorgung funktionsfähig. Der österreichische Erfolgsautor Marc Elsberg hat bereits in seinem 2017 erschienenen Bestseller *Blackout – Morgen ist es zu spät* beunruhigend anschaulich beschrieben, wie unsere Zivilisation bei einem angenommenen großflächigen Stromausfall in Europa zerfällt.[273]

Natürlich handelte es sich dabei um eine Fiktion, doch ist diese Angst lediglich ein Hirngespinst, bestenfalls gut für einen spannenden Thriller? Mitnichten! Wie wahrscheinlich ist es, dass ein Blackout, ein gravierender Stromausfall über Tage oder gar Wochen hinweg, eines Tages Realität wird? Mindestens so wahrscheinlich wie die Pandemie 2020/21/22. Ein Virus, das die ganze Welt überfällt und unsere Zivilisation zum Wanken bringt, kannte man zuvor eher aus Thrillern wie *Outbreak – Lautlose Killer* des Regisseurs Wolfgang Petersen aus dem Jahr 1995. Und doch rief die Weltgesundheitsorganisation WHO nur fünf Jahre nach Erscheinen des Films eine Pandemie aus; der unwahrscheinliche Fall war eingetreten.

Neben dem GAU einer radioaktiven Katastrophe wird als Gegenargument zur Kernkraft häufig der Atommüll genannt, der über viele Generationen hinweg abgeschottet gelagert werden muss und ein Risiko darstellt. Das ist sicherlich richtig, aber sind die Risiken für uns, unsere Kinder und Enkel durch einen möglichen Blackout oder durch die anstehende Erderwärmung nicht viel greifbarer und größer?

Diese Überlegung, das scheinbar Unmögliche und seine Folgen in Betracht zu ziehen, gilt also nicht nur für den größten anzunehmenden atomaren Unfall, sondern ebenso für die Gefahr, in eine Versorgungslücke zu fallen. Was dies für das Risikomanagement beim Umgang mit Technologien bedeutet, ist in einem Kapitel dieses Buches ausführlich dargelegt.

Wenn man diese verschiedenen Überlegungen in Betracht zieht, ist ein Revival der Kernenergie keineswegs ausgeschlossen. Ganz im Gegenteil deutet vieles auf eine verstärkte friedliche Nutzung der Kernenergie in den nächsten Dekaden hin – mit allen Chancen, aber eben auch mit allen Risiken.

Das Joint Research Centre (JRC), der wissenschaftliche Dienst der Europäischen Kommission, kam 2021 in einem Bericht zu der Frage, ob Atomenergie gefährlich ist oder nicht, zu folgendem Schluss: „Alle potenziell schädlichen Auswirkungen der unterschiedlichen Phasen im Lebenszyklus nuklearer Energiegewinnung auf die menschliche Gesundheit und die Umwelt können verhindert oder vermieden werden.“ Voraussetzung hierfür ist allerdings, wie im Bericht eingeräumt wird, dass sich alle Beteiligten an strikte Sicherheitsregeln halten.[274] Die im europäischen Nuklearabkommen Euratom etablierte Group of Experts, teilte 2021 diese Einschätzung.[275]

Selten zuvor befand sich die Bundesrepublik Deutschland mit einer klar gegenteiligen Position derart konträr zur Europäischen Kommission und auch zu weiten Teilen der in der Europäischen Union zusammengefassten Staatengemeinschaft. Vielmehr hatte sich Deutschland über Jahrzehnte hinweg zusammen mit Frankreich als Lokomotive eines immer stärkeren Zusammenwachsens innerhalb der EU geriert. In der Frage der friedlichen Nutzung der Kernkraft jedoch könnten die Positionen nicht unterschiedlicher sein.

Nach diesem Überblick über die zivilen Atomaktivitäten in wichtigen Ländern wenden wir uns der Frage zu, wie überhaupt ein Kernkraftwerk funktioniert. Dieses Grundverständnis ist notwendig, um die unterschiedlichen technologischen Ansätze zu begreifen, die im Wettbewerb um die Zukunft der atomaren Energiegewinnung liegen, und gleichzeitig die damit verbundenen Gefahrenpotentiale abschätzen zu können.

Wie ein Kernkraftwerk funktioniert

Es würde den Rahmen des vorliegenden Buches sprengen, die physikalischen Grundlagen der Kernkraft im Detail wissenschaftlich fundiert darzulegen. Diese Ausführungen wären zudem nur für Kernphysiker verständlich. Dennoch soll die Funktionsweise eines Kernkraftwerks nachfolgend mit einfachen Worten beschrieben werden.[276]

Im Atomkraftwerk wird Strom durch Kernspaltung erzeugt. Durch die Spaltung des Urans wird Wasser aufgeheizt und Wasserdampf gewonnen. Der Wasserdampf treibt wiederum eine Turbine an, die an einen Generator gekoppelt ist; dieser Generator erzeugt den Strom im Kernkraftwerk.

Der Rohstoff für die Kernspaltung ist Uran, ein radioaktives Schwermetall. Uran wird aus Uranerz gewonnen und in Brennstofftabletten gepresst. Diese Tabletten, auch Pellets genannt, enthalten rund fünf Prozent Uran-235. Zwei der Pellets reichen aus, damit ein Vier-Personen-Haushalt ein Jahr lang mit Strom versorgt werden kann. Die Brennstofftabletten im Kernkraftwerk werden in Metallrohre, in sogenannte Brennstäbe, eingeschlossen und kommen als solche in ein dickwandiges Reaktordruckgefäß, wo die Brennstäbe von Wasser umspült werden. Der Kernbrennstoff ist damit einsatzbereit.

Jedes Atomkraftwerk besitzt einen nuklearen und einen konventionellen Teil zur Stromerzeugung. Im ersten Teil, im Reaktor, wird Wärme erzeugt und Wasser durch Kernspaltung erhitzt. Es entsteht Wasserdampf. Dabei läuft die Kernspaltung wie nachfolgend beschrieben ab. Der Uranker besteht aus Neutronen und Protonen. Trifft ein zusätzliches Neutron auf diesen Atomkern, wird dieser instabil und spaltet sich auf. Bei dem Spaltungsprozess entstehen Wärme und zusätzlich zwei bis drei weitere Neutronen. Diese lösen, verlangsamt durch Wasser, weitere Spaltungen aus. Es kommt zu einer Kettenreaktion, die von dem Reaktorfahrer, also der Zentrale des Kernkraftwerks, exakt gesteuert und kontrolliert werden kann. Das geschieht, indem die Steuerstäbe mehr oder weniger in den Reaktor eingefahren werden.

Eine wichtige Rolle spielt dabei der sogenannte Moderator, der dazu dient, freie Neutronen, die bei ihrer Freisetzung meist relativ energiereich (also schnell) sind, abzubremsen. Da die größten Energieübertragungen bei den Zusammenstößen von zwei gleich schweren Teilchen stattfinden, werden als Moderator meistens leichte Atome wie zum Beispiel Wasserstoff oder Kohlenstoff in Form von Graphit verwendet. Die abgebremsten Neutronen sind besser geeignet, um sowohl die Spaltung im Reaktorkern fortzusetzen als auch wissenschaftliche Experimente in einem Forschungsreaktor durchzuführen.[277]

Reaktortypen im Überblick

Auf dieser Grundlage sind verschiedene Reaktortypen entwickelt worden, um die friedliche Nutzung der Kernenergie zu ermöglichen. Im Folgenden werden daher die wichtigsten Reaktortypen vorgestellt.

Weltweit verbreitet sind *Leistungsreaktoren*, also Kernreaktoranlagen, die durch die Spaltung (englisch *fission*) von Uran oder Plutonium zunächst Wärme und daraus elektrische Energie gewinnen. Neben diesen Fissionsreaktoren gibt es (theoretisch bzw. experimentell) Fusionsreaktoren, in denen die Kernfusion von Deuterium (schweres Wasser) und Tritium (überschweres Wasser) als thermonukleare Reaktion kontrolliert abläuft. Fusionsreaktoren, die zur Stromerzeugung in einem Fusionskraftwerk geeignet wären, existieren noch nicht – allerdings stehen entsprechende Entwicklungssprünge wohl bevor, wie an anderer Stelle in diesem Buch erläutert wird.[278] Doch alle heutigen kommerziellen Kernreaktionen sind Fissionsreaktoren, in denen die Energie aus der Kernspaltung gewonnen wird, nicht aus der Kernfusion.

Die ersten Versuchsreaktoren waren simple Aufschichtungen von spaltbarem Material. Ein Beispiel dafür war der Reaktor Chicago Pile, in dem die erste kontrollierte Kernspaltung stattfand. Das englische Wort „Pile“ bedeutet „Stapel“, weil dort spaltbares Material schlichtweg aufeinandergelegt wurde.[279] Moderne Reaktoren werden nach der Art der Kühlung, der Moderation, des verwendeten Brennstoffs und der Bauweise unterteilt.

Im **Leichtwasserreaktor (LWR)** finden mit normalem (leichtem) Wasser (H2O) moderierte Reaktionen statt. Leichtwasserreaktoren erzeugen fast 90 Prozent der Kernenergie weltweit Sie benötigen angereichertes Uran, Plutonium oder Mischoxide als Brennstoff. Mischoxid-Brennelemente (MOX) enthalten im Gegensatz zu reinem Uran noch entweder Plutonium oder, seltener, Thorium. Durch den Einsatz von MOX-Brennstoff kann das bei der Wiederaufarbeitung abgetrennte Plutonium wieder in den Kernreaktor zurückgeführt und zur Energieerzeugung genutzt werden.[280]

Die Brennelemente des LWR sind empfindlich gegenüber thermodynamischen und mechanischen Belastungen. Um diese zu vermeiden, sind ausgeklügelte, technische und betriebliche Schutzmaßnahmen erforderlich, welche die Auslegung des Kernkraftwerkes in Gänze prägen. Gleiches gilt für den Reaktordruckbehälter mit seinem Risiko des Berstens. Die verbleibenden Restrisiken der Kernschmelze der Brennelemente aufgrund der Nachzerfallswärme und des Berstens des Reaktordruckbehälters wurden in der Kernenergiewirtschaft wegen der Unwahrscheinlichkeit ihres Eintretens lange Zeit als irrelevant erklärt.[281] Aber „unwahrscheinlich“ bedeutet nicht, dass diese Vorfälle nicht doch eintreten können. Aus dieser Diskrepanz zwischen „es wird schon nichts passieren“ und dem potenziellen Horrorszenario, wenn eben doch „etwas passiert“, resultiert ein Großteil der Ablehnung der Kernkraft in Deutschland und anderen Ländern.

Leichtwasserreaktoren werden weit überwiegend als **Druckwasserreaktoren (DWR)** mit Wasser als Moderator gebaut. Der Wasserdruck wird so hoch gewählt, dass es bei der vorgesehenen Betriebstemperatur nicht siedet – im Unterschied zum **Siedewasserreaktor (SWR)**. [282] Der entscheidende Unterschied: Beim DWR gibt es zwei getrennte Kreisläufe, beim SWR nur einen. Beim Druckwasserreaktor gibt das im Kern erhitzte Wasser (*Primärkreislauf*) in einem Dampferzeuger seine Wärme an einen getrennten Wasser-Dampf-Kreislauf ab, den *Sekundärkreislauf*. Der Vorteil: Der Sekundärkreislauf ist frei von jedweder Radioaktivität. Anders beim Siedewasserreaktor: Er verfügt nur über einen einzigen Dampf-Wasser-Kreislauf, so dass das Kühlwasser radioaktiv belastet wird.[283]

Mit schwerem Wasser (D2O, wobei das D für Deuterium steht) moderierte **Schwerwasserreaktoren** erfordern eine große Menge des teuren schweren Wassers, können aber mit natürlichem, nicht angereichertem Uran betrieben werden. Der bekannteste Vertreter dieses Typs ist der in Kanada entwickelte CANDU-Druckröhrenreaktor (Canada Deuterium Uranium). Im Unterschied zum Leichtwasserreaktor besitzt er getrennte Moderator- und Kühlmittelkreisläufe. Der Moderator D2Owird im CANDU praktisch drucklos und bei niedrigen Temperaturen (etwa 70 Grad Celsius) eingesetzt, was zur besseren Moderation beiträgt. Schweres Wasser als Moderator ermöglicht die

Verwendung von natürlichem oder nur leicht angereichertem Uran als Brennstoff, weil die Neutronen in schwerem Wasser in geringerem Maße absorbiert werden als in normalem Wasser.

Gasgekühlte **Graphit-Reaktoren** wurden in den 1950ern entwickelt, zunächst primär für militärische Zwecke, nämlich zur Plutoniumproduktion. Sie sind die ältesten kommerziell genutzten Kernreaktoren, weisen aber einen großen Nachteil auf: Graphit ist brennbar. Im französischen Kernkraftwerk Saint-Laurent schmolzen am 17. Oktober 1969 kurz nach Inbetriebnahme des Reaktors 50 Kilogramm Brennstoff im gasgekühlten Graphitreaktor. Der Reaktor wurde daraufhin 1969 stillgelegt.[284] Beim Reaktorunglück von Tschernobyl kam es zu einem offenen Graphitbrand, der tagelang große Mengen radioaktiver Stoffe durch das zerstörte Dach der Reaktorhalle in hohe Luftschichten trieb, wo der Wind sie bis nach West- und Nordeuropa blies.[285]

Weiterhin gibt es **Brutreaktoren** (*Schnelle Brüter*), in denen mehr neues Spaltmaterial entsteht als zeitgleich verbraucht wird. Dabei wird auf die Abbremsung der Neutronen verzichtet, und die schnellen Neutronen verwandeln das nicht als Kernbrennstoff geeignete Uran-238 in den neuen Brennstoff Plutonium-239. Damit könnten die Uranvorräte der Erde 50- bis 100-mal besser ausgenutzt werden. Allerdings: Das erbrütete Plutonium ist wegen seiner Reinheit atomwaffentauglich. Diese Technologie ist nicht nur aus diesem Grund sicherheitstechnisch anspruchsvoller als alle anderen Typen.[286]

In Deutschland ging das als „schneller Brüter“ konzipierte Kernkraftwerk Kalkar aus sicherheitstechnischen und politischen Bedenken nie ans Netz; das endgültige Aus für die 1985 fertiggestellte Anlage wurde 1991 beschlossen. Es galt als eine der größten Investitionsruinen Deutschlands; seit 1996 wird sie als Freizeit- und Vergnügungspark „Wunderland Kalkar" betrieben.[287]

Ein weiterer, zurzeit noch im Experimentalstadium befindlicher Reaktortyp ist der **Laufwellenreaktor** (traveling-wave reactor, TWR). Hierbei wird das Brutmaterial in spaltbares Material umwandelt. Der TWR unterscheidet sich vom schnellen Brüter dadurch, dass er mit wenig oder gar keinem angereicherten Uran auskommt. Dieses Konzept verspricht, sofern die Umsetzung gelingen sollte, eine vielfach effizientere Nutzung des Kernbrennstoffs sowie die massive Reduzierung der Problematik des radioaktiven Abfalls, da ein Laufwellen-Reaktor mit radioaktivem Abfall betrieben werden könnte und diesen dabei systematisch aufbrauchen würde.

Bei **Flüssigsalzreaktoren** (*molten salt reactor, MSR*) oder **Salzschmelzenreaktoren** liegt der Kernbrennstoff in Form geschmolzenen Salzes vor, beispielsweise als Uranchlorid. Da sich der Kernbrennstoff in flüssiger Form gleichmäßig im Primärkreislauf des Reaktors verteilt, ist eine Kernschmelze im klassischen Sinne ausgeschlossen – der Kern liegt stets im gewollt geschmolzenen Zustand vor. Flüssigsalzreaktoren lassen sich mit oder ohne Moderator bauen, in beiden Fällen ist auch ein Betrieb als Brutreaktor möglich. Sie können mit einem negativen Reaktivitätskoeffizienten (jede Zunahme einer Einflussgröße vermindert die Reaktortätigkeit) ausgelegt werden, was eine ungeregelte nukleare Kettenreaktion wie in Tschernobyl im Prinzip unmöglich macht.[288] Flüssigsalzreaktoren, die mit Thorium statt Uran betrieben werden, gelten als besonders sicher und stellen bei zahlreichen atomaren Zukunftsprojekten die Grundlage für eine neue Generation von Kernkraftwerken dar, wie weiter hinten in diesem Buch erklärt wird.

Es gibt weiterhin einige Sondertypen an Kernreaktoren für spezielle Anwendungen, etwa für den Antrieb von Raumfahrzeugen.

Derzeit wird weltweit aktiv an neuen Reaktorkonzepten der **Generation IV** gearbeitet, insbesondere mit Blick auf den erwarteten wachsenden Energiebedarf. Diese sollen besondere Kriterien von Nachhaltigkeit, Sicherheit und Wirtschaftlichkeit erfüllen. Insbesondere wird durch Brutreaktoren eine deutlich höhere Effizienz in der Ausnutzung vom Brennstoff erzielt und eine geringere Menge an radioaktivem Abfall. Das Risiko der Kernschmelze wird mit einer starken passiven Kühlung auf null reduziert. Die ersten Gen-IV-Reaktoren sollen ab 2030 zum Einsatz kommen.[289]

Rückschläge, immer wieder Rückschläge

Unterschiedliche Reaktortypen, neue Generationen, immer neue Experimente, immer neue Rückschläge – so lässt sich wohl die Kernreaktorentwicklung charakterisieren. Die Befürworter sprechen von zwei Schritten nach vorne und einem zurück, die Gegner von einem Irrweg, gleichgültig, mit wie vielen Schritten er begangen wird. Der Europäische Druckwasserreaktor EPR steht exemplarisch dafür, wie nahe die Hoffnung und die Enttäuschung beieinander liegen können.[290]

Der EPR (European Pressurized Water Reactor), ein Druckwasserreaktor der Generation III+, wurde von dem französischen Unternehmen Framatome und Électricité de France (EDF) sowie der Nuklearsparte von Siemens, die zwischenzeitlich mit Framatome fusioniert ist, entwickelt. Der EPR-Reaktor geht auf etliche jahrelange Forschungsarbeiten bis 1989 zurück. Er wurde entwickelt, um einem eventuellen Kernschmelzunfall besser begegnen zu können. Damit sollte sichergestellt werden, dass sich die GAUs von Tschernobyl und Fukushima nicht wiederholen könnten. Der Begriff „Generation III+“ steht für eine besonders hohe Sicherheitsstufe und der ERP sollte eigentlich zum französischen AKW-Exportschlager werden. Finnland, Großbritannien, China... aus zahlreichen Ländern kamen Aufträge. Doch die Inbetriebnahme erwies sich überall als problematisch, sogar in Frankreich selbst.

2007 begannen die Bauarbeiten für einen neuen EPR-Reaktor im französischen Flamanville, 2021 war er immer noch nicht am Netz, die geplante Fertigstellung wurde auf 2023 verschoben, eine Inbetriebnahme vor 2024 erscheint unrealistisch, zwölf Jahre nach der ursprünglichen Zeitplanung.[291] Aber die Kosten haben sich seitdem gegenüber den anfänglich geplanten 3,3 auf beinahe 20 Milliarden Euro versechsfacht.[292] „Die Mängel, die bei den Reaktoren der letzten Generation festgestellt wurden, sind auch bei einem anderen Reaktor in Penly in Nordfrankreich aufgetaucht“, kam Anfang 2022 eine erneute Horrormeldung, dieses Mal vom französischen Institut für Strahlenschutz und Atomsicherheit (IRSN).[293]

Zwei EPR-Reaktoren im britischen AKW Hinkley Point hinkten ebenfalls acht Jahre hinterher und haben sich ebenso als Milliardengrab entpuppt. Am weitesten hinter der Planung hinterher ist indes die EPR-Baustelle im finnischen Olkiluoto. Obgleich die Zustimmung zur Kernkraft in Finnland hoch ist und es keine größeren Einwände gegen den Bau gab, wurde der ursprüngliche Fertigstellungstermin 2009 um mehr als zehn Jahre verfehlt. Immerhin wurde der Bau 2021 abgeschlossen und das AKW Olkiluoto ging als erstes Kernkraftwerk dieser Art ans Netz.[294] Motto: Zwei Schritte vor und einer zurück bedeutet netto immer noch, dass man einen Schritt nach vorne kommt. Finnland war damit das erste europäische Land, das nach Fukushima ein neues

Kernkraftwerk in Betrieb nahm. Bemerkenswert: Selbst die grüne Partei Finnlands befürwortet die Atomenergie, wenngleich nur als Übergangslösung.

Indes ist Finnland neben Frankreich keineswegs das einzige EU-Land, das auf Kernkraft setzt. Die Niederlande, Serbien, Rumänien, Bulgarien, Polen und Estland gehören ebenfalls zur Riege der Befürworter. In den Niederlanden ist der Bau von zwei Kernkraftwerken in dem Ende 2021 geschlossenen Koalitionsvertrag der Regierung von Ministerpräsident Mark Rutte ausdrücklich festgeschrieben. Die für 2034 vorgesehene Abschaltung des bereits in Betrieb befindlichen Kernkraftwerks Borssele soll vorläufig entfallen und die Laufzeit weiter verlängert werden. Wie die Finnen begründen auch die Niederländer ihr Vorhaben mit den Klimazielen. Belgien hat den vor rund 20 Jahren für 2025 beschlossenen Ausstieg aus der Kernenergie aufgeweicht: Zwei Reaktoren sollen über die Mitte des Jahrzehnts hinaus weiter betrieben werden, falls die Energieversorgung bis dahin nicht auf anderen Wegen sichergestellt werden kann.[295]

Doch wie gefährlich die vermeintlichen sicheren Reaktoren der Generation III+ tatsächlich sind, zeigten 2021/22 Störfälle mit diesem Reaktortyp in China. Der erste EPR ging bereits 2018 im chinesischen Taishan ans Netz. 2019 nahm dort der zweite Block seinen kommerziellen Betrieb auf. Die französische Framatome hatte sie gemeinsam mit der chinesischen Firma CGN gebaut. Doch zwischendurch musste Taishan nach Austritten von Gas und kleinen Mengen Radioaktivität abgeschaltet werden. „Die Situation stellt eine unmittelbare radiologische Bedrohung für den Standort und die Öffentlichkeit dar“, schrieben die Franzosen dazu an US-Behörden, um die Erlaubnis zu erhalten, den Chinesen trotz Handelsauflagen helfen zu dürfen. Kurz darauf veröffentlichte die französische Atomvereinigung Criirad (Commission de recherche et d’information indépendantes sur la radioactivité Association Française – deutsch: Französische Kommission für unabhängige Forschung und Information über Radioaktivität) die Ursache: An den Brennelementen festgestellte Beschädigungen waren auf „abnormale Vibrationen" zurückzuführen, die „mit einem Konstruktionsfehler des EPR-Druckbehälters in Verbindung stehen".[296] Es war also kein Bedienfehler, wie zunächst vermutet, sondern möglicherweise ein grundlegender Konstruktionsfehler. Das hinderte Frankreichs Präsident Emmanuel Macron 2022 allerdings nicht, von einer „Renaissance der Atomkraft" zu schwadronieren und den Bau von bis zu 14 neuen Kernkraftwerken anzukündigen, darunter sechs EPR-Kraftwerke bis 2050. Der Baubeginn für die neuen Atomkraftwerke ist für 2028 geplant. Der erste neue Reaktor soll 2035 ans Netz gehen.[297]

Der EPR ist indes nicht der einzige Reaktor der Generation III+. Die höheren Standards konnte als erstes der in den USA, Großbritannien und Japan entwickelte AP1000 erfüllen, der Stand 2022 mit vier Einheiten in China in Betrieb ist. China plant sogar, einen für den heimischen Markt abgewandelten Reaktortyp namens CAP1000 im großen Stil an vielen Standorten zu errichten.[298]

Vielversprechender als die Generation III+ erscheint die jüngste Generation IV.

Neue Generationen: Minikraftwerke

Neben den bereits vorgestellten Reaktortypen zur friedlichen Nutzung der Kernenergie zeichnen sich in den 2020er Jahren neue Wege ab. Es sind, neben der Klimakrise und der Sorge um die Versorgungssicherheit angesichts der Unstetigkeit der erneuerbaren Energiequellen, vor allem diese neuen Kraftwerksansätze, die die Renaissance der Kernkraft beflügeln. Dabei geht es nicht nur darum, die Laufzeiten bestehender Kernkraftwerke zu verlängern und in geringem Maße neu Anlagen herkömmlicher Bauart zu errichten, wie in vorangegangenen Kapiteln erläutert, sondern vor allem darum, in der Atomkraft eine langfristige Perspektive für die Energieversorgung der Menschen zu sehen.

Bei der neuen Atomgeneration sind drei Entwicklungen zu unterscheiden:

- Minikraftwerke, die besonders kompakt sind und als Regionalversorger eingesetzt werden könnten,
- Fusionsreaktoren, die ganz im Gegenteil zu den Kompaktkraftwerken nur im großindustriellen Einsatz betrieben werden können, und
- Atomkraftwerke außerhalb der Erde, also im Weltraum.

Im Folgenden werden diese unterschiedlichen Ansätze dargestellt. Dabei geht es in diesem Kapitel um die neue Generation der Minikraftwerke. Dem Thema der Fusionsreaktoren ist ein eigenes Kapitel gewidmet; der Energieerzeugung im Weltall ein weiteres.

Es ist nicht gesagt, dass alle dieser neuen Technologien zum Erfolg führen werden, aber vieles deutet darauf hin, dass einige dieser Konzepte eine Zukunft finden werden. Die meisten dieser Entwicklungen kommen außerhalb Deutschlands voran. Doch ein Blick nach München soll zeigen, dass Deutschland zumindest in Sachen Atomforschung nicht völlig abgekoppelt ist.

Mini-Atomkraftwerke

Die Technische Universität München (TUM) nahm 1957 den Forschungsreaktor München, kurz FRM, als die erste kerntechnische Anlage in Deutschland in Betrieb. Das sogenannte Atom-Ei war damals trotz zahlreicher Proteste eine Sensation; es diente als Neutronenquelle für die Forschung. Im Jahr 2000 wurde der FRM abgeschaltet, doch 2005 nahm die „Forschungs-Neutronenquelle Heinz Maier-Leibnitz", kurz FRM II, den Betrieb auf.

Am 14. Mai 2020 kam es zu einem Störfall: Aufgrund eines Bedienfehlers trat radioaktives Gas aus. Die TUM betonte, das Ereignis habe „keinerlei Auswirkung" auf Menschen und Umwelt gehabt. Seitdem wurde der Reaktor außer Betrieb genommen, allerdings nicht wegen der Störung, sondern weil aufgrund der Pandemie der zuvor übliche Zustrom von Wissenschaftlern aus aller Welt die Experimente mit dem Atom-Ei durchgeführt haben, ausblieb. Doch 2021 hat die zuständige Atom-Aufsichtsbehörde, in Bayern das Umweltministerium, zugestimmt, den Forschungsreaktor 2022 wieder in Betrieb zu nehmen.[299] Obgleich der kommerzielle Betrieb von Kernkraftwerken 2022 in Deutschland zu Ende ging, will sich die Forschung den Weg in die Zukunft der Atomenergie weiterhin offenhalten.

TerraPower

Technologie-Tausendsassa Bill Gates hat schon vor einiger Zeit in die US-amerikanische Atomkraft-Startup Firma TerraPower investiert. Das Unternehmen ist auf die Entwicklung von den an anderer Stelle in diesem Buch erläuterten Laufwellen-Reaktoren (TWR) und Flüssigsalzreaktoren (MSR) spezialisiert. Der Clou: Die TerraPower-Reaktoren arbeiten mit sogenanntem abgereichertem Uran als Brennstoff, oder einfacher ausgedrückt, sie funktionieren mit Atommüll, könnten also die Atommüll-Lagerbestände reduzieren statt weitere aufzubauen. Auf diese Weise könnte bis zu 95 Prozent des bereits abgebrannten weltweiten Brennstoffs aus heutigen Reaktoren recycelt werden. Für die Kühlung des Reaktors kommt Natriumsalz zum Einsatz.[300] „Wir glauben, dass Natrium die Energiebranche grundlegend verändern wird“, sagte Bill Gates.[301]

Angaben zufolge beherbergen allein die USA 700.000 Tonnen abgereichertes Uran, acht Tonnen davon könnte 2,5 Millionen Haushalte pro Jahr mit Strom versorgen. Mit den weltweit gelagerten Beständen, etwa 1,1 bis 1,5 Millionen Tonnen, könnten demzufolge 80 Prozent der Weltbevölkerung über ein Jahrtausend lang versorgt werden.[302] Diese Berechnung birgt viele Unsicherheit, sie mag zu hoch gegriffen sein und es vergehen erfahrungsgemäß Jahrzehnte, bis Nukleartechnik aus der Forschung in den Betrieb geht, also industriell nutzbar wird. Dennoch steht TerraPower exemplarisch für das enorme Zukunftspotential der Kernkraft.

Bis 2025 will das Unternehmen auf dem Gelände eines stillgelegten Kohlekraftwerks im US-Bundesstaat Wyoming einen ersten Versuchsreaktor bauen, der 2028 den Betrieb aufnehmen soll. Projektiert ist ein Flüssigsalzreaktor, der bis zu 500 Megawatt Leistung erbringen soll. Die Kosten werden auf rund eine Milliarde Dollar beziffert.[303] Mit dabei ist die Firma Pacificorp, einem Energieunternehmen des Gates-Busenfreundes Warren Buffett. Bei dem geplanten Demonstrationsprojekt handelt es sich um ein voll funktionsfähiges Kraftwerk, das die Auslegung, den Bau und den Betrieb der Natrium-Technologie prüfen soll. Es verfügt gemäß Planung über einen natriumgekühlten Schnellen Reaktor mit einer Leistung von 345 Megawatt in Kombination mit einem Energiespeichersystem für Salzschmelze. Die

Speichertechnologie kann die Leistung der Anlage bei Bedarf für mehr als fünfeinhalb Stunden auf 500 Megawatt erhöhen, was der Energie entspricht, die für die Versorgung von rund 400.000 Haushalten benötigt wird.[304]

Die USA und China reißen sich gleichermaßen um die neue Atomtechnologie. So wird TerraPower einerseits teilweise vom US-Energieministerium finanziert, andererseits unterzeichnete das Unternehmen 2015 eine Vereinbarung mit der China National Nuclear Corporation über den Bau von Reaktoren bis 2025. Der schwelende Handels- und Technologiekrieg zwischen den USA und China warf diese Pläne allerdings über den Haufen, die US-Regierung genehmigte den Export der neuen Atomtechnologie nach China nicht.[305]

Aus Europa liegt bis zum Erscheinen des vorliegenden Buches keine ernsthafte Interessensbekundung an der TerraPower-Technologie vor. Aber in Großbritannien, zwar nicht mehr Mitglied der Europäischen Union, aber sicherlich noch Europa zuzurechnen, hat die Planung von Mini-Kernkraftwerke konkrete Formen angenommen.

Der Rolls-Royce unter den Atomkraftwerken

Rolls Royce, Inbegriff der automobilen Luxusklasse, kündigte 2020 Pläne für den Bau von bis zu 16 Mini-Atomkraftwerken in Großbritannien an. Die Inbetriebnahme soll in den 2030er Jahren erfolgen. Das stellt im Grunde genommen keine Überraschung dar.

Rolls-Royce baut schon lange Triebwerke und Antriebssysteme für die Luft- und Seefahrt sowie für den militärischen Einsatz. Bereits seit den 1960er-Jahren stellt Rolls-Royce auch Reaktoren für die britischen Atom-U-Boote her. Nur am Rande: Die berühmteren Luxuskarossen wurden bereits in den 1970er-Jahren aus dem Konzern ausgelagert und werden heute von BMW gebaut.[306]

Rolls-Royce setzt auf Small Modular Reactors (SMR), also Mininuklearreaktoren, ebenso wie beispielsweise TerraPower, NuScale und Okli.

Atom-Startups NuScale und Okli

Als ein besonders vielversprechendes AKW-Startup gilt NuScale. Das Unternehmen bietet einen Kernreaktor an, der selbst im schwersten anzunehmenden Unfall, nämlich der vollständigen Isolation von der Außenwelt, nicht hochgeht, sondern sich selbst im wahrsten Sinne des Wortes abkühlt und herunterfährt. So soll verhindert werden, was etwa im Katastrophenreaktor von Tschernobyl erfolgte, der explodierte, weil seine Leistung unkontrolliert immer weiter anstieg. Auch ein Unglück wie im japanischen Fukushima, als ein Tsunami die Kühlpumpen flutete und dadurch außer Kraft setzte, so dass der Reaktorkern schmolz, soll beim NuScales-Konzept konzeptionell ausgeschlossen sein. Der NuScales-Reaktor schaltet sich nämlich selbst vollständig ab, ohne dass dazu eine Stromversorgung oder ein Eingriff von außen notwendig sind.[307]

2021 sagte der polnische Bergbaukonzern KGHM die Abnahme von mindestens vier NuScale-Reaktoren zu, um seine Industrieanlagen damit zu betreiben. Der erste Reaktor soll 2029 in Betrieb genommen werden.[308] Das ist ein bemerkenswerter internationaler Achtungserfolg für das US-amerikanische Unternehmen NuScale Power.

Allerdings läuft selbst in den USA die neue Generation der kompakten Kraftwerke keineswegs „einfach so durch“. So versagte die US-amerikanische Nuclear Regulatory Commission (NRC) dem Vorzeige-Startup der Atombranche Oklo 2021 die Genehmigung für ihr sogenanntes Aurora Powerhouse. Das Unternehmen hatte ein Jahr zuvor den ersten Antrag der USA für ein neues Reaktorkonzept eingereicht. Es war damals der erste privat finanzierte Bewilligungsantrag, welcher der Behörde zudem erstmals online übermittelt wurde.

Das US Department of Energie (DOE) hatte der Firma Ende 2019 die Genehmigung zur Nutzung des Standorts am Idaho National Laboratory (INL) erteilt. Damit war die Planung verbunden, den ersten Reaktorblock 2024 in Betrieb nehmen zu können.[309] Doch die NCR teilte Anfang 2022 klar und deutlich mit, dass die von dem Unternehmen vorgelegten Informationen insbesondere zur Sicherheit des Kernkraftwerks keineswegs für eine Genehmigung ausreichten.[310] Eines der vielversprechendsten Nuklear-Startups wurde zumindest zunächst einmal ausgebremst.

Kompaktreaktoren mit mehr oder weniger Risiko

In Deutschland hat sich das Bundesamt für Sicherheit der nuklearen Entsorgung (BASE), eine selbständige Bundesoberbehörde des Bundesministeriums für Umwelt, Naturschutz, nukleare Sicherheit und Verbraucherschutz (BMUV) mit dem Konzept der unter anderem von TerraPower, NuScale und Oklo favorisierten sogenannten „Small Modular Reactors“ (SMR, deutsch „kleine modulare Reaktoren“) auseinandergesetzt. Es handelt sich dabei um Kernspaltungsreaktoren, die deutlich kleiner und kompakter als herkömmliche Reaktoren sind. Dadurch können sie in einer Fabrik hergestellt und anschließend an einen

Montageort gebracht werden, müssen also im Unterschied zu herkömmlichen Kernkraftwerken nicht am Betriebsort gebaut werden. Das SMR-Verfahren ist deutlich kostengünstiger, risikoärmer und schneller umsetzbar. In einem im März 2021 veröffentlichten Gutachten des BASE heißt es unter anderem: „Keine der diskutierten Technologien ist derzeit und absehbar am Markt verfügbar. Es ist auch nicht absehbar, ob sie es künftig sein werden. Gleichzeitig werden sie verbunden mit Versprechen, die oftmals stark denen ähneln, die bereits mit der ersten Generation von Reaktoren in den 1950ern und 1960er Jahren des vergangenen Jahrhunderts gemacht worden waren.“

Zwar räumte die Bundesbehörde 2021 ein, dass SMR „potenziell sicherheitstechnische Vorteile gegenüber großen Atomkraftwerken vorweisen“ können. Gleichzeitig wies sie jedoch darauf hin, dass rund um den Globus tausend bis zehntausend Kompaktreaktoren gebaut werden müssten, um den weltweiten Energiebedarf zu decken. Mit der globalen Verbreitung der Technologie steigt vor allem die Gefahr der Proliferation, also der Nutzung für militärische Zwecke wie der Herstellung von Kernwaffen.[311] Damit ist spätestens seit 2021 klar: TerraPower bzw. Kompaktreaktoren stellen jedenfalls für die Bundesrepublik Deutschland keinen ernstzunehmenden Weg in ein neues atomares Zeitalter dar. Es deutet allerdings einiges darauf hin, dass andere Länder künftig andere Entscheidungen treffen werden.

Wie begründet die Gefahr der Proliferation ist, zeigen Experimente des US-Militärs mit kleinen Kernkraftwerken für die Energieversorgung entlegener oder expeditionärer Stützpunkte. Das Pentagon folgt hiermit einer Vorgabe des US-Kongresses; im Verteidigungsetat 2019 wurde die Erprobung sogenannter Mikroreaktoren (1 bis 20 Megawatt Leistung) bis zum Jahr 2027 vorgeschrieben. Zur Disposition stehen sowohl statische Einrichtungen für die Versorgung fester Standorte wie auch Luft- oder

Lkw-verlegbare Anlagen für die Versorgung taktischer Standorte. Derzeit werden Prototypen beider Reaktorkategorien entworfen.

Der erste ständige Versuchsreaktor soll auf dem Luftwaffenstützpunkt Eielson Air Force Base in Zentralalaska aufgestellt werden. Dieser wird bislang durch ein 70 Jahre altes Kohlekraftwerk versorgt, das bis zu 1.000 Tonnen Kohle täglich verbraucht. Für den Kohlenachschub wird eine eigene Eisenbahn und ein Lager mit 90.000 Tonnen Kapazität benötigt. Der geplante neue Kernreaktor soll 2027 den Betrieb aufnehmen.[312]

Sollte der Plan aufgehen, könnte sich das Verteidigungsministerium der USA zu einem Katalysator für kompakte Kernkraftwerke entwickeln. Ähnlich wie die Entstehung des Internet maßgeblich auf Projekte des Pentagon zurückgeht und wir vermutlich ohne US-Militärmittel heute noch kein Internet hätten, wäre eine Forcierung der Kernkraft durch militärische Interessen – sicherlich nicht nur in den USA – möglicherweise die Grundlage für eine neue Renaissance der Atomkraft, nicht (nur) als Atombomben, sondern vor allem auch zur Energieversorgung.

Um den atomaren Kompaktkraftwerken eine Zukunft zu verleihen, müssen sie natürlich nicht nur ausreichend sicher, sondern auch wirtschaftlich rentabel sein. Nun mag man eine Milliarde Dollar für ein kleines Kernkraftwerk mit bis 500 Megawatt Leistung für viel Geld halten, doch im Vergleich zu herkömmlichen Großkraftwerken ist diese Summe geradezu lächerlich gering. So werden beispielsweise für die 3.200 Megawatt-starke neue Atomkraftwerk Hinkley Point C in Großbritannien, das im Sommer 2026 ans Netz gehen soll, 27 Milliarden Euro an Kosten kalkuliert.

„Die einzigartigen Eigenschaften von SMRs in Bezug auf Effizienz, Flexibilität und Wirtschaftlichkeit können sie in die Lage versetzen, eine Schlüsselrolle bei der sauberen Energiewende zu spielen", fasste 2021 Stefano Monti, Leiter der Abteilung für die Entwicklung von Kernkrafttechnologien bei der Internationalen Atomenergie-Organisation (IAEA), die Lage zusammen. Laut IAEA befanden sich Anfang 2022 rund 84 derartige Reaktoren in 18 Ländern in der Entwicklung oder im Bau. Beispielhaft wurden Russland, China, Japan, Argentinien, Großbritannien, Kanada und die USA, Kanada genannt. Insgesamt 18 – und damit die meisten Projekte – im Zusammenhang mit den Kleinreaktoren laufen in den USA. In seinem ambitionierten Klimaprogramm setzt US-Präsident Joe Biden neben erneuerbarer Energieerzeugung auch auf kleine Atomkraftwerke – als emissionsarme Übergangslösung. Wohl nicht zufällig kommen drei der ambitioniertesten und größten Startups der Kompaktkraftwerkbranche aus den USA: TerraPower, NuScale und Okli.[313]

Hingegen stellte das deutsche Öko-Institut, ein unabhängiges Forschungsinstitut, das 1977 aus der Anti-Atomkraft-Bewegung hervorgegangen ist, 2021 fest: „Bei einigen Konzepten könnte es mit Blick auf einzelne Problemfelder Vorteile geben, aber es zeichnet sich kein System ab, das alle bestehenden Probleme in der Nukleartechnik überzeugend auf einen Schlag löst."[314]

Das mag schon sein, doch wer erst auf die fertige Lösung wartet, bevor er den ersten Schritt geht, wird möglicherweise niemals ans Ziel gelangen. Die untergeordnete Rolle Deutschlands und Europas im Weltmaßstab der Digitalisierung könnte sich auf dem Sektor der atomaren Energieversorgung wiederholen. Dabei ist zu bedenken: Europa verfügt nicht über weniger Digitaltechnik im Einsatz als die anderen Kontinente, wir kaufen sie nur im Wesentlichen aus Nordamerika und Asien ein. Es ist hier, aber nicht hier entwickelt; das gleiche Phänomen könnte bei der

Kernkraft auftreten, insbesondere in Deutschland, wo die friedliche Nutzung der Atomenergie weiterhin über Jahre wenn nicht Jahrzehnte hinweg politisch verpönt bleiben dürfte.

Der jüngste Schrei: Thorium

Der „jüngste Schrei" bei Minireaktoren ist die Nutzung von Thorium statt Uran. Vieles deutet darauf hin, dass Thorium-Reaktoren in den nächstens Jahren die Dominanz der Uran-Kraftwerke brechen könnten.[315] Damit ließe sich Strom billiger und sicherer herstellen.

Thorium wurde 1828 von dem schwedischen Chemiker Jons Jakob Berzelius entdeckt und nach Thor, dem nordischen Gott des Donners, benannt. Es ist ein schwach radioaktives, silbriges Metall, das in der Natur weltweit in Gesteinen vorkommt und bislang kaum industriell genutzt wurde.

Thorium kommt in der Erdkruste in etwa so oft vor wie Blei, ist also im Überfluss vorhanden. Das stellt einen Vorteil gegenüber Uran dar, wenngleich fortschrittliche Brüterkraftwerke ihren eigenen Brennstoff produzieren können. Entscheidender ist, dass Thorium einen radioaktiven Rückstoff mit einer Halbwertszeit von nur 27 Tagen hinterlässt. Der Abfall aus Thorium-Reaktoren ist also weitaus ungefährlicher als bei herkömmlichen Uran-Reaktoren.

Am interessantesten erscheinen die sogenannten Thorium-Schmelzsalzreaktoren (MSR). Dabei wird ein Gemisch aus Thoriumfluorid und Uranfluorid auf bis zu 700 Grad erhitzt, das gleichzeitig als Brennstoff und Kühlmittel dient. Ein eigenes Kühlsystem, wie es konventionelle Reaktoren benötigen, entfällt also vollständig – und damit auch die Gefahr, dass große Mengen

Kühlwasser verstrahlt werden könnten. Im Englischen wird dieses Konzept auch „liquid fluoride thorium reactor" (LFTR), gesprochen *Lifter*, genannt.[316]

Ein weiterer Vorteil besteht darin, dass die Anlage nicht unter Druck arbeitet. Tritt ein Schadensfall auf, entweichen keine großen Mengen an Gasen, sondern es tritt lediglich das flüssige Salz aus. Sobald es abkühlt, kristallisiert es zu Brocken. Zudem bricht die nukleare Reaktion bei Störungen von selbst ab.

Die Initiative *Generation International IV Forum* zur Förderung der internationalen Zusammenarbeit im Bereich der zivilen Kernenergie zählt Schmelzsalzreaktoren zu den vielversprechendsten Technologien. Strom aus diesen besonders sicheren Reaktoren soll nicht nur CO2-frei, sondern auch noch ausgesprochen billig sein.[317] Neben den USA wird bereits in Indien, China und den Niederlanden an Thorium-Schmelzsalzreaktoren gearbeitet. Das chinesische Energieforschungsinstitut der nationalen Entwicklungs- und Reformkommission zählt diesen Reaktortyp zu den „perfekten Technologien", die China dabei helfen sollen, das Ziel von null CO2-Emissionen bis 2060 zu erreichen.

Die Thorium-Euphorie hängt auch damit zusammen, dass diese Reaktoren sehr klein dimensioniert werden können. Das chinesische Projekt strebt kommerzielle Anlagen an, bei denen der Reaktor nicht größer als ein Badezimmer ist (ohne das zusätzlich benötigte Kraftwerk zur Stromerzeugung).[318] Die kompakte Größe hat den Vorteil, dass die Reaktoren in einer Fabrik hergestellt und anschließend an ihren Standort transportiert werden können; sie müssen also nicht auf einer Baustelle montiert werden. Diese Miniaturisierung regt offenbar auch die Fantasie in Bezug auf neue Aufstellungsstandorte an, etwa die Reaktoren auf schwimmenden Plattformen ins Meer zu verfrachten.

Schwimmende Atomkraftwerke

Die staatliche russische Atomenergiebehörde Rosatom hat bereits 2019 drei neue atombetriebene Eisbrecher – „Arktika, „Sibir“ und „Ural“ – vom Stapel gelassen, um in die Arktis vorzudringen. Die drei 173 Meter langen Schiffe sind jeweils mit zwei Kernreaktoren ausgestattet, die bis zu 350 Megawatt Strom erzeugen. Das ist beinahe fünfmal so viel, wie die Turbinen des modernsten Zerstörers der US-Navy, USS Zumvalt, generieren können. Reaktoren vom gleichen sollen auch den russischen Flugzeugträger der nächsten Generation, das Projekt 23000 „Shtorm“, antreiben. Russland will mit den neuen Eisbrechern erstens den Zugang zu den Öl- und Gasreserven in der Arktis erschließen (die zusammen rund 412 Milliarden Barrel Öl entsprechen sollen), und zweitens kommerzielle Handelswege nördlich von Russland eröffnen. Das Land gehört nämlich insofern zu den Gewinnern des Klimawandels, als die Erderwärmung den Schiffsverkehr im Norden möglich machen wird. Die See-Passage nördlich von Russland nach Europa ist von vielen Teilen Asiens aus deutlich kürzer als die südlichen Routen.[319]

2021 legt das dänische Startup Seaborg Technologies Pläne zur Massenproduktion sogenannter „kompakt Molten Salt Reactors“ vor, die auf Schiffen und schwimmenden Plattformen montiert das Meer zu einem modularen Atomgenerator machen sollten. Hierzu will das Unternehmen tausende von Kraftwerken produzieren, die nur so groß wie ein Schiffscontainer sein sollen.[320]

Die Funktionsweise gilt als einfach und sicher: Die Brennstoffe werden mit Fluoridsalzen gemischt, ein Mix, der sich bei Temperaturen über 500 Grad Celsius verflüssigt. Das spaltbare Material wird mit dem Salz gekühlt, das im Falle einer Beschädigung nicht explodieren kann, sondern bei Kontakt mit der Luft hart wird. Wohlgemerkt: Das Salz wird wie andere Kühlmittel radioaktiv verseucht, es kann aber nicht als Wolke in die Atmosphäre gelangen. Vielmehr bleiben ähnlich wie bei einem Vulkanausbruch „Lavabrocken" an Ort und Stelle. Damit das radioaktive Salz selbst bei einem unkontrollierten Temperaturanstieg im Reaktorkern nicht ungehindert ins Meer fließt, befinden sich am Boden des Kerns gekühlte Tanks, welche die verfestigten Salzbrocken im Fall der Fälle aufnehmen sollen.[321]

Zum Thema der Minikraftwerke lässt sich zusammenfassend feststellen, dass es eine ganze Reihe innovativer Ansätze gibt, die sich mehr oder minder bereits in der Experimental- und Demonstrationsphase befinden. Sie zeichnen sich durchweg nicht nur dadurch aus, dass sie wesentlich kompakter als herkömmliche AKW sind, sondern auch über ein deutlich höheres Maß an inhärenter Sicherheit verfügen. Ob das für ihren weltweiten Durchbruch ausreicht, bleibt zwar abzuwarten – aber vieles spricht dafür.

Zur Klarstellung: Auch bei allen Kompaktkraftwerken wird die Energie durch Kernspaltung erzeugt, genau wie es bei allen Generationen davor schon der Fall war. Im übernächsten Kapitel geht es um die Kernfusion, eine Technologie, die bislang nur bei Atombomben zur Anwendung kam, jedoch auch – so alles gut geht – für die Energieversorgung zum Einsatz kommen könnte.

Doch zunächst soll im nächsten Kapitel noch ein ganz anderer, aber ebenso wichtiger Aspekt angesprochen werden, nämlich die Frage nach der Lagerung der atomaren Rückstände aus der Energieerzeugung durch Kernkraft. Denn die Bedrohung, die von den atomaren Rückständen ausgeht, ist unübersehbar.

Wohin mit dem Atommüll?

Schon bald nach Beginn des Atomzeitalters kristallisierte sich eine Frage heraus, auf die es bis heute keine befriedigende Antwort gibt: Wie und vor allem wo lassen sich die atomaren Abfälle sicher lagern? Seit mittlerweile über 50 Jahren türmt sich der radioaktive Kehricht rund um den Globus. Wieviel Atommüll weltweit herumliegt, weiß niemand genau, nicht einmal die Internationale Atomenergie-Organisation IAEO. Schätzungen zufolge ist die Welt mit rund 450.000 Tonnen radioaktivem Unrat ins Jahr 2022 gegangen, davon 18.000 Tonnen aus Deutschland.[322]

Mülltrennung für eine halbe Ewigkeit

Dabei gilt es wie im privaten Haushalt eine Mülltrennung, wobei drei Kategorien zu unterscheiden sind: schwach, mittelstark und intensiv strahlenden Atommüll. Letzterer entsteht, wenn die Brennstäbe im Kraftwerk abbrennen, das heißt, wenn sich die Atomkerne des Urans spalten und Neutronen freisetzen, die wiederum die Spaltung anderer Urankerne bewirken. Bei dieser Kettenreaktion entstehen zahlreiche neue Stoffe, die allesamt radioaktiv sind, also allmählich zerfallen und Strahlung abgeben. Ein Problem ist die aus menschlicher Sicht extrem lange Halbwertzeit, das heißt, der Zeitraum, in dem die Hälfte des jeweiligen Stoffs zerfallen ist. Von Plutonium-239 etwa, das in den Brennstäben zurückbleibt, ist erst nach über 24.000 Jahre die Hälfte weg. Gelangen nur Millionstel Gramm davon in den menschlichen Körper, lagert es sich in Lunge, Leber und Skelett ab. Jod-129, auch im Atommüll enthalten, hat gar eine Halbwertszeit von 16 Millionen Jahren.[323] Es sind unter anderem diese für uns Menschen unbegreifbaren Zeiträume – neben der unsichtbaren Strahlung –, welche die Atomkraft für viele Menschen so „unheimlich“ macht und von Mahnern und Warnern immer wieder als unverantwortliche Hypothek auf die Zukunft gebrandmarkt wird.

Viele Atomstaaten verschicken ausgediente Brennstäbe nach Frankreich oder Großbritannien zur Wiederaufarbeitung, weil dort entsprechende Anlagen aufnahmebereit zur Verfügung stehen. Außerdem gibt es Wiederaufarbeitungsanlagen in Indien, Japan, Russland, den USA und – Nordkorea. Bis zu zehn Prozent des Materials, etwa das im Reaktor erbrütete Plutonium, lassen sich erneut zu Brennstoff verarbeiten.[324]

Die nicht mehr brauchbaren hochradioaktiven Stoffe hingegen werden mit Glas verschmolzen, in Edelstahlzylinder gegossen und gelten offiziell als Müll. Die bis zu 400 Grad Celsius heißen Aufbewahrungsgefäße müssen in den Stahlbehältern über einige Jahrzehnte hinweg erkalten, bevor sie in einer Deponie entsorgt werden können. In dieser Zeit lagern sie oberirdisch, häufig in einem sogenannten Castor (Cask for Storage and Transport of Radioactive Material). In Deutschland werden die abgebrannten Brennstäbe von den Kraftwerksbetreibern nach fünf Jahren Abklingzeit direkt in Castorbehälter verpackt. Während der Abklingzeit liegen die Brennstäbe zur Kühlung im Wasser. Sollte die Kühlung ausfallen, könnten sie sich auf über 2.500 Grad Celsius erhitzen und eine Kernschmelze auslösen – wie es 2011 im japanischen Fokushima geschehen ist. In Japan wie in Deutschland und vielen anderen Ländern gilt: Schlägt der Wasserbottich leck, schützt keine weitere Barriere mehr die Umwelt, weil sich die Abkühlbecken aus Kostengründen außerhalb der hermetisch abgedichteten Schutzhülle der Reaktoren befinden.[325]

Die direkte Weg der abgebrannten Brennstäbe vom Reaktor in Abklingbecken und dann in Castorbehälter hat in Deutschland übrigens einen einfachen Grund: Seit 2005 ist es in hierzulande verboten, Brennstäbe zur Wiederaufarbeitung zu schicken. Mit Stand 2022 gibt es in Deutschland mittlerweile 15 Zwischenlager, die meisten davon in unmittelbarer Nähe zu Kraftwerken.

Sicher unter der Erde für eine Million Jahre

Die in den 1980er Jahren von Experten diskutierte Idee, den atomaren Abfall langfristig in Hochsicherheitsgebäuden unterzubringen, hatte man rasch wieder aufgegeben. Seitdem gilt es am sichersten, den strahlenden Müll auf immer und ewig im Erdreich zu versenken – in Behältern aus Stahl, eingebettet in Sarkophage aus Beton und umgeben von wärmeresistentem Gestein. Die ideale Lage der Atomgruft befindet sich etwa 300 Meter unter der Erde, tief genug, um „für immer" zu verschwinden und Strahlung an der Oberfläche auszuschließen, aber nicht so tief, dass der Bergwerksbetrieb wegen zu hoher Temperaturen zu viel Aufwand (und Geld) kosten würde. Die Gesteinsschicht mit dem eingelagerten Müll soll mindestens 100 Meter mächtig sein. Zudem ist darauf zu achten, dass so wenig Grundwasser vorhanden ist, dass es mindestens 317 Jahre benötigt, um einen Meter voranzukommen; das entspricht weniger als zehn Milliardstel Meter pro Sekunde). Und natürlich – und das mag für jeden Laien verrückt klingen – man muss sicher sein können, dass diese Umweltbedingungen für mindestens eine Million Jahren erhalten bleiben.[326]

Ja, die Gesetzgebung eines Landes, das noch nicht einmal 100 Jahre alt ist – die Bundesrepublik Deutschland wurde 1949 gegründet – reicht tatsächlich eine Million Jahre in die Zukunft. Das setzt jedenfalls viel Vertrauen des Staates in sich selbst voraus – und in die Geologie: Schließlich dürfen in diesem langen Zeitraum möglichst keine Erdbeben, Vulkane oder Gasentweichungen in dem Lagergebiet auftreten.

Jodtabletten gegen Radioaktivität

Bei allem Vertrauen bestellte das Bundesamt für Strahlenschutz (BfS) 2019 rund 190 Millionen Jodtabletten. Die rechtzeitige Einnahme von hoch dosiertem, nicht-radioaktivem Jod soll verhindern, dass sich radioaktives Jod in der Schilddrüse eines Menschen einlagert und dort Krebs auslöst. Bereits 2017 hatte das Amt in der Region Aachen Jodtabletten an Bürger bis 45 Jahre sowie schwangere und stillende Frauen ausgeteilt – als Vorsorge für den Fall eines schweren radioaktiven Vorfalls im belgischen Atomkraftwerk Tihange nur wenige Kilometer von der deutschen Grenze entfernt.[327]

Man mag das als staatliche Vorsorgemaßnahme gut heißen. Aber es wirft doch die Frage nach dem Vertrauen in die Technik auf – und die Frage, ob ein eine Million Jahre in die Zukunft reichendes Vertrauen überhaupt gerechtfertigt sein kann. Soviel steht fest: Die heute für eventuelle Irrtümer Verantwortlichen wird man dann nicht mehr zur Rechenschaft ziehen können.

Die wohl aussichtslose Suche nach dem Endlager

Nirgendwo auf der Welt gibt es derzeit Endlager für atomaren Abfall, die von Experten als sicher eingestuft oder gar von der Bevölkerung als sicher akzeptiert werden. Es hat „kein Land eine geologische Deponie für die Zwischen- oder Endlagerung von abgebrannten Brennstäben“, musste die IAEO einräumen. „Realistischerweise“, verlautet aus dem Bundesamt für Strahlenschutz,

„kann ein Endlager frühestens ab 2035 in Betrieb gehen." Es darf bezweifelt werden, ob diese Prognose realistisch ist. Denn bislang hat es in Deutschland wie beinahe überall auf der Welt stets jahrzehntelange Verzögerungen mit bis heute ungewissem Ausgang bei der Bestimmung eines atomaren Endlagers gegeben. Allein die Frage, welche Art von Gestein am besten geeignet ist, den Müll für mindestens eine Million Jahre sicher aufzubewahren, spaltet die Expertenschaft. Finnland setzte auf Granit, die USA auf Tuffstein, Deutschland auf Steinsalz, Frankreich experimentierte lange mit Ton.

In Europa haben sich mit Stand 2022 nur drei Staaten überhaupt für einen Standort (!) für ein Endlager entschieden: Finnland, Schweden und Frankreich. Mit der Standortfestlegung ist aber natürlich noch lange kein Endlager errichtet geschweige denn in Betrieb. Allen anderen Ländern fehlt nach wie vor ein fester und realistischer Plan, wo sie mit den Resten ihrer nuklearen Epoche bleiben sollen. In Deutschland gibt es zwar ein Gesetz und eine festgelegte mehrstufige Vorgehensweise sowie Ämter und Staatsbetriebe, die sich um das Thema kümmern, aber der Ausgang wird noch auf Jahre hinweg ungewiss sein.

Die Bundesgesellschaft für Endlagerung

In Deutschland hat die Bundesgesellschaft für Endlagerung (BGE) nach einer jahrelangen Suche 2020 insgesamt 90 über die Bundesrepublik verteilte Gebiete ausgemacht, die geologisch geeignet erscheinen, um strahlenden Atommüll für eine Million Jahre sicher zu lagern. Dabei wurden die Gesteinsarten Ton, Steinsalz und Granit gleichermaßen unter die Lupe genommen. Im Gegensatz zu früheren Anstrengungen, ein Endlager zu bestimmen, sollen dieses Mal alle berechtigen Einwände der Atomkraftgegner Berücksichtigung finden, öffentlich, transparent und streng nach wissenschaftlichen Kriterien. Ziel ist es, bis 2031 den am besten geeigneten Standort zu finden. Ab 2050 sollen dort die tödlich strahlenden Abfälle für alle Zeiten sicher begraben werden.[328]

Grundlage des „neuen" Standortauswahlverfahrens stellt das 2013 Kraft getretene Standortauswahlgesetz (StandAG) dar. Nachdem eine Endlagerkommission jahrelang über die Auswahlkriterien diskutiert und Vorschläge unterbreitet hatte, wurde das StandAG 2017 grundlegend novelliert.[329] Es sieht eine dreiphasige Vorgehensweise vor: zunächst die Auswahl möglicher Regionen und Standorte, dann die oberirdische und schließlich die unterirdische Erkundung. Am Ende jeder Phase werden die Vorschläge der BGE vom Bundesamt für die Sicherheit der nuklearen Entsorgung (BASE) geprüft.[330] Die finale Entscheidung bleibt Bundestag und Bundesrat vorbehalten.[331]

Bemerkenswert bei der seit 2013 laufenden neuen Suche: Viele der zuvor als Endlager vorgesehenen Standorte finden seitdem keine Berücksichtigung mehr. Der Salzstock Gorleben wurde 2020 wegen geologischer Mängel als Standort ausgeschlossen. Gorleben war zuvor jahrzehntelang eines der Symbole für das Zusammenprallen von Staatsmacht und zivilem Ungehorsam um die Frage der atomaren Endlagerung gewesen.[332] Der im ehemaligen Salzbergwerk Asse eingelagerte Atommüll soll sogar in einem extrem aufwendigen Verfahren zurückgeholt werden.[333] Asse war ebenfalls über Jahrzehnte hinweg ein Schwerpunkt des Widerstands aus der Bevölkerung gewesen.[334]

Symbole für die Ewigkeit

Wie hilflos unsere heutige Zivilisation bei einer Zukunftsplanung Zehntausende oder gar eine Million Jahre im Voraus ist, zeigt sich unter anderem an dem Streit darüber, ob man die atomaren Endlagerstätten, so sie irgendwann einmal fertiggestellt sind, vor künftigen Generationen verstecken oder sie gar im Gegenteil markieren soll, um einer versehentlichen Aufdeckung in ferner Zukunft vorzubeugen.

Eine US-Kommission empfahl bereits 1999, ein Gestrüpp aus monumentalen Granitstacheln über Atommülllagern zu errichten und Warntafeln in sieben Sprachen aufzustellen. Allerdings geht kein ernstzunehmender Wissenschaftler davon aus, dass auch nur eine unserer heutigen Sprachen in zehntausend Jahren noch verstanden wird. Immerhin: Den Ägyptologen ist es gelungen, die pharaonischen Hieroglyphen der Jahrtausende zurückliegenden ägyptischen Hochkultur anhand des sogenannten Rosettasteins zu entschlüsseln. In das Fragment einer steinernen Stele nahe des Orts Rossetta in Ägypten war ein Priesterdekret in drei untereinander stehenden Schriftblöcken sinngemäß gleichlautend eingemeißelt.[335]

Ein besonders skurriler – oder cleverer? – Vorschlag entstand bereits in den 1980er Jahren. Statt darauf zu hoffen, dass sich Sprache oder Technik über Zehntausende von Jahren hinweg konservieren lässt, sollte man eine Art religiösen Kult um das nukleare Erbe spannen. Die Idee resultierte aus der Erkenntnis, dass sich Glaubensvorstellungen in der Menschheitsgeschichte stets besonders lange gehalten haben. Der damalige Vorschlag, der auf die Initiative einer US-Behörde zurückging, umspannte allerdings laut behördlicher Vorgabe „nur" einen Zeitraum von 10.000 Jahren.[336]

Wie sich eine atomare Warnung so darstellen lässt, dass sie 100.000 oder gar eine Million Jahre lang hält, überfordert wohl die heutige Zivilisation. Kritiker sagen, allein dies sollte Anlass genug sein, die Finger von der aus heutiger Sicht schwer beherrschbaren Atomkraft zu lassen. Doch genau dies ist für viele zukunftsgewandte Kernphysiker ein Ansporn, die Technik soweit zu entwickeln, dass wir sie beherrschen – heute und erst recht in ferner, sehr ferner Zukunft.

Heiß wie die Sonne: die Kernfusion

Das Prinzip der Kernfusion stellt eine wesentliche Grundlage für jedwedes Leben auf der Erde dar: Die Sonne „arbeitet" mit Kernfusion. Unter dem Druck der Schwerkraft generiert sie ihre Energie bei rund 15 Millionen Grad Celsius aus der Verschmelzung von Wasserstoff zu Helium.[337] Dank Kernfusion strahlen die Sonne und alle leuchtenden Sterne Energie ab. Zwar funktionieren diese natürlichen Kernkraftwerke nicht unendlich lange – so wird unsere Sonne wohl in einigen Milliarden Jahren aufhören zu strahlen.[338] In menschlichen Generationen gedacht entspricht dieser Zeitraum indes praktisch der Unendlichkeit. Die Verlockung, diese Art von Sternenkraftwerk auf der Erde nachzubauen, ist daher groß. Da diese Form der Energiegewinnung nahezu emissionsfrei arbeitet, könnte sie ein Schlüssel im Kampf gegen den Klimawandel sein. Doch bislang hat diese Technologie vor allem im militärischen Einsatz eine Anwendung gefunden: als Atombomben. Das hindert allerdings die Wissenschaft (und die Politik) nicht daran, die friedliche Nutzung der Kernfusion weiter voranzutreiben.

Experimente mit Fusionsreaktoren gibt es schon lange. Doch erst seit 2020/21 vermelden die Forscher vermehrt Erfolge, die Hoffnung auf eine kommerzielle Nutzung machen. Dazu sind mehrere Hürden zu überwinden. Zunächst einmal muss es überhaupt gelingen, eine derart heiße Umgebung zu erzeugen, dass es zur Kernfusion kommt. Dies gelingt in der Regel durch ein Magnetfeld, das mittels Stroms erzeugt wird, um ein heißes Plasma zu umschließen, in dem die Fusion ablaufen kann. Das ist mittlerweile möglich. Der Wettbewerb der Forscher findet nun auf zwei Gebieten statt: erstens, das Magnetfeld dauerhaft aufrecht zu erhalten, so dass es zu einer permanenten Kernfusion kommt, und zweitens, durch die Kernfusion mehr Strom zu erzeugen als benötigt wird, um das Magnetfeld aufzubauen und stabil zu halten. Man spricht vom Netto-Strom, also dem durch die Fusion erzeugten Strom abzüglich des dazu notwendigen Stroms, den man aufwenden muss. Erst bei einer permanenten Netto-Stromerzeugung ist das Ziel erreicht – und damit die Grundlage für eine wirtschaftliche rentable und daher auch kommerzielle Energieversorgung durch Kernfusion erreicht.[339]

1917 fing die Kernfusion an

Die erste beobachtete Reaktion bei Atomkernen war eine Fusionsreaktion, und zwar bereits 1917 bei Experimenten durch den Physiker Ernest Rutherford. 1920 kam sein Kollege Arthur Eddington zu der Vermutung, dass Fusionsreaktionen möglicherweise die Energiequelle von Sternen sein könnten. Die erste im Labor ganz gezielt durchgeführte Fusionsreaktion erfolgte 1934.[340] Im Jahr 1952 zündeten die USA die erste Wasserstoffbombe. Damit war der Nachweis erbracht, dass auch auf der Erde (und nicht nur in Sternen) große Energiemengen durch Kernfusion freigesetzt werden können. [341] Die Pazifikinsel Elugelab, auf dem die Bombe explodierte, wurde bei dem Experiment vollständig zerstört.[342]

Das Prinzip der Kernfusion lässt sich einfach erklären: Es ist eine atomare Kernreaktion, bei der je zwei Atomkerne zu einem neuen Kern verschmelzen. Damit die Fusion zustande kommt, bedarf es eines glühend heißen Umfelds, so heiß wie „unsere" Sonne. Denn „eigentlich" stoßen sich Atomkerne ab, weil sie jeweils über eine positive elektrische Ladung verfügen. Man nennt das die sogenannte Coulombbarriere. Nur wenn die Kerne mit hoher Energie aufeinanderprallen, wird diese Barriere überwunden und die Anziehungskraft der Kerne überwiegt, so dass sie verschmelzen. Von entscheidender Bedeutung für das Zustandekommen einer Fusion ist der Wirkungsquerschnitt, das Maß für die Wahrscheinlichkeit, dass zusammenstoßende Kerne miteinander reagieren. Man spricht von thermonuklearen Prozessen, die in Sternen wie der Sonne und in Fusionsbomben unter extremen Druck und extremer Hitze ablaufen.[343]

USA, Frankreich, Südkorea und China

Die Herausforderung für die zivile Nutzung der Kernfusion besteht darin, den notwendigen Druck und die erforderliche Hitze dauerhaft aufrecht zu erhalten, damit ein Fusionskraftwerk rund um die Uhr läuft. Das ist mit Stand 2022 noch unmöglich, aber es zeichnet sich ab, dass es künftig gelingen wird, Fusionskraftwerke zu konstruieren. In den Kernfusionsreaktoren der Zukunft sollen Atomkerne von Deuterium (schweres Wasser, 2H) und Tritium (überschweres Wasser, 3H) zu einem Heliumkern (4He) verschmelzen, unter Freisetzung eines Neutrons sowie eines ungeheuren Maßes an Energie, das für die Stromerzeugung nutzbar werden soll.[344]

An der Entwicklung von Kernfusionsreaktoren wird, soweit bekannt, in den USA, in Frankreich (also der EU), Südkorea und China gearbeitet, wobei zahlreiche weitere Länder als Forschungspartner am französischen ITER-Projekt partizipieren.

ITER – das global-europäische Projekt

In Frankreich wird seit 1985 am *International Thermonuclearen Experimental Reactor* (ITER) gewerkelt. Damals wurden die ersten Vereinbarungen dazu unterzeichnet, drei Jahre später der

Standort in Südfrankreich festgelegt, seit 2007 Vorbereitungen getroffen und seit 2013 befindet sich der Fusionsreaktor beim südfranzösischen Kernforschungszentrum Cadarache im Bau. Es ist kein Zufall, das die Abkürzung *Iter* auf lateinisch „Weg, Marsch oder Reise“ bedeutet: ITER wurde als ein Forschungsprojekt konzipiert, als ein *Versuchs*-Kernfusionsreaktor mit dem *Fernziel* der Stromerzeugung aus Fusionsenergie. Den Plänen zufolge soll erstmals Ende 2025 ein Wasserstoffplasma erzeugt und ab 2035 mit Tritium experimentiert werden. [345]

ITER wird als gemeinsames Forschungsprojekt der Europäischen Union, Großbritanniens, der Schweiz, den USA, Chinas, Südkoreas, Japans, Russlands und Indiens entwickelt, gebaut und betrieben. [346] Allein diese Länderaufstellung verdeutlicht, dass es sich bei ITER um ein Forschungsprojekt handelt, das sich noch in einem derart frühen Stadium befindet, dass der wissenschaftliche Fortschritt mehr zählt als etwaige nationale Interessen. Insbesondere China und die USA gehen, wie später in diesem Kapitel dargestellt wird, mittlerweile längst eigene Wege, um über die ITER-Forschung hinaus alle Anstrengungen zu unternehmen, sich die friedliche Nutzung der Kernfusion zu eigen zu machen.

Das Tokamak-Prinzip

Kleiner Ausflug in die Physik: ITER funktioniert nach dem Tokamak-Prinzip. Das Wort *Tokamak* kommt aus dem Russischen, weil das Konzept dort in den 1950ern entwickelt wurde. Einfach erklärt, wird dabei ein Plasma aus Wasserstoff (Deuterium, Tritium) in einem torusförmigen Behältnis durch ein starkes Magnetfeld zusammengehalten, wobei dieses Feld durch einen im Plasma fließenden Strom erzeugt wird. Das Magnetfeld sorgt für einen kleinen Abstand zwischen Plasma und Behälter, weil jede direkte Berührung eine zu starke Abkühlung des Plasmas hervorrufen würde. Die Magnetspulen bestehen aus Supraleitern, um selbst wenig Energie zu benötigen; das ist wesentlich, damit letztendlich mehr Energie gewonnen als für den Betrieb gebraucht wird, also eine positive Netto-Energiebilanz entsteht.

Eine der wesentlichen Herausforderungen bei allen Fusionsreaktoren besteht darin, das Magnetfeld möglichst lange bzw. dauerhaft aufrecht zu erhalten. Hierzu gibt es neben dem Tokamak-Prinzip auch den sogenannten Stellarator als Alternative. Hierbei sind die Magnetfeldspulen um das Plasma derart verdrillt, dass im Plasma selbst kein Strom entsteht. Es gibt zudem Kombinationen und diverse unterschiedliche Konzepte zur Aufheizung des Plasmas. Doch die bisher leistungsfähigsten Anlagen zum magnetischen Einschluss eines Fusionsplasmas waren Tokamaks. Der 1984 fertiggestellte Joint European Torus (JET) in Culham bei Oxford (Großbritannien) ist der größte in Betrieb befindliche Tokamak (Stand 2022). Hier sowie an der Anlage TFTR (The Tokamak Fusion Test Reactor), der seit 1982 im US-amerikanischen Princeton Plasma Physics Laboratory arbeitet, wurde bereits mit der in einem Fusionskraftwerk benötigten Mischung aus Deuterium und Tritium experimentiert. Allerdings musste bislang in allen Fällen deutlich mehr Energie für den Betrieb aufgewendet werden als gewonnen wurde. Es galt bislang schon als Erfolg, wenn die erreichte Fusionsleistung kurzfristig 65 Prozent der zur Heizung des Plasmas aufgewendeten Leistung betrug, wie es am JET gelungen ist.

Die nach dem JET nächstgrößere Tokamak-Anlage ITER soll bei einer Fusionsleistung von 500 Megawatt erstmals einen Netto-Energiegewinn erreichen, jedoch noch keine elektrische Energie produzieren. Das erste über das Experimentalstadium hinausgehende Fusionskraftwerk könnte die ITER-Nachfolgeanlage DEMO (DEMOnstration Power Plant) werden. Sie soll alle notwendigen Komponenten zur Stromerzeugung enthalten und etwa 300 bis 500 Megawatt ins Stromnetz einspeisen können.

DEMO liegt allerdings noch weit über zehn Jahre in der Zukunft. Schließlich ist bei ITER geplant, erstmals 2035 ein Deuterium-Tritium-Plasma in Betrieb zu nehmen, eine wesentliche Voraussetzung für DEMO.[347] Solange indes nicht sichergestellt ist, dass mit dem Tokamak-Prinzip ein dauerhaft ausreichend heißes Plasma wirtschaftlich gewährleistet werden kann, ist auch denkbar, dass DEMO nach dem Stellarator-Prinzip gebaut wird.

Dennoch wird mit PROTO („Prototyp") schon ein DEMO-Nachfolgereaktor skizziert, der allerdings keinesfalls vor 2050 in Bau gehen soll. Überlegungen, DEMO und PROTO zu kombinieren, stehen ebenfalls im Raum.[348] Klar ist, dass noch Jahrzehnte vergehen werden, bis Kernfusionsreaktoren auf dieser Entwicklungsgrundlage tatsächlich zur Stromversorgung herangezogen werden können.

In Deutschland wird das Tokamak-Konzept übrigens nur noch am Max-Planck-Institut für Plasmaphysik in Garching bei München untersucht. Der Tokamak des deutschen Forschungszentrums Jülich wurde bereits 2013 stillgelegt.

An der *italienischen Agentur für neue Technologien, Energie und Nachhaltige Entwicklung* (ENEA) wird ein kompakter Tokamak betrieben. In China wurde 2020 der Takamak-Reaktor HL-2M in Betrieb genommen. Dort ist es erstmals gelungen, ein 150 Millionen Grad Celsius heißes Plasma zu erzeugen, etwa zehnmal heißer als die Sonne.[349]

China lässt die „Künstliche Sonne“ scheinen

„Künstliche Sonne“ nennt China seinen experimentellen Fusionsreaktor EAST (Experimental Advanced Superconducting Tokamak) im chinesischen Anhui. EAST konnte 2021 einen Rekord aufstellen: Dabei lief die Forschungsanlage nach Angaben staatlicher Medien mehr als 17 Minuten lang bei 70 Millionen Grad Celsius.[350] EAST ist einer von drei großen Fusionsreaktoren, die in China in Betrieb sind. Zwei weitere befinden sich in Chengdu und in Wuhan, der Stadt, die durch den ersten Corona-Ausbruch weltweit eine zweifelhafte Berühmtheit erlangt hat.

Dabei setzt China für die Zukunft auf Thorium als Brennstoff und Flüssigsalz als Kühlmittel. Die Vorteile dieser Kombination werden an anderer Stelle in diesem Buch ausführlich besprochen. Das chinesische Forschungsprogramm für Salzschmelzenreaktoren läuft seit 2011. Zwei Versuchsreaktoren sind schon in Betrieb. Das Wissenschaftsmagazin *Nature* bescheinigt China, in Sachen Thorium-Reaktoren weltweit führend zu sein.[351]

Während westliche Wissenschaftler die kommerzielle Inbetriebnahme von Thorium-Reaktoren in einigen Jahrzehnten prognostizieren – die Uranreserven für herkömmliche Kernkraftwerke reichen schließlich noch für 50 bis 100 Jahren –, setzt China auf deutlich schnellere Fortschritte. Eine alltagstaugliche Anlage soll bereits 2030 den Betrieb aufnehmen.[352] Diese wird zwar laut Planungen „nur“ eine Leistung von 373 Megawatt Strom erbringen, wenig im Vergleich mit einem mittleren konventionellen Atomkraftwerk, das etwa 1.400 Megawatt leisten kann. Aber es käme an die typische Leistung herkömmlicher Gas- oder Kohlekraft durchaus heran.

Für China bietet sich die Nutzung von Thorium geradezu an. Während Uran teuer importiert werden muss, entsteht Thorium als Abfallprodukt aus dem Abbau der sogenannten seltenen Erden, bei denen China weltweit führend ist.

Da der Brennstoff im Salz gelöst ist und der Reaktor mit geringerem Druck als ein Leichtwasserreaktor arbeitet, sinkt die Gefahr explosiver Kernschmelzen, weshalb die Salzschmelzenreaktoren als relativ sicher eingestuft werden. Zudem gelten ihre Abfallprodukte als weniger waffenfähig. Problematisch ist allerdings die Endlagerung der entstehenden Abfälle, weil diese hochenergetische Gammastrahlung abgeben. Das heißt, dass der Atommüll im Endlager gekühlt werden muss.

Thorium ist nur eine der neuen Nukleartechnologien, an denen in China mit staatlicher Förderung geforscht wird. Schon seit 2002 arbeiten chinesische Atomforscher an einem halben Dutzend verschiedener Reaktortechnologien, darunter auch solche, die mit Blei- oder Natriumflüssigkeit gekühlt werden sollen. Handfeste Ergebnisse sollen bis 2030 vorliegen.[353]

Gates und Google investieren in Kernfusion

Die Kernfusion könnte möglicherweise nicht nur die Energieprobleme der Menschheit lösen, sondern einige Menschen sogar außerordentlich reich bzw. noch reicher machen, als sie es ohnehin schon sind. Die Fortschritte in der Fusionstechnologie haben erste kommerzielle Ansätze zum Bau entsprechender Kraftwerke hervorgerufen.

Beispielgebend hierfür ist das US-amerikanische Unternehmen Commonwealth Fusion System (CFS), zu dessen Investoren unter anderem Microsoft-Gründer Bill Gates und der Internetkonzern Google gehören. Die Firma ist eine Ausgründung aus der renommierten Technologie-Universität MIT (Massachusetts

Institute of Technology) und hat sich kein geringeres Ziel gesetzt als den Bau eines Fusionsreaktors, der auf eine kommerzielle Nutzung der Kernfusion bereits ab 2030 ausgerichtet ist.

„Es mag wie Science-Fiction klingen, aber die Wissenschaft der Fusion ist real, und die jüngsten Fortschritte sind bahnbrechend", sagte Dennis Whyte, der das Fusionszentrum am MIT leitet und Commonwealth Fusion Systems mit Partnern gegründet hat. Er erklärte weiter: „Diese Fortschritte sind keine kleinen Schritte, sondern es sind Quantensprünge. Wir befinden uns in einer neuen Ära, in der wir tatsächlich echte Energiesysteme bauen können." Er meint damit Fusionsreaktoren, die netto Energie erzeugen, also mehr Energie abgeben, als sie für den Betrieb benötigen.[354]

Hochtemperatur-Supraleiter als Schlüssel

Der „Trick" dabei ist die Verwendung von Hochtemperatur-Supraleitern für die Magnete, die das Plasma in Schach halten. Herkömmlicherweise müssen Supraleiter auf den absoluten Nullpunkt gekühlt werden, um Strom nahezu widerstandsfrei weiterzuleiten. Doch durch besondere Materialien kann es gelingen, dass dieser Supraleiteffekt schon bei wesentlich höheren Temperaturen eintritt. Weil dadurch eine viel weniger extreme Kühlung notwendig ist, wird das Ganze deutlich wirtschaftlicher. Hochtemperatur-Supraleitung gilt als Schlüsseltechnologie, auf die nicht allein die Kernfusion wartet.[355]

Im nächsten Schritt wollen CFS und das MIT die Supraleitungs-Magneten in einer Testanlage namens SPARC einbauen, die 2025 in Betrieb gehen soll. SPARC ist kein konventionelles Kraftwerk, sondern ein Demonstrationsobjekt, das erstmals Energie erzeugen wird. Die Erfahrungen mit SPARC sollen in ein

Fusionskraftwerk namens ARC einfließen, welches bereits Anfang 2030 in Betrieb gehen soll. Die Anlagen werden parallel entwickelt und gebaut, um Verzögerungen zu vermeiden und sich im internationalen Wettbewerb die Pole-Position zu verschaffen.[356]

Commonwealth Fusion Systems will im Laufe der nächsten Jahrzehnte zehntausende Anlagen in aller Welt bauen.[357] Mit Investoren wie Bill Gates und Google hat das Unternehmen das Know-how und das Kapital an Board, um mit einer Idee, die zunächst eher klein erscheint (*Micro*soft bzw. Internet-Suchmaschine), die ganze Welt zu erobern. Man darf unterstellen, dass dieses und weitere US-Unternehmen künftig auf dem Energiesektor eine ähnlich dominante Rolle in der Welt spielen wollen wie die US-Digitalkonzerne heute schon auf dem Gebiet der Informatik (Computer und Software).

Das Prinzip der Wasserstoffbombe friedlich nutzen

Einen anderen Weg als Commonwealth Fusion Systems und das MIT geht das US-amerikanische Lawrence Livermore National Laboratory in der National Ignition Facility (NIF) nahe San Francisco. Während sich CFS und MIT daran versuchen, das Prinzip der Sonnenenergie nachzuahmen, setzen die Forscher in San Francisco auf das Prinzip der Wasserstoffbombe. Während die Bombe ihre Energie unkontrolliert abgibt, um eine maximale Zerstörungskraft zu entfalten, ist für die zivile Nutzung natürlich eine kontrollierte Energieabgabe notwendig. Hierzu arbeiten die Forscher am NIF mit dem stärksten Laser der Welt, verteilt auf 192 Strahllinien, die auf eine winzige Kapsel mit Deuterium und Tritium gerichtet sind. Durch die Laserenergie entsteht Plasma und bei 100 Millionen Grad Celsius verschmelzen die Wasserstoffatome zu Helium, so dass es zur Energieerzeugung kommt. Ist dieser Prozess erst einmal in Gang gesetzt, erzeugen die Fusionsreaktionen selbst die für weitere Fusionen notwendige Hitze. Entscheidend ist also die Zündung, um den Fusionsprozess überhaupt erst anzustoßen.[358]

2021 kam man dieser Zündung schon recht nahe. Dabei wurden 1,35 Megajoule an Energie erzeugt, während der Laser 1,9 Megajoule eingebracht hat. Mit anderen Worten: Trotz erfolgreicher Zündung musste mehr Energie hineingesteckt werden als herausgeholt wurde. Doch es galt als großer Erfolg, dass der „Output" bei 70 Prozent des „Inputs" lag. Das war eine 25-fache Effizienzsteigerung gegenüber Experimenten im Jahr 2018.[359] Anfang 2022 gelang endlich der Durchbruch: Die Forscher am Lawrence Livermore National Laboratory konnten erstmals ein Gemisch der schweren Wasserstoffe Deuterium und Tritium zünden und am Brennen halten, so dass mehr Energie entstand als für die Initiierung und Aufrechterhaltung des Vorgangs benötigt wurde.[360]

Diese verschiedenen Teilerfolge lassen sich wohl wie folgt zusammenfassen: Noch ist es nicht so weit, doch es wird an vielen Stellen auf der Welt auf die friedliche Nutzung der Kernfusion hingearbeitet. Der Wettlauf zwischen den USA, China und Frankreich/Europa ist in vollem Gange. Dabei geht es einerseits um nationale Interessen der Energieversorgung und andererseits bereits um handfeste kommerzielle Interessen, denn die ersten privatwirtschaftlichen Investoren sind schon engagiert.

Deutscher Versuchsreaktor Wendelstein 7-X

In Deutschland ist ebenfalls ein Kernfusionsreaktor in Betrieb – zumindest im Experimentalstadium. Der Versuchsreaktor Wendelstein 7-X im Greifswalder Max-Planck-Institut für die

Plasmaphysik wurde über neun Jahre lang als Kernfusionsreaktor errichtet. Erstmals Plasma erzeugt wurde bereits im Dezember 2015, damals allerdings nur für eine Zehntelsekunde. Seit Anfang 2022 schafft Wendelstein 7-X immerhin einen halbstündigen Testlauf.[361]

In den 2020ern sind weitere wissenschaftlich-experimentelle Erfolge zu erwarten, eine erste kommerzielle Nutzung wird in die 2030er fallen. In den 2040/50ern ist vermutlich eine allgemeine Verbreitung der Kernfusionstechnik möglich – vorausgesetzt, auf dem Weg dahin kommt es nicht zu gravierenden Unfällen, was keineswegs auszuschließen ist. Die Klimadebatte und allen voran der Versuch, den CO2-Ausstoß zu reduzieren, stellt überraschenderweise einen Nährboden für das Wiedererstarken der Atomindustrie dar. Das stellt sicherlich nicht nur für die Partei der Grünen in Deutschland ein fundamentales Gewissensproblem dar. Das Klima soll zwar gerettet werden, aber nicht um den Preis der Gefahren der Atomenergie – oder doch? Während auf der Erde noch diskutiert wird – und diese Diskussion wird in den nächsten Jahren an Schärfe zulegen –, macht sich die Kernenergie längst auf den Weg in den Weltraum, wie im nächsten Kapitel gezeigt wird.

Atomkraft im Weltraum

Wenn die Kernkraft einerseits die Energieversorgung der Menschheit gewährleisten kann, aber andererseits mit hohen Risiken im Falle einer Störung verbunden ist, warum sollte man dann nicht Kernkraftwerke außerhalb der Erde, also im Weltall, betreiben, um die Folgen im Fall der Fälle durch die Entfernung einzudämmen? Diese Überlegung gibt es tatsächlich und die ersten Projekte zum Bau von Kernkraftwerken im Weltraum haben längst begonnen. Doch es geht bei der Eroberung des Alls leider keineswegs nur um die friedliche Nutzung.

Kernkraft auf dem Mond

Ende 2021 überraschte die US-Raumfahrtbehörde NASA die Welt mit dem Start einer Ausschreibung über ein Kernkraftwerk auf dem Mond. Die Überlegung: Wenn eines Tages Menschen auf dem Mond leben sollen, dann müssen sie vor Ort auch mit Energie versorgt werden.

Die Grundlage dazu soll 2025 beginnen: In diesem Jahr wollen nach mehr als 50 Jahren wieder Menschen den Mond betreten, um dort eine Mondbasis zu errichten. Der geplante Atomreaktor ist Teil des dafür erforderlichen Energiekonzepts. Bis Ende des Jahrzehnts soll eine von der Sonne unabhängig Energiequelle auf dem Mond in Betrieb genommen werden. „Die Bereitstellung eines zuverlässigen Hochleistungssystems auf dem Mond ist ein entscheidender nächster Schritt in der Erforschung des Weltraums durch den Menschen und ist in greifbarer Nähe“, ließ der zuständige Leiter des „Fission Surface Power Project“ wissen.

Das „Space Technology Mission Directorate" der NASA erklärte: „Reichlich Energie wird der Schlüssel für die künftige Erforschung des Weltraums sein." Dabei soll die Kernspaltung eine Schüsselrolle bei der künftigen Energieversorgung von Mond und Mars spielen."[362]

Die NASA hat für den Mondreaktor strikte Bedingungen vorgegeben. Innerhalb von zehn Jahren soll das System für eine Demonstration auf dem Mond einsatzbereit sein können. Es soll möglich sein, das System vom Deck einer Mondlandefähre oder eines Rovers auf der Mondoberfläche aus autonom zu betreiben – ohne dass Menschen den Reaktor ein- und ausschalten müssen. Der Reaktor soll auf der Erde gebaut und dann fix und fertig zum Mond transportiert werden. Daher darf der Durchmesser nicht mehr als vier Meter und das Gewicht höchstens 6.000 Kilogramm betragen.[363]

Für die Energiegewinnung soll der Reaktorkern mit Uran betrieben werden und mindestens 40 Kilowatt kontinuierliche elektrische Leistung liefern – genug für 30 Haushalte über zehn Jahre, legte die NASA ihre Überlegungen offen. Diese Ausschreibung geht konform mit dem Trend zu kompakten Nuklearreaktoren, der an anderer Stelle in diesem Buch beschrieben wird. So arbeitet die NASA hierzu sehr eng mit dem US-Energieministerium zusammen, das wieder mit mehreren Unternehmen aus der Privatwirtschaft zugange ist, die mit einer neuen Generation kleinerer Kraftwerke von modularen Reaktoren bis hin zu mobilen Reaktoren befasst sind.

Eine Schlüsselrolle soll dabei die im vorangegangenen Kapitel ausführlich diskutierte Kernfusion darstellen. Hierzu hat die US-Raumfahrtbehörde NASA ein Programm mit der Bezeichnung „Fission Surface Power" aufgelegt, das den Betrieb von Kernfusionsreaktoren auf dem Mond, auf dem Mars und darüber hinaus zum Ziel hat. Dazu teilte die NASA 2022 mit: „*Neue Technologien sind die Grundlage für die Erforschung des Mondes, des Mars und darüber hinaus. Die Entwicklung dieser frühen Entwürfe wird uns dabei helfen, die Grundlagen für die Energieversorgung einer langfristigen menschlichen Präsenz auf anderen Himmelskörpern zu schaffen.*“

Atomkraft ist also nach Ansicht vieler Experten bei Missionen im Sonnensystem unverzichtbar: Zwar liefern Solarpanels katastrophensichere Elektrizität. Doch auf dem Mars könnten Staubstürme, die die Sonne verfinstern, wochen- oder sogar monatelang anhalten. Auf dem Mond stellen die 14 Tage andauernden Nächte ein Problem für die Energieversorgung dar. Indes ist Atomtechnik auf dem Mond nicht neu: Im Jahr 1969 brachte die Crew der Apollo 12-Mission bereits einen mit Plutonium betriebenen Minireaktor auf den Erdtrabanten, um die Messinstrumente mit Energie zu versorgen.[364]

Bei Fragen nach der Sicherheit des künftigen Mondreaktors wiegelt die NASA weitgehend ab. Der nukleare Brennstoff soll erst bei der Inbetriebnahme auf dem Mond aktiviert werden. Die Planungen sehen vor, die Anlage nach Ablauf von zehn Jahren außer Betrieb zu nehmen. Nachdem die Strahlungsintensität schrittweise abgenommen hat, könnte die Anlage von Menschen sicher demontiert werden. Anschließend sollen die gebrauchten Systeme zu einer entlegenen Lagerstätte befördert werden. Anders formuliert: Die Lagerung vom Atommüll auf dem Mond ist schon heute ein fester Bestandteil der NASA-Planung.

Ohnehin ist klar, dass die nationalen Interessen der Staaten und damit auch die militärischen Optionen eine Schlüsselrolle bei der Inbetriebnahme von Kernkraftwerken im Welltraum spielen werden. Daher ist es vermutlich kein Zufall, dass die für den Mond und Mars vorgesehenen Kernreaktoren mit hoch angereichertem Uran arbeiten sollen – derselbe Brennstoff, der auch in Waffen verwendet werden kann.[365]

Wettrüsten im Weltraum

Schon seit den 1950er Jahren wird der Weltraum militärisch genutzt, anfangs vor allem von den USA und der Sowjetunion. Bereits damals begannen Bemühungen um Rüstungskontrolle im Weltraum. Wegen neuer technologischer Fähigkeiten insbesondere zur Entwicklung von Anti-Satelliten-Waffen und „Killer-Satelliten", aber auch der möglicherweise nicht mehr völlig utopischen Vision einer Besiedlung fremder Planeten in ferner Zukunft, erlangte die Rüstungskontrolle im Weltall im 21. Jahrhundert wieder eine wachsende Bedeutung. Als Weltraumwaffen gelten zum einen bewaffnete Systeme wie etwa waffentragende Satelliten, die im Weltraum stationiert sind, und bewaffnete Raumgleiter, als auch Flugkörper, die im All um die Erde kreisen. Solche Systeme könnten Ziele im Weltraum oder auf der Erde angreifen. Zum anderen zählen auch bodengestützte Raketen, die zum Beispiel gegen Satelliten eingesetzt werden können, zu dieser Kategorie.

Schon der Vertrag über einen partiellen Atomteststopp von 1963 verbot Atomtests unter Wasser, in der Atmosphäre und im Weltraum. Er wurde von den USA, von Großbritannien und der Sowjetunion gemeinsam vorgeschlagen. Vier Jahre später gelang es nach zahlreichen Resolutionen von Seiten der UNO-Generalversammlung den so genannten „Weltraumvertrag" abzuschließen. Er besagte, dass der Weltraum allen Staaten zur friedlichen Nutzung zur Verfügung stehen soll. Die Stationierung von Massenvernichtungswaffen im Weltraum wurde strikt verboten und jegliche militärischen Installationen auf allen Himmelskörpern untersagt. Der Weltraumvertrag ist völkerrechtlich das wichtigste Abkommen über die Begrenzung der militärischen Nutzung des Weltraums. Allerdings weist das Abkommen viele Löcher auf: Die Detonation von Atomwaffen im Weltraum, die Durchquerung des Alls mit waffentragenden Raketen aller Art, die Stationierung von konventionellen Waffen sowie von militärischen Aufklärungs-, Kommunikations- und Navigationssatelliten im Weltraum verbietet der Weltraumvertrag nicht.

Angesichts der technologischen Entwicklung besteht für die 2030er Jahre die Sorge, dass aktive Waffensysteme im Weltraum stationiert werden, etwa um von dort aus Satelliten oder Raketen oder sogar Objekte auf der Erde zu bedrohen. Daher fordert die UNO seit Jahren Verhandlungen, um eine Stationierung von aktiven Waffensystemen im Weltraum zu verhindern. Russland und China haben 2008 und abermals 2014 einen Entwurf für einen solchen Vertrag bei der UNO vorgelegt. Darin sollen sich die Teilnehmerstaaten verpflichten, keine Waffen tragenden Objekte im All oder auf anderen Planeten zu stationieren sowie einen umfassenden Gewaltverzicht gegenüber Weltraumobjekten erklären. Die USA lehnten einen derart umfassenden und verbindlichen Rüstungskontrollvertrag für den Weltraum ab.[366] Immerhin waren sie bereit, über „Regeln zum Verhalten im Weltraum“ zu verhandeln. Einen entsprechenden Vorschlag hat die Europäische Union erarbeitet. Er setzt auf freiwillige Informationsverpflichtungen sowie transparenz- und vertrauensbildende Maßnahmen für die friedliche Nutzung des Weltraums, ohne jedoch irgendwelche Verbote für Weltraumwaffen zu enthalten. Die Gespräche darüber haben bisher kein Ergebnis gebracht.[367] Es darf zudem bezweifelt werden, dass China bereit wäre, einer solchen Vereinbarung zuzustimmen.

Während die Anfänge der Menschheit im Weltraum nämlich vor allem von den Vereinigten Staaten von Amerika und der Sowjetunion bestimmt wurden, wird in den 2020/30ern mit

Sicherheit China mitmischen wollen. Es hat geradezu symbolischen Charakter, dass die Volksrepublik China im ersten Jahr der neuen Dekade erstmals ihre Nationalflagge auf dem Mond hisste. Das nach der chinesischen Mondgöttin benannte Raumschiff „Chang'e 5“ hat die zwei Meter breite und 90 Zentimeter hohe chinesische Fahne im Jahr 2020 im Rahmen einer unbemannten Mondlandung aufgestellt. [368]

Doch der Mond ist nicht genug, in den 2020/30ern fängt die Menschheit, nach dem Mars zu greifen – und auch dabei ist der Wettbewerb zwischen dem Westen und China unübersehbar. 2021 lies China mit dem Mars-Rover Zhurong die Oberfläche des roten Planeten erkunden.[369] Parallel dazu überflog Ingenuity, der Mars-Helikopter der NASA, die Ebenen und Krater des von der Sonne aus gezählt vierten Planet im Sonnensystem.[370] Der äußere Nachbar der Erde ist zwar mit knapp 6.800 Kilometern Durchmesser nur etwa halb so groß wie unser blauer Planet, zählt aber zu den erdähnlichen Planeten und ist untrennbar mit der Vision verbunden, eines Tages von der Menschheit besiedelt zu werden, wie es schon der Science Fiction-Autor Isaac Asimov in seiner 1955 veröffentlichten Novellensammlung *Wasser für den Mars* beschrieb.[371] Mehr als 55 Jahre später verkündete Unternehmer-Tausendsassa Elon Musk seine „Mars Mission“, die den Aufbau einer Kolonie aus der Fiktion in die Realität überführen soll.[372]

Tatsächlich erhält die Idee der Eroberung des Weltraums in den 2020er Jahren offensichtlich Auftrieb von privatwirtschaftlicher Seite. Unternehmungen bekannter Milliardäre wie Virgin Galactic (Richard Branson), Blue Origin (Jeff Bezos) und SpaceX (Elon Musk) haben sich längst auf den Weg gemacht, den Weltraum zu kommerzialisieren. Sie wetteifern um das künftige Billionen-Geschäft mit Reisen ins All und möglicherweise irgendwann einmal mit einer Besiedlung fremder Himmelskörper.[373]

Man darf unterstellen, dass es bei diesen zivilen Anstrengungen vor allem darum geht, die Gründer aus dem Stand der Milliardäre in die künftige Riege der Billionäre zu katapultieren. Aber ebenso wahrscheinlich werden die dabei gewonnenen Erkenntnisse und Fortschritte in die militärischen Pläne zur Eroberung des Weltraums einfließen. So steht uns für die 2020/30er Jahre und vermutlich weit darüber hinaus eine Allianz von unternehmerischer und staatlicher Seite ins Haus, mit der die Menschheit ins Weltall aufbrechen wird.

Wer in seiner Jugend gerne „Star Trek“ (Raumschiff Enterprise) oder „Star Wars“ (Krieg der Sterne) gesehen hat, mag sich mental auf die damit verbundenen Szenarien vorbereitet fühlen. Die Kernkraft dürfte dabei zu den Schlüsseltechnologien gehören – für die Energieversorgung, aber auch als Waffe.

Ronald Reagans Krieg der Sterne

Schon in den 1980er Jahren brachte der damalige US-Präsident Ronald Reagan Fantasien, die dem Weltraumepos *Star Wars* entnommen zu sein schienen, in die Realpolitik ein. Die *Strategic Defense Initiative* (SDI) sah einen undurchlässigen Schutzschirm aus Spähsatelliten, Abfangraketen und Laserkanonen im All vor, der die Vereinigten Staaten von Amerika von herannahenden Interkontinentalraketen aus der damaligen Sowjetunion bewahren sollte. Die Idee: Das „Star Wars“-System erkennt die feindlichen Raketen und zerstört sie hoch genug über der Erde, um Schaden vom amerikanischen Volk abzuwenden. Es war der Versuch, das bis dato geltende Gleichgewicht des Schreckens, das auf der Gewissheit basierte, sich gegenseitig mit einem Atom-Armageddon vernichten zu können, zugunsten der USA zu verändern. SDI erwies sich als Fehlschlag, vor allem, weil die technische Ausrüstung zur damaligen Zeit noch nicht weit genug entwickelt war.[374] Heute, 40 Jahre später, stellt sich die Lage indes völlig anders dar und die USA streben offensichtlich erneut die „Hoheit aus dem All über der Erde“ an.

Eine ganze Reihe der damals ins Auge gefassten Entwicklungen sind im Übrigen zwischenzeitlich längst Realität. Dazu gehört beispielsweise das von Israel und den USA gemeinsam entwickelte Raketenabwehrsystem *Arrow*, das in Israel seit 2017 im Einsatz ist und ab 2025 auch die Bundesrepublik Deutschland vor den Angriffen russischer Raketen schützen soll. Die jüngste Generation *Arrow 3* ist in der Lage, feindliche Langstreckenraketen in der oberen Atmosphäre und im Weltraum zu vernichten. Die *Arrow-3*-Abwehrakete verfügt über zwei schwenkbare Triebwerke, um die feindliche Rakete mit neunfacher Schallgeschwindigkeit gezielt anzusteuern, ohne dass bei ihrem Abschuss schon die Position des Ziels bestimmt sein muss.[375]

2022 testete Israel erstmals Hochleistungslasersysteme zur Raketenabwehr. „Es klingt wie Science Fiction, ist aber echt“, schrieb Israels Regierungschef Naftali Bennett voller Begeisterung auf dem Nachrichtendienst Twitter. Das „weltweit erste Energiewaffensystem“ kann demnach „unbekannte Fluggeräte, Raketen und Granaten“ abschießen. Die Kosten sind mit lediglich 3,5 Dollar pro Schuss im Vergleich mit allenanderen Waffensystemen extrem niedrig. Mit herkömmlichen Mitteln fallen für den Abschuss einer Rakete bis zu 150.000 Dollar an.[376]

Kaum verwunderlich, dass die USA 2022 ähnliche Fortschritte bei Laserkanonen vermeldeten.[377] Ronald Reagan wäre vermutlich stolz, dass sich sein Traum vom SDI-Schutzschild bald zu verwirklichen scheint. *Star Wars* nähert sich der Realität.

Artemis Accords: Die USA regeln das Weltall

Der an anderer Stelle in diesem Buch beschriebene *Artemis*-Vorstoß der USA aus dem Jahr 2020 hat den Weltraumvertrag der UNO bereits mehr oder minder obsolet gemacht. Unter dem Namen *Artemis Accords* legte die NASA im Oktober 2020 ihren Partnern ein unscheinbares Dokument vor, das die Zusammenarbeit auf dem Mond regeln soll. Es schreibt fest, an welche Regeln sich internationale Partner halten müssen, wenn sie beim amerikanischen *Artemis*-Programm mitmischen wollen –dem Weg zum Mond, zum Mars und darüber hinaus.

Der Vertragstext klang harmlos, doch das Kleingedruckte hatte es in sich.[378] *„Die Artemis Accords sind der Versuch der Amerikaner, sich auf leisen Sohlen die Legitimation einzuholen, um vom Weltraumvertrag abweichen zu können“*, analysierte Stephan Hobe, Direktor des Instituts für Luftrecht, Weltraumrecht und Cyberrecht an der Universität Köln.[379]

NASA-Chef Jim Bridenstine erklärte 2020 auf dem *International Astronautical Congress* (IAC), der weltweit wichtigsten Raumfahrtkonferenz: *„Jede verantwortungsbewusste Raumfahrtnation sollte in der Lage sein, sich an die Prinzipien der Accords zu halten“*. Aber Abschnitt 11 der *Accords* ist nicht nur der mit Abstand längste, sondern auch der brisanteste Paragraf des Vertragswerks. Unter dem unverfänglichen Titel „Konfliktentschärfung bei Weltraumaktivitäten“ heißt es dort: Die Vertragsstaaten beabsichtigen, Sicherheitszonen einzurichten, zum Beispiel rund um eine Mondbasis oder rund um Orte, an denen Bergbau betrieben wird. So soll sichergestellt werden, dass sich die Staaten nicht in die Quere kommen. *„Unternehmen und Länder sollten in der Lage sein, die Früchte ihrer Arbeit zu genießen, sie sollten Weltraumressourcen nutzen und gewinnen können“*, erläuterte NASA-Bridenstine beim IAC. *„Sicherheitszonen sind genau* *bestimmte Gebiete, und die Aneignung solcher Gebiete ist durch den Weltraumvertrag verboten"*, konterte Stephan Hobe. Auch Weltraumrechtler Frans von der Dunk von der University of Nebraska stellte beim IAC 2020 klar: *„Staaten dürfen Flaggen im Mondstaub aufstellen, aber sie dürfen keine Gebiete annektieren, und sie können diese auch nicht für künftige Siedlungen reservieren."* Stephan Hobe sagte: *„Wir haben international verbindliches Recht, und es gibt ein paar Staaten, denen passt die Auslegung dieses Rechts nicht. Also schaffen sie Richtlinien und hoffen, dass sich daraus über kurz oder lang ein Gewohnheitsrecht entwickelt, das das bestehende Weltraumrecht aufweicht. Das ist richtig clever gemacht."*[380] Der Nachsatz mag stimmen, aber nur, wenn man unterstellt, dass Chinesen, Russen und andere Nationen nicht klug genug sind, das Kleingedruckte zu verstehen – und genau darin dürfte wohl ein Irrtum liegen. So deutet alles darauf hin, dass sich das militärische Wettrüsten und damit die atomare Bedrohung künftig auf den Weltraum ausweiten wird.

Die US Space Force hebt ab

„Soldaten, Seeleute, Flieger, Marines und Wächter werden unsere Nation in Zukunft verteidigen!", kündigte der damalige US-Vizepräsident Mike Pence 2020 an, wie die Mitglieder der Space Force, der Weltraumstreitmacht, zu bezeichnen sind: als *Wächter*, auf Englisch *Guardians*. Auf der Webseite der US Space Force war zu lesen: *„Guardians ist ein Name mit einer langen Geschichte in der Raumfahrt, die auf das ursprüngliche Kommandomotto des Air Force Space Command von 1983 zurückgeht: „Guardians of the High Frontier"."* Viele werden die Bezeichnung für amerikanische Weltraumkrieger wohl eher mit der Verfilmung des Marvel-Comics *Guardians of the Galaxy* assoziieren, die 2014 umsatzstärkster Film des Jahres war. Videospieler kennen den Begriff aus dem Spiel *Destiny 2*, in dem sogenannte

Guardians als untote Krieger die letzte Stadt auf der Erde vor bösen Außerirdischen beschützen. So scheint es, dass sich die US-Raumstreitkräfte mehr oder minder in der Science Fiction bedient haben. Auch das Logo der Streitkräfte erinnert an das *Sternenflottenkommando* der *Vereinten Föderation der Planeten* aus dem Universum der Film- und Fernsehserie *Star Trek – Raumschiff Enterprise.*[381]

Doch wie ernst die USA ihre Raumstreitmacht nehmen, verdeutlichte ein Vorstoß aus dem Jahr 2022, das All künftig mittels Raumpatrouillen nach feindlichen Aktivitäten zu durchforsten. Es zeigt das Ausmaß des Wettbewerbs der Nationen um die Vorherrschaft im All.

Die Raumpatrouille der Orion

Raumpatrouille – Die phantastischen Abenteuer des Raumschiffes Orion hieß die erste deutsche Science-Fiction-Fernsehserie, die erstmals am 17. September 1966 ausgestrahlt wurde und sich mit Einschaltquoten von bis zu 56 Prozent als Straßenfeger erwies. Unter dem Kommando von Cliff Allister McLane (gespielt von Dietmar Schönherr) zeigte die Schwarz-weiß-Produktion, wie der schnelle Raumkreuzer *Orion* die Menschheit vor den außerirdischen „Frogs" beschützt und war für viele Deutsche die erste „Berührung mit dem All".

Das *Raumschiff Orion* hat vieles von dem vorweggenommen, was die Eroberung des Weltalls ausmachen könnte. Bei der jeder Folge vorangehenden dramatischen Ansage haben sich die Macher der Serie allerdings gründlich vertan:

Was heute noch wie ein Märchen klingt, kann morgen Wirklichkeit sein. Hier ist ein Märchen von übermorgen: Es gibt keine

Nationalstaaten mehr. Es gibt nur noch die Menschheit und ihre Kolonien im Weltraum. Man siedelt auf fernen Sternen. Der Meeresboden ist als Wohnraum erschlossen. Mit heute noch unvorstellbaren Geschwindigkeiten durcheilen Raumschiffe unser Milchstraßensystem. Eins dieser Raumschiffe ist die Orion, winziger Teil eines gigantischen Sicherheitssystems, das die Erde vor Bedrohungen aus dem All schützt. Begleiten wir die Orion und ihre Besatzung bei ihrem Patrouillendienst am Rande der Unendlichkeit.

Von einer Auflösung der Nationalstaaten und nur noch einer Menschheit kann allerdings bis heute keine Rede sein. Ganz im Gegenteil hat sich der Wettlauf ins All eher als nationale Angelegenheit der USA und Russlands sowie zunehmend Chinas erwiesen. Tatsächlich hat das US-Militär 2022 allen Ernstes angekündigt, künftig eine Raumpatrouille im sogenannten zislunaren Raum einzusetzen. Darunter versteht man den Bereich zwischen Erde und Mond, also grob eine Entfernung von etwa 385.000 Kilometern, von der Erde aus gemessen.

Das *Air Force Research Laboratory* (AFRS) stellte 2022 klar, dass das US-Militär die Überwachung über die geostationäre Umlaufbahn hinaus ausweiten will. Bisher sind erdumkreisende US-Satelliten bestenfalls in einer Entfernung von 35.000 Kilometern unterwegs, in der geostationären Umlaufbahn. Diese Reichweite soll ab 2025 um das Zehnfache erhöht, das gesamte Einsatzgebiet der USA im zislunaren Raum zwischen Erde und Mond um das Tausendfache gesteigert werden. Hierzu soll künftig ein sogenanntes *Cislunar Highway Patrol System* (CHPS) mit einem leistungsstarken Teleskop den zislunaren Raum beobachten, um, wie die US Space Force begründete, „potenzielle Bedrohungen für US-Aktivitäten“ zu erkennen und Missionen zu schützen.[382] Allen Ernstes schwärmen die US-Militärs von einer „friedlichen Entwicklung“, um im zislunaren Raums ein „sicheres und geschütztes" Umfeld für die Erforschung und kommerzielle Entwicklung zu schaffen. „Geschützt unter US-Kontrolle" sollte man wohl besser sagen.

Geheimer „Space Plane" X-37B

Über die für die Raumpatrouillen erforderliche Gerätschaft scheinen die USA schon länger zu verfügen, wie der streng geheime „Space Plane" X-37B beweist. Das Raumfahrtzeug sieht aus wie eine Miniaturversion des Space Shuttles, wird wie dieses auf dem Rücken einer Rakete ins Weltall befördert und landet wie dieses horizontal wie ein Flugzeug. Doch es ist im Unterschied zum Space Shuttle nicht bemannt und fliegt weitgehend autonom. Offiziell heißt der neun Meter lange Minispacer mit einer Flügelspannweite von etwa 4,5 Metern *Orbital Test Vehicle* (OTV), aber er dient wohl in erster Linie militärischen Zwecken. Seit X-37B im Jahr 2010 in Dienst gestellt wurde, führte es beinahe nur geheime Operationen durch. Alles deutet darauf hin, dass das „Space Plane" den Weltraum nicht nur durchforsten und fremde Satelliten inspizieren kann, sondern diese auch zerstören könnte. Bevor das Minishuttle 2020 von den Weltraumstreitkräften der Space Force übernommen wurde, hatte die Airforce einige wenige Charakteristika der Weltraumdrohne wohl nicht ohne Stolz der Öffentlichkeit zugänglich gemacht. Demnach untersucht X-37B *„fortgeschrittene Führungs-, Navigations- und Kontrollsysteme, thermische Schutzschilde, Flugeigenschaften, Hochtemperaturstrukturen, konforme wiederverwendbare Isolierung, leichte elektromechanische Flugsysteme, fortschrittliche Antriebssysteme, fortschrittliche Materialien und den autonomen Orbitalflug einschließlich Wiedereintritt und Landung."* Ins All geschossen wird das Gerät mit Raketen vom Typ *Atlas V* und Space X *Falcon 9*. Einmal mehr wurde klar: Die Fortschritte von Elon Musk im Weltraum stellen nicht nur einen wirtschaftlichen

Erfolg des umtriebigen Unternehmers dar, sondern bilden auch eine solide Basis für die militärische Überlegenheit der USA im All. Die US Air Force spricht von einem *„Paradebeispiel für integrierte Operationen von Air Force, Space Force und Partnerschaften zwischen Regierung und Industrie“*.[383]

Einmal im All, weist das „Mini Space Shuttle“ erstaunliche Eigenschaften auf. Offenbar kann es eine lange Zeit im Orbit verbleiben, bei seiner fünften Mission 2017 immerhin 780 Tage lang, also gut zwei Jahre. Das hängt unmittelbar mit der Antriebsart zusammen: X-37B arbeitet mit Solarenergie, und davon gibt es im Weltraum unendlich viel. Ebenso bemerkenswert: Die Weltraumdrohne kann durch ein kombiniertes Höhen- und Seitenleitwerk jederzeit den Orbit wechseln, also die Höhe, in der es die Erde umfliegt, etwa zwischen 240 und 800 Kilometern über der Erdoberfläche. Die Ladebucht ist mit etwa 2,1 mal 1,2 Metern relativ klein, kann jedoch Kompaktsatelliten aufnehmen und im All aussetzen.

Die X-37 wurde 1999 von der NASA in Auftrag gegeben und 2004 an die militärische *Defense Advanced Research Projects Agency* (DARPA) übergeben. Auf dem *Aspen Security Forum* 2019 machte sich ein Staatssekretär der Air Force geradezu lustig angesichts der Überlegenheit der Drohne im All: *„Lassen wir China und Russland doch denken, sie dient militärischen Operationen wie dem Transport von Munition für Killersatelliten. Unsere Gegner kennen ihren Orbit nicht, wenn sie verschwindet, wissen sie nicht, wo sie als nächstes wieder auftaucht. Wir wissen, dass sie das verrückt macht. Und darüber bin ich wirklich froh.“*[384] Deutlicher kann eine Kampfansage kaum formuliert werden.

Das NATO-Bündnis gilt auch im All

2021 stellte das westliche Militärbündnis NATO (*North Atlantic Treaty Organization*) klar: Angriffe im All, etwa auf Satelliten, werden künftig den Bündnisfall auslösen. Wenn das Weltraumobjekt eines Landes aus der NATO angegriffen wird, gilt dies gemäß Artikel 5 des Nordatlantikvertrages als Attacke auf alle im Bündnis zusammengeschlossen Staaten.

Damit heißt es im Weltraum wie zu Lande, zu Wasser, in der Luft und im Cyberraum: Ein Angriff auf einen ist ein Angriff auf alle – und kann von allen beantwortet werden. Ein Angriff auf Satelliten ist übrigens nicht nur aus dem All, sondern mittels Raketen auch von der Erde aus möglich.

Diese NATO-Position wurde 2021 ausdrücklich als Abschreckung gegenüber China und Russland formuliert. Es ist kaum vorstellbar, dass das wiedererstarkende Russland oder gar das aufstrebende China diese Dominanz der USA im Weltraum akzeptieren werden.

China mischt mit

Als die Geburtsstunde der chinesischen Raumfahrt gilt der 8. Oktober 1956 mit der Gründung eines neuen militärischen Forschungsinstituts, das sich über zahlreiche Zwischenschritte zur staatlichen *China Aerospace Science and Technology Corporation* entwickelte. 1992 wurde das *Büro für bemannte Raumfahrt* (CMSA) gegründet, 1993 die *Nationale Raumfahrtbehörde Chinas* (CNSA) für die organisatorischen Aspekte der unbemannten Raumfahrt.

China hatte sich anfänglich mit Raketen auf der Grundlage sowjetischer Technologie befasst. Doch nach dem Bruch mit der Sowjetunion im Jahr 1960 arbeitete China eigenständig weiter. Noch im gleichen Jahr startete Chinas seine erste Kurzstreckenrakete, zwei Jahre später seine erste Mittelstreckenrakete. Chinas erste Weltraumrakete, die dreistufige Trägerrakete *Langer Marsch 1* (chinesisch: *Changzheng 1* oder CZ-1) hob am 16. November 1969 ab, stürzte jedoch schon nach 69 Sekunden ab.

Die Entwicklung von Nachfolgemodellen ging rasch und China wurde im Laufe der Zeit zu einer der eifrigsten Nationen beim Aussetzen von Satelliten im Weltraum. Vom Start des ersten Satelliten 1970 dauerte es 37 Jahre, bis 2007 die ersten 100 Trägerraketen vom Typ *Langer Marsch* gestartet wurden. Die nächsten 100 Raketen gleicher Bauart hoben binnen siebeneinhalb Jahre ab, die weiteren 100 innerhalb von vier Jahren und drei Monaten und für die nächsten 100 wurden nur noch zwei Jahre und neun Monate benötigt. Bis Ende 2021 hat China 400-mal den „Langen Marsch“ ins All angetreten.

Erste Pläne für ein bemanntes Weltraumprogramm gab es in China seit 1966. Am 14. Juli 1970 wurde das nach diesem Datum benannte *Projekt 714* gestartet, das zwei Taikonauten ins All transportieren sollte, jedoch letztendlich scheiterte. Am 21. September 1992 fiel der Startschuss für das wiederum nach dem Datum benannte *Projekt 921* für die bemannte Raumfahrt der Volksrepublik China. Anfang 1998 wurde das Raumfahrerkorps der Volksbefreiungsarmee aufgestellt, und am 15. Oktober 2003 fand der erste bemannte Raumflug Chinas mit dem Raumschiff *Shenzhou 5* statt.

Himmlischer Palast im Weltraum

Da sich China durch ein Veto der USA nicht an der Internationalen Raumstation ISS beteiligen durfte, betrieb die Volksrepublik in den 2010er Jahren zwei eigene Weltraumlabors –*Tiangong 1* (2011 bis 2018) und *Tiangong 2* (2016 bis 2019) –, die beide am Ende mehrjähriger Versuchsreihen kontrolliert zum Absturz gebracht wurden. Im April 2021 schoss China das Kernmodul seiner neuen Raumstation *Tiangong*, was sich als „Himmlischer Palast“ übersetzen lässt, erfolgreich ins All. Nur ein halbes Jahr später, im Oktober 2021, erreichten erstmals chinesische Taikonauten, darunter zum ersten Mal eine Frau, die Raumstation.[385]

Chinas erste Feststoffrakete *Entdecker* (chinesisch: *Kaituozhe*) gelang nach etlichen Fehlstarts erstmals 2017 ein erfolgreicher Flug. Der erste Start der aktuellen Trägerrakete *Langer Marsch 8R* fand im Dezember 2020 statt. Zukunftsträchtiger ist die Superschwerlastrakete *Langer Marsch 9* mit einer Nutzlast von bis zu 44 Tonnen für einen Transferorbit zum Mars.

Bemerkenswert im kommunistischen China: Ende 2014 wurde es erstmals privaten Kapitalgebern gestattet, auf dem Markt für Trägerraketen und Kleinsatelliten aktiv zu werden – allerdings mit strengen Auflagen für die Vermüllung des Alls und die Vermeidung von Kollisionen im Orbit. Seitdem sind privatwirtschaftliche Raumfahrtunternehmen wie iSpace, Galacic Energie oder die aus dem Automobilsektor bekannte Firma Geely in China aktiv. Vielen Tesla-Beobachtern dürfte Geely als Wettbewerber bei E-Autos ein Begriff sein, aber seit 2021 baut das chinesische Unternehmen auch Satelliten. Die Produktionskapazität ist zunächst auf 500 Satelliten pro Jahr ausgelegt. Bei anziehender Nachfrage lässt sich das Fertigungsvolumen sicherlich steigern – im Automobilgeschäft hat Geely längst bewiesen, wie gut man auf Marktanforderungen reagieren kann.[386]

Mondgöttin trifft Jadehase

Ähnlich wie die NASA und US-amerikanische Firmen wie Blue Origin oder SpaceX streben die Volksrepublik und die chinesischen Unternehmen über den Satellitenhorizont weit hinausgehend auf den Mond und den Mars. 2007 startete die unbemannte Sonde *Chang'e 1*, benannt nach der gleichnamigen chinesischen Mondgöttin, in die Mondumlaufbahn. Eine zweite Sonde *Chang'e 2* wurde am Mond vorbei gesteuert, um die Kommunikation im sogenannten *Tiefen Raum* auszutesten. Als *Deep Space* bezeichnet China alles, was jenseits von 80.000 Kilometern liegt und sich damit der direkten Kontrolle des Satellitenkontrollzentrum Xi'an entzieht. Das „Chinesische Tiefraumnetzwerk" für die weiteren Entfernungen umfasst ein Konglomerat von Tiefraum-Erdfunkstellen und Radioteleskopen.[387] Mit seiner Funkarchitektur vermag China mindestens bis zu 400 Kilometer in den Weltraum hinauszukommunizieren.

2013 landete die Sonde *Chang'e 3* auf der Mondoberfläche. An Bord befand sich das Mondfahrzeug *Jadehase*, das mit zahlreichen wissenschaftlichen Experimenten die Umgebungsbedingungen und das Mondgestein analysierte. Anfang 2019 landete mit der *Chang'e 4* erstmals in der Geschichte der Menschheit eine Sonde auf der Rückseite des Mondes.

Es hat geradezu symbolischen Charakter, dass die Volksrepublik China im ersten Jahr der neuen Dekade erstmals ihre Nationalflagge auf dem Mond hisste. Das nach der chinesischen Mondgöttin benannte Raumschiff *Chang'e 5* hat die zwei Meter breite und 90 Zentimeter hohe chinesische Fahne im Jahr 2020 im

Rahmen einer unbemannten Mondlandung aufgestellt.[388] Weniger symbolisch, aber dafür äußerst pragmatisch war es, dass die Sonde auf dem Mond Gesteinsproben einsammelte und damit zur Erde zurückkehrte. In dem Material befand sich unter anderem Uran, das möglicherweise künftig zur Energiegewinnung auf der Erde genutzt werden kann.

Bis 2030 plant China mehrere weitere Weltraummissionen, darunter eine zum Mars und eine weitere zur Erkundung des Jupiter. Darüber hinaus ist die Volksrepublik seit April 2021 mit der Errichtung einer chinesischen Raumstation in einer Höhe von 340 bis 420 Kilometern Höhe beschäftigt.

Bis 2028 plant China Marsproben zur Erde zu holen. Das ist genau das Jahr, in dem auch Amerikaner und Europäer ihre eigene *Mars Sample Return Mission* starten wollen. Sollte das Kunststück Peking gleichzeitig gelingen, würde die chinesische Raumfahrt der westlichen für jedermann ersichtlich auf Augenhöhe begegnen.[389]

Chinas Raumfahrttraum ist größer als die Enterprise

Schon am 11. Juni 2013 hatte Chinas Staatschef Xi Jinping vom „Raumfahrttraum" gesprochen: *„Die Raumfahrtindustrie zu entwickeln, China zur Raumfahrtmacht zu machen, das ist der Raumfahrttraum, den wir unermüdlich verfolgen."* In den 2020er Jahren setzt China offenbar alles daran, diesen Traum spätestens im Laufe der 2030er Jahre zu verwirklichen.

So rekrutierte China 2021 eine Forschungsgemeinschaft, die herausfinden soll, wie ein Raumschiff oder eine Raumstation mit einer Größe von als einem Kilometer im Erdorbit montiert werden kann. In einer Beschreibung des chinesischen Ministeriums für Wissenschaft und Technik hieß es: *„[Ein solches Raumfahrzeug] stellt wichtiges strategisches Equipment für die zukünftige Nutzung der Ressourcen des Weltraums, die Erforschung der Geheimnisse des Universums und den langfristigen Aufenthalt in der Umlaufbahn dar.“*[390] In der skizzierten Dimension von über einem Kilometer Länge wäre das China-Schiff größer als das *Raumschiff Enterprise*, dessen (erdachte) Länge 642,50 Meter misst. Die Planung sieht vor, das ultragroße Riesenraumschiff mit Leichtbaumethoden aus auf der Erde vorgefertigten Teilen im All zusammenzubauen. Die Kosten für ein solches Unterfangen lägen aus heutiger Sicht bei mehreren Billionen Dollar, wahrscheinlich würden sie sogar in die Trillionen gehen.[391] Vieles deutet darauf hin, dass die Regierung der Volksrepublik langfristig auf eine chinesische Kolonie im All hinarbeitet[392] – vergleichbar mit den Plänen Jeff Bezos‘ anhand des an anderer Stelle in diesem Buch vorgestellten Weltraumbesiedlungsmodells des Physikers Gerard O’Neill. Welche Rolle dabei ein Bündnis Chinas mit Russland spielen könnte, ist derzeit ungewiss – auf dem Mond wollen die beiden Raumfahrtnationen jedenfalls zusammenarbeiten.

Im Dezember 2020 sprach Xi Jinping vom „Geist der Monderkundung“ und am 9. März 2021 erfolgte die formelle Unterzeichnung einer gemeinsamen Absichtserklärung von China und Russland zur Errichtung einer gemeinsamen Internationalen Mondforschungsstation.[393]

Genug Sauerstoff gibt es übrigens auf dem Mond, sogar so viel, dass davon acht Milliarden Menschen 100.000 Jahre lang atmen könnten. Das Problem: Er ist im sogenannten Regolith eingeschlossen. Das ist die Schicht aus Gestein und feinem Staub, die die Mondoberfläche bedeckt. Das Verfahren, um den Sauerstoff herauszulösen, gibt es bereits: es heißt Elektrolyse. Auf der Erde wird dieses Verfahren häufig eingesetzt, etwa bei der

Herstellung von Aluminium. Dabei wird ein elektrischer Strom über Elektroden durch flüssiges Aluminiumoxid geleitet, um das Aluminium vom Sauerstoff zu trennen, wodurch Sauerstoff als Nebenprodukt entsteht. Auf dem Mond wäre der Sauerstoff das Hauptprodukt. Das Verfahren ist allerdings sehr energieaufwendig, müsste also beispielsweise durch Sonnenenergie oder Atomkraft unterstützt werden. Dennoch wird bereits an der Sauerstoffgewinnung auf dem Mond gearbeitet. 2021 kündigte das in Belgien ansässige Startup-Unternehmen Space-Applications-Services an, drei Versuchsreaktoren zu bauen, um den Prozess der Sauerstoffherstellung durch Elektrolyse zu verbessern. Das Unternehmen geht davon aus, dass es die Technologie bis etwa 2025 im Rahmen der ISRU-Mission (*In-Situ-Ressourcennutzung*) der Europäischen Weltraumorganisation ESA auf den Mond bringen kann.[394]

Risikomanagement und Katastrophen

Die Vorteile der Atomenergie sind zu groß, um sie ignorieren zu können. Die friedliche Nutzung der Kernenergie verspricht die umweltfreundliche Lösung aller Energieprobleme.

Allerdings lässt sich das Risiko nicht leugnen. Atomare Unfälle gehören ebenso wie Atomkriege zu den schlimmsten Horrorszenarien überhaupt.

So lässt sich anhand einer Studie, die immerhin der einstmals ranghöchste Technikexperte der bundesdeutschen Atomaufsichtsbehörde federführend geleitet hat, belegen, dass kein deutsches Atomkraftwerk gegen den Absturz auch nur mittelgroßer Flugzeuge ausgelegt ist. Doch seit den Anschlägen mit Flugzeugen auf das New Yorker World Trade Center lässt sich weit über einen bloßen Unfall hinausgehend sogar ein Terrorangriff mit Flugzeugen auf ein Kernkraftwerk nicht mehr ausschließen. Weil es für die Atommeiler kaum Nachrüstungsmöglichkeiten gibt, ist die Abschaltung der Reaktoren geboten, heißt es in der Studie.[395] Doch angesichts der Energieknappheit durch den russischen Einmarsch in der Ukraine lässt sich ebenso gut für die gegenteilige Ansicht argumentieren.

In solchen Situationen, in denen viel auf dem Spiel steht, gilt es zwei Überlegungen anzustellen:

Erstens: Sind die Auswirkungen eines Risikos besonders hoch, ist es ratsam, selbst dann besonders aufwändige Vorkehrungen zu treffen, wenn die Risikowahrscheinlichkeit sehr gering ist.

Zweitens: Besteht unter Experten wenig Konsens über mögliche Folgen, empfiehlt es sich, die eigene Meinung nicht allzu hochzubewerten. Andere mögen entgegen der eigenen festen Überzeugung doch Recht haben.

Diese Grundsätze für rationales Risikomanagement müssen in der atomaren Energiewirtschaft die Grundlage jedweden Handels sein. Der nachfolgende kurze Überblick über die bislang schwersten Unfälle bei der friedlichen Nutzung der Kernenergie verdeutlicht das Risiko.

Die Katastrophe von Tschernobyl

Durch einen Bedienfehler explodierte am 26. April 1986 ein Reaktor des Atomkraftwerks Tschernobyl in der damaligen Sowjetunion. Riesige Mengen radioaktiver Partikel wurden in die Erdatmosphäre katapultiert und kontaminierten mit dem folgenden Niederschlag viele Länder in Europa. Die Weltöffentlichkeit erfuhr von dem Unfall erst nach ein paar Tagen und vom gesamten Ausmaß erst viel später.[396]

4.000 Menschen könnten nach Einschätzung der Internationalen Atomenergie-Organisation und der WHO an den Folgen des Reaktorunglücks gestorben sein. Das *Journal of Cancer* geht von mindestens 15.000 Krebstoten aus.

Die Stadt Pripyat ist nur wenige Kilometer vom Atomkraftwerk Tschernobyl entfernt. Heute ist Pripyat unbewohnbar – eine Geisterstadt. Einst lebten hier 43.000 Menschen. Einige Tage nach der Explosion wurden sie sehr schnell evakuiert. Insgesamt mussten rund 350.000 Menschen rund um Tschernobyl ihre Heimat verlassen.[397]

Die Ostgrenze von Deutschland ist nur etwa 1.100 Kilometer von Tschernobyl entfernt. Durch den radioaktiven Niederschlag wurden einige deutsche Gebiete stark kontaminiert. Noch heute muss Wildschweinfleisch in Deutschland auf Cäsium 137 untersucht werden; teilweise sind die Messwerte nach wie vor zu hoch und das Fleisch darf nicht verkauft werden.[398]

Noch im Jahr 1986, unmittelbar nach der Katastrophe, wurde damit begonnen, eine Schutzhülle aus Beton um den havarierten Reaktor zu bauen. Innerhalb von 200 Tagen wurde sie fertiggestellt – doch alsbald wurde sie rissig und brüchig. Daher war ein neuer Sarkophag erforderlich. Nach fünf Jahren Bauzeit wurde 2016 eine gigantische Stahlkuppel, offiziell „New Safe Confinement“ genannt, über den Unglücksreaktor geschoben. Die Inbetriebnahme des Sarkophags verzögerte sich allerdings bis 2019. Denn es genügt nicht, den Meiler „einfach nur“ in Stahl einzuschließen, sondern es geht weit darüber hinaus darum, durch Unterdruck zu verhindern, dass Radioaktivität in die Umwelt gelangt. Diese Technik konnte nicht fristgerecht fertiggestellt werden, weil die Strahlenbelastung auf der Baustelle höher als erwartet war. 2,2 Milliarden Euro kostete der von 45 Ländern finanzierte Bau. Bis zu 200 Tonnen Uran und Plutonium könnten im zerstörten Reaktor liegen. Eine langfristige Bergung ist nicht absehbar.[399]

Seit dem militärischen Einmarsch Russlands in die Ukraine 2022 und der Inbesitznahme von Tschernobyl durch russische Truppen ist die Gefahrenlage rund um das ehemalige Atomkraftwerk weiter gestiegen. Ein ungesichertes Kernkraftwerk birgt unübersehbare Gefahren, auch für Europa.[400]

WANO und INES für mehr Sicherheit

In Folge des Unglücks von Tschernobyl gründete sich die World Association of Nuclear Operators (WANO), bei der sämtliche Kernkraftwerksbetreiber weltweit Mitglied sind. Das Ziel der WANO: Eine Katastrophe wie in Tschernobyl, gekennzeichnet durch grundlegende Konstruktionsfehler beim Reaktorkern und gravierende Fehler der Betriebsmannschaft sollte sich nie mehr wiederholen. [401]Um dies zu verhindern, basiert das globale Sicherheitskonzept der WANO darauf, dass sich die Mitglieder ständig gegenseitig überprüfen. Beim sogenannten Peer Review führt der Verband mit Teams von ausgewiesenen Experten aus den Mitgliedsunternehmen in ausgewählten Kernkraftwerken detaillierte Sicherheitsüberprüfungen durch. Jedes Mitglied muss bei sich eine *Peer Review* durchführen und selbst Experten für andere *Peer Reviews* stellen. [402]

Der gegenseitige Sicherheitscheck funktioniert gut – soweit man weiß. Die Sache hat nämlich einen Hacken: Die Reviews finden ohne Beteiligung der Behörden statt, die Ergebnisse bleiben geheim.[403] Das führt zwar einerseits dazu, dass sich die Kraftwerksbetreiber offen über Sicherheitsmängel austauschen können, ohne behördliche oder öffentliche Repressalien befürchten zu müssen. Andererseits bedeutet es jedoch auch, dass niemand außer den Betreibern selbst von Schwachstellen bei den Atomkraftwerken erfährt.

Ebenfalls nach dem Reaktorunglück von Tschernobyl wurde 1990 INES eingeführt, die *Internationale Bewertungsskala für nukleare und radiologische Ereignisse* (englisch *International Nuclear and Radiological Event Scale*). Damit haben die Internationale Atomenergieorganisation (IAEO) und die Kernenergiebehörde der Organisation für wirtschaftliche Zusammenarbeit und Entwicklung (OECD) erstmals eine weltweit einheitliche

Skala für die Schwere atomarer Unfälle festgelegt. Die Stufe 0 wird als *Abweichung*, die Stufen 1 bis 3 werden als *Störungen und Störfälle*, die Stufen 4 bis 7 als *Unfälle* klassifiziert. Was dabei häufig übersehen wird: Der Skala liegt ein logarithmischer Maßstab zugrunde. Das bedeutet: Ein Übergang auf die nächste höhere Stufe bedeutet einen zehn Mal größeren Schweregrad.[404] Während die WANO-Reviews im Verborgenen bleiben, sind INES-Störungen meldepflichtig.

Die internationale Liste der Unfälle in Kernkraftwerken umfasst über 30 Vorfälle. In die Kategorie „Katastrophaler Unfall“ sind bislang „nur“ zwei Ergebnisse gefallen: Tschernobyl und Fukushima.[405]

Die Katastrophe von Fukushima

Eine Atomkatastrophe im High-Tech-Land Japan hielten viele für unmöglich. Und doch geschah sie vor den Augen der Welt.[406]

Am 11. März 2011 traf eines der stärksten jemals gemessenen Erdbeben die Nordostküste Japans. Zehn Meter hohe Wellen eines Tsunami prallten kurze Zeit später auf die Küste. Große Teile des Kernkraftwerks Fukushima Daiichi wurden beschädigt, es kam zur Kernschmelze und zu Wasserstoffexplosionen. Es war die verheerendste nukleare Katastrophe seit dem Reaktorunfall von Tschernobyl 1986. Rund 20.000 Menschen kamen durch das Beben und den darauffolgenden Tsunami ums Leben.

Die enormen Mengen freigesetzten radioaktiven Materials kontaminierte Luft, Böden, Lebensmittel und das Wasser der gesamten Region. 160.000 Menschen mussten daraufhin die Umgegend verlassen. Bis heute müssen die Reaktoren mit Wasser gekühlt werden, um weitere Kernschmelzen und Verseuchung zu verhindern.

Tokio wurde beinahe stark verseucht, hatte aber noch Glück. Experten rechnen mit 22.000 bis 66.000 zusätzlichen Todesfällen durch Krebs. Die Kosten des Unglücks beziffert Japans Regierung auf 177 Milliarden Euro. Fukushima war eine Katastrophe, und dennoch muss man relativieren: Die in Tschernobyl freigesetzte Radioaktivität war rund zehn Mal größer als diejenige in Japan. Auch die „Aufräumarbeiten" waren in Japan deutlich zielgerichteter als in Russland.

Schon ein Jahr nach der japanischen Atomkatastrophe begannen Arbeiter mit Masken und in Schutzanzügen, überall dort strahlendes Material zu entfernen, wo sich Menschen aufhalten und bewegen – auf 840 Quadratkilometern in 52 Städten. Dabei kratzten die Arbeiter von allen Flächen, seien es Felder, Beete, Parks oder Spielplätze, die obersten fünf Zentimeter Erdboden ab. Zudem spritzten sie Hausdächer, Straßen und Wege sauber und filterten das Dreckwasser. Bäume, Hecken und Sträucher wurden beschnitten, Laub und Unterholz eingesammelt. Allein dafür wurden bislang umgerechnet 24 Milliarden Euro ausgegeben.[407]

Das verstrahlte Wasser wurde einige Zeit in mehr als 1000 Tanks auf dem Gelände gesammelt. Doch als diese vollgelaufen waren, entschied die japanische Regierung, mit der Einleitung von mehr als 1,2 Millionen Tonnen des radioaktiven Wassers ins Meer zu beginnen. Das Wasser soll vorher gefiltert und verdünnt werden, sodass sich darin nur noch Tritium (überschwerer Wasserstoff) befindet. Tritium wird als relativ harmlos eingeordnet, weil es zu wenig Energie besitzt, um die menschliche Haut zu durchdringen.[408]

Verstrahlte Ozeane

Dennoch verstrahlte die Katastrophe von Fukushima das Meer stärker als je zuvor. Hoch radioaktiv verseuchtes Wasser floss damals „direkt ins Meer – in Mengen, wie wir es noch nie in der Meereswelt gesehen haben", stellte das französische Institut für Strahlenschutz und nukleare Sicherheit (IRSN) fest. Zudem belasten Rückstände von Atombombentests und radioaktiver Müll in maroden Fässern die Ozeane ohnehin schon.[409]

1946 testeten die USA im pazifischen Bikini-Atoll als erste Nation eine Atombombe in einem Meeresgebiet. Weltweit folgten über Jahrzehnte insgesamt mehr als 250 Nuklearwaffentests auf hoher See. Die meisten (193) durchgeführt von Frankreich in Französisch-Polynesien sowie von den USA (42), zumeist auf den Marshallinseln im Zentralpazifik.[410]

Bis Anfang der 1990er Jahre wurde das Meer nicht nur als Übungsgebiet für einen Atomkrieg verwendet, sondern diente auch als gigantische Müllkippe für radioaktiven Abfall aus Atomkraftwerken.

Von 1946 bis 1993 landeten weltweit mehr als 200.000 Tonnen zum Teil hoch radioaktive Rückstände in den Ozeanen – das meiste davon in Metallfässern, so die Internationale Atomenergie-Organisation (IAEA). Auch mehrere Atom-U-Boote inklusive nuklearer Munition wurden versenkt.

Der größte Anteil des verklappten Atommülls kam aus Großbritannien und der Sowjetunion. Die USA versenkten bis 1991 über 90.000 Fässer und mindestens 190.000 Kubikmeter radioaktive Flüssigkeit im Nordatlantik und im Pazifik. Auch Belgien, die Schweiz, die Niederlande und Frankreich entsorgten in den bis in die 80er Jahren tonnenweise strahlenden Müll im Nordatlantik. Nach dem Motto „Aus den Augen aus dem Sinn“ war die Verklappung von Atommüll die einfachste Art, den Atommüll erst einmal wegzukriegen.[411]

Um einen globalen Überblick über die Auswirkungen der Atomtechnologie und Radioaktivität bemühen sich seit 1955 die Vereinten Nationen, genauer gesagt der *Wissenschaftliche Ausschuss der Vereinten Nationen zur Untersuchung der Auswirkungen atomarer Strahlung* (United Nations Scientific Committee on the Effects of Atomic Radiation, UNSCEAR). Der Ausschuss veröffentlicht in unregelmäßigen Abständen Berichte (bislang über 30, den letzten im Jahr 2021), die als Grundlagen für Empfehlungen zur nationalen Strahlenschutzgesetzgebung dienen.[412] Das wirft die Frage auf, wieviel Strahlung eigentlich ein Mensch verträgt.

Wieviel Strahlung verträgt der Mensch?

Die international gültige Maßeinheit, mit der die biologische Wirkung der radioaktiven Strahlung auf Menschen, Tiere oder Pflanzen angegeben wird, heißt Sievert. Da ein Sievert eine sehr große Dosis ist, sind Angaben in Tausendstel Sievert (Millisievert, mSv) üblich.

Klar ist: Die gesundheitlichen Folgen von Radioaktivität hängen von der Dauer, Art und Stärke der Strahlen ab. Ebenso klar ist: Eine gewisse Menge sogenannter ionisierender Strahlung ist allerdings unumgänglich, weil es in Luft, Wasser und Boden natürliche radioaktive Stoffe gibt. In Deutschland bekommt ein Mensch jährlich rund 2 Millisievert (2 Tausendstel Sievert) an natürlicher Hintergrundstrahlung ab.

Auf Deutschland bezogen verursachen medizinische Untersuchungen wie das Röntgen im Durchschnitt der bundesdeutschen Bevölkerung eine Belastung von rund 2 Millisievert. Die Belastung durch Atomkraftwerke hat das Bundesamt für Strahlenschutz mit unter 0,01 Millisievert angegeben. Das ist äußerst wenig etwa im Vergleich mit den 20 Millisievert, denen Beschäftigte in Atomkraftwerk nach der Strahlenschutzverordnung ausgesetzt werden dürfen. Insgesamt darf die Bevölkerung in Deutschland durch die Nutzung radioaktiver Stoffe und ionisierender Strahlung mit maximal 1 Millisievert pro Jahr belastet werden.

Ab welcher Strahlendosis Veränderungen am Erbgut auftreten können, die langfristig zu Krebs führen, ist unter Wissenschaftlern durchaus umstritten. Das Bundesamt für Strahlenschutz nennt als Folgen eines Strahlenunfalls für einen Dosisbereich von 1 bis 6 Sievert unter anderem Übelkeit, Erbrechen, Fieber und Haarausfall als Symptome. Bei 5 bis 20 Sievert können etwa Schock und Blutungen auftreten. Bei mehr als 20 Sievert tritt der Tod nach amtlichen Erkenntnissen innerhalb von zwei Tagen ein.[413] Es versteht sich, dass diese Erkenntnisse in allen aktuellen Sicherheitskonzepten für die neuen Kernkraftwerksgenerationen starke Berücksichtigung finden. Noch viel wichtiger ist allerdings, dass mit der neuen Generation völlig neue Konzepte verbunden sind.

Folgenabschwächung statt Totalvermeidung

Der an anderer Stelle in diesem Buch ausführlich dargestellte Trend zu Minikraftwerken führt zusehends auch zu einem Umdenken bei den mit der friedlichen Nutzung von Atomkraft verbundenen Sicherheitsfragen. Während bei den konventionellen Großanlagen ein enormer Sicherheitsaufwand betrieben wird, um den GAU, den größten anzunehmenden Unfall, unter allen

Umständen zu vermeiden, setzt man bei den Kompaktkraftwerken zunehmend auf ein Sicherheitskonzept, das lediglich die Auswirkungen im Fall der Fälle minimieren soll. Dabei tritt eine grundlegend neue Sicherheitsphilosophie zutage: Unfälle sollen nicht mehr um jeden Preis verhindert, sondern sie sollen beherrschbar werden.

Als typisches Beispiel hierfür seien die an anderer Stelle in diesem Buch vorgestellten „kompakt Molten Salt Reactors" herangezogen, schwimmende Kernkraftwerke, die in etwa so groß sind wie ein Schiffscontainer. Das Sicherheitskonzept sieht vor, dass sich bei einem GAU das verstrahlte Fluoridsalz verfestigt und in Behältern unter dem Reaktor gesammelt wird. Selbst wenn man den Reaktor vorsätzlich bombardierte, würde das Salz „nur" aus dem Reaktor fließen, sich verfestigen und als Brocken herumliegen. Es wäre immer noch eine schwierige Aufgabe, die Tanks mit dem radioaktiven Salz zu entsorgen, ohne etwa das Meer zu verstrahlen. Aber im Vergleich zu einem konventionellen GAU-Szenario wären die Folgen deutlich harmloser. Anstatt die Wahrscheinlichkeit des Unfalls zu reduzieren, wären die Folgen der schlimmsten Katastrophe abgemildert.[414] So wird die Atomenergie von einer Hochrisikotechnologie zu einer Zukunftstechnologie mit beherrschbarem Risiko umetikettiert.

Dieses neue Sicherheitsdenken – als Kritiker könnte man auch von „Unsicherheitsdenken" sprechen – verändert die Kostenstruktur von Kernkraftwerken grundlegend und ermöglicht dadurch neue Geschäftsmodelle, im Grunde eine völlig neue atomare Geschäftswelt. Genau diese Entwicklung dürfte entscheidend dazu beitragen, der friedlichen Nutzung der Kernkraft neues (Geschäfts-)Leben einzuhauchen. Diese neuartige Kommerzialisierung der Atomkraft mit einer – wie es die Befürworter nennen – „ausgewogenen Mischung aus Wirtschaftlichkeit und Sicherheit" – wird maßgeblich für die Rückkehr der Kernenergie verantwortlich sein – neben den staatlichen Visionen großindustrieller Projekte von Fusionsreaktoren, die nach dem Prinzip „künstlicher Sonnen“ die Energieversorgung der Menschheit dauerhaft sicherstellen sollen.

Der Physiker Dr. Christoph Pistner, Leiter der Abteilung Nukleartechnik und Anlagensicherheit am Öko-Institut und Mitglied der Reaktor-Sicherheitskommission (RSK) des Bundesumweltministeriums, fasste bereits 2020 die Risiken der Renaissance der Kernenergie wie folgt zusammen:[415]

In den vergangenen Monaten sind immer wieder Stimmen laut geworden, die sich für die Kernenergie aussprechen, beginnend beim Generaldirektor der Internationalen Atomenergiebehörde. Auch in der CDU denken manche offen über einen Ausstieg aus dem Ausstieg nach. Argumentiert wird dabei meist mit den möglichen Emissionseinsparungen sowie der Sicherheit moderner Reaktoren. Doch aus meiner Sicht sprechen viele Dinge entschieden gegen einen Ausbau der Kernenergie geschweige denn einen Wiedereinstieg hierzulande – allen voran die immensen Risiken dieser Technologie, aber auch ihre nach wie vor hohen Kosten.

Aber zunächst zurück zum Argument des Klimaschutzes. Atomkraftwerke verursachen deutlich weniger CO2 als Kohle- oder Gaskraftwerke, das stimmt. Emissionsfrei sind sie jedoch auch nicht. Berücksichtigt man die gesamte Produktionskette vom Uranabbau bis zum Rückbau und der Entsorgung des radioaktiven Materials, errechnen sich pro Kilowattstunde Strom Werte von einigen Gramm bis über hundert Gramm CO2-Äquivalente (g CO2e). Bei der aktuellen Stromerzeugung mit Braunkohle sind es etwa ein Kilogramm CO2e, und selbst bei Gaskraftwerken circa 430 g CO2e. Vergleicht man die Kernenergie mit erneuerbaren Energien, schneidet sie nicht besser ab. Pro Kilowattstunde Strom entstehen bei Windkraft und Photovoltaik ebenfalls Werte zwischen zehn und hundert Gramm CO2e, abhängig etwa vom Materialeinsatz bei Herstellung und Bau der Anlagen. In solche Berechnungen geht grundsätzlich der jeweilige nationale Energiemix ein.

Das wichtigste Argument gegen eine Renaissance der Kernenergie sind für mich aber die damit verbundenen Risiken. Das beginnt bei den Reaktoren selbst: Man könnte die heutigen Reaktoren weiterlaufen lassen – doch diese sind weltweit gesehen im Durchschnitt schon über 30 Jahre alt. Sie können durch Verschleiß und Materialermüdung zunehmend störanfällig werden. Vor allem entsprechen sie aber nicht mehr den Anforderungen an Sicherheitsstandards und Strahlenschutz, die heute an neue Reaktoren gestellt werden. Auch bei einem massiven weltweiten Ausbau von Atomkraftwerken bleibt die Gefahr schwerer Unfälle, die auch bei neuen Reaktoren nicht vollständig ausgeschlossen sind und die zu katastrophalen Folgen für Mensch und Umwelt führen können. Viele der Reaktoren, die derzeit auf dem Markt sind, sind weiterentwickelt als jene, die in Europa und weltweit bald abgeschaltet werden. Doch weiterhin bestehen Risiken, nicht zuletzt mit Blick auf externe Einwirkungen wie Erdbeben oder terroristische Anschläge. Völlig neue Reaktorkonzepte einer sogenannten Generation IV werden frühestens Mitte des Jahrtausends marktfähig sein – für die dringende Umstellung unserer Energiesysteme also deutlich zu spät. Ob diese dann tatsächlich mehr Sicherheit bieten, bleibt noch nachzuweisen. Aber auch aus Kostengründen macht die Kernenergie nicht sehr viel Sinn – sie ist nach wie vor weder wirtschaftlich noch konkurrenzfähig. Bei vielen Neubauprojekten explodierten die Kosten gegenüber der ursprünglichen Planung, vielfach müssen Staaten durch umfangreiche Garantien das finanzielle Risiko auf sich nehmen, damit neue Reaktoren überhaupt gebaut werden. Die erneuerbaren Energien hingegen sind in den vergangenen Jahren deutlich günstiger geworden, Tendenz weiterhin fallend.

Das sind aber bei Weitem nicht alle Argumente, die gegen eine Renaissance der Kernenergie sprechen. Die hochradioaktiven Abfälle sind ein weiteres. Bislang gibt es weltweit noch kein einziges Endlager dafür, die damit verbundenen Probleme und Herausforderungen wurden stark unterschätzt. Jedes Land, das noch darüber nachdenkt, in die Kernenergie einzusteigen – so aktuell etwa Bangladesch, Weißrussland oder auch die Türkei –, sollte sich auch bewusst machen, wie viel Zeit und Geld es für eine sichere Endlagerung wird aufbringen müssen.

Auch aus übergeordneter Perspektive spricht aus meiner Sicht etwas ganz vehement gegen die Atomkraft: die Gefahr, dass Materialien, Technologien und Know-how für Kernwaffenprogramme genutzt werden. Natürlich heißt das nicht, dass jedes Land, das Reaktoren baut oder betreibt, als nächstes Atomwaffen produziert. Doch die Möglichkeit rückt damit ein Stück näher. Auch das ist ein Risiko, das ich persönlich lieber nicht eingehen würde.

Keines dieser Argumente ist vom Tisch zu wischen. Die entscheidende Frage ist jedoch, ob eines davon oder gar alle zusammen die Renaissance der Kernkraft aufhalten können. Die Autoren des vorliegenden Buches beantworten diese Frage mit einem klaren „wahrscheinlich nicht".

Zu viele Gelder fließen in die neuen Technologien, zu vielversprechend sind die Fortschritte, zu groß steht der Kampf gegen die Klimakatastrophe auf der Agenda der Welt und zu groß ist die Angst vor Lücken in der Energieversorgung mit katastrophalen Folgen als dass die Forschung und die Kommerzialisierung der Atomenergie aufzuhalten sein wird – es sei denn, und das ist durchaus das große Fragezeichen bei jeder Prognose dazu – es sei denn, die derzeit weltweiten Kernkraftaktivitäten führen zu neuen schweren atomaren Unfällen oder gar nuklearen Katastrophen. Denn genau das, die größte Befürchtung aller Kritiker, kann natürlich niemand ausschließen – ebenso wenig, wie den Einsatz atomarer Waffen angesichts der sich seit 2022 verschärfenden Unsicherheit in der Welt.

Ausblick

Die Atomkraft war niemals weg, sie war nur für einige Jahre in den Hintergrund gerückt. Dafür gab es vor allem zwei Gründe. Erstens war der „Atomausstieg“ in Deutschland nach der Reaktorkatastrophe im japanischen Fukushima 2011 beschlossene Sache. Bis Ende 2021 wurden die Kernkraftwerke Grohnde, Gundremmingen C und Brokdorf abgeschaltet, bis Ende 2022 laut Planung die drei jüngsten Anlagen Isar 2, Emsland und Neckarwestheim 2.[416] Damit schien Kernkraft in Deutschland kein Thema mehr zu sein. Zweitens entstand der Eindruck, mit dem Ende des Kalten Krieges zwischen der Sowjetunion und dem Westen, in dem die nukleare Abschreckung eine Schlüsselrolle für das Gleichgewicht der Kräfte darstellte, sei auch die Gefahr eines Atomkriegs weitgehend vom Tisch. Beides erwies sich als Trugschluss.

Trugschlüsse der Vergangenheit

Es mag schon sein, dass Kernkraftwerke in Deutschland lange Zeit kein Thema mehr waren, aber schon in vielen unserer europäischen Nachbarstaaten und weltweit sowieso gilt die friedliche Nutzung der Atomkraft als eine Schlüsseltechnologie der Zukunft. Das ist auch darauf zurückzuführen, dass die friedliche und die militärische Nutzung nicht voneinander zu trennen sind. Länder wie Frankreich, China, Russland, die USA und übrigens noch viele andere Staaten sind Nuklearmächte. Jeder Fortschritt bei der Nuklearforschung kommt ihnen in zweierlei Hinsicht zugute: für die zivile Energieversorgung und für die Stärkung ihrer militärischen Potenz.

Der Aufbruch in den Weltraum, der sich in vielerlei Hinsicht manifestiert – nicht zuletzt durch privatwirtschaftliche Unternehmen bekannter Milliardäre wie Virgin Galactic (Richard Branson), Blue Origin (Jeff Bezos) und SpaceX (Elon Musk) seit Anfang der 2020er Jahre –, wird der Kernkraft zusätzlichen Schub verleihen. Die Idee, eines Tages den Mond oder gar den Mars zu besiedeln, ist als Langfristperspektive längst den Science-Fiction-Romanen entwachsen. Freilich zielt diese Perspektive auf einige Jahrzehnte oder gar Jahrhunderte in die Zukunft. Aber es ist keine undenkbare Zukunft mehr und Wissenschaftler, Staaten und Unternehmen rund um den Erdball haben sich aus sicherlich unterschiedlichen Interessen längst auf den Weg in diese Zukunft gemacht. Die Nutzung der Kernkraft als schier unerschöpfliches Energiereservoir spielt dabei eine aller Wahrscheinlichkeit nach Schlüsselrolle.

Welchen Weg Deutschland dabei gehen wird, ist reine Spekulation. Klar ist jedoch, eine bloße Fortschreibung der heutigen Situation muss keineswegs ausreichen, um die Zukunft zu beschreiben. Wer behauptet, dass die Bundesrepublik Deutschland nie mehr auf den Weg der Kernenergie zurückfinden könnte, der übersieht die zahlreichen „schwarzen Schwäne", die scheinbar undenkbaren Ereignisse, die unmöglich erschienen – bis sie doch eingetroffen sind. An einige dieser Unmöglichkeiten sei im Folgenden erinnert.

Schwarze Schwäne voraus

Eine Pandemie, die sich über die gesamte Menschheit ausbreitet – das war ein unwahrscheinliches Szenario, das höchstens für ein Hollywood-Drama zu taugen schien. Und doch gab es lange vor dem Jahr 2020 ernstzunehmende Wissenschaftler, die vor eben dieser Gefahr eindringlich gewarnt hatten. Es war ein

„Schwarzer Schwan“, ein Ereignis, das so unwahrscheinlich erscheint, dass man es „eigentlich“ ausschließt. Doch wenn man die Welt genauer betrachtet, gab es in den letzten Jahren eine ganze Reihe von Ereignissen, die einem schwarzen oder zumindest einem grauen Schwan nahekamen.

Terroristen entführen Passagierflugzeuge und steuern sie in die Zwillingstürme des World Trade Center in New York, die daraufhin zusammenbrechen mit rund 3.000 Todesopfern. Es war undenkbar – und doch geschah es am 11. September 2001. Ein islamistischer Terrorist lenkt einen schweren Sattelschlepper in eine Menschenmenge auf dem Berliner Weihnachtsmarkt am Breitscheidplatz an der Gedächtniskirche – geschehen am 19. Dezember 2016. Niemand hatte diese Terrorvariante zuvor in Betracht gezogen; erst seitdem werden Märkte gegen Lkw-Terror durch Barrieren geschützt. Eine neonazistische Terrororganisation ermordet über acht Jahre lang in Deutschland still und heimlich Menschen mit Migrationshintergrund – unvorstellbar, bis das mörderische Treiben der NSU (Nationalsozialistischer Untergrund) von 1999 bis 2007 im Jahr 2011 auffiel. Ebenso undenkbar schien lange Jahre hinweg, dass jemals ein Mitgliedsland der EU aus der Europäischen Union wieder austritt – bis uns Großbritannien mit dem Brexit 2020 eines Besseren belehrte. Nach dem Ersten und Zweiten Weltkrieg herrschte das Dogma, in Europa dürfe es nie mehr einen Krieg geben – bis der Einmarsch Russlands in die Ukraine im Februar 2022 den Krieg nach Europa zurückbrachte. Was heißt das für die Zukunft? Es lohnt sich, Szenarien in Betracht zu ziehen, die so unwahrscheinlich sind, dass man sie für unmöglich hält.

Genau das will der Begriff „Schwarzer Schwan“ aussagen. Über Jahrhunderte hinweg war es in Europa klar, dass ein Schwan „natürlich“ weiß ist, der „schwarze Schwan“ war der Inbegriff des

Unmöglichen, sozusagen als Antipode des „weißen Schimmels“, Inbegriff des Pleonasmus.

Es war ein Irrtum. Denn es gibt ihn sehr wohl, den schwarzen Schwan, auch Trauerschwan genannt – nur ist sein natürliches Verbreitungsgebiet in Australien und Neuseeland – damals zu weit weg, um wahrgenommen zu werden, heute, im Zeitalter der Globalisierung, praktisch um die Ecke – und zwischenzeitlich sogar in einigen Gegenden Europas.

Das Undenkbare kann Realität werden

So kann das Undenkbare, das scheinbar Unmögliche, zur Realität werden. Es empfiehlt sich daher, sich von Denkverboten jedweder Art zu lösen und gleichzeitig davon auszugehen, dass alles, was denkbar ist, auch Realität werden könnte.

Die friedliche Nutzung der Kernkraft zur dauerhaften Lösung der Energieprobleme der Menschheit gehört ebenso dazu wie ein alles vernichtender Atomkrieg auf der Erde oder im Weltall.

Über die Autoren

Jamal Qaiser

Jamal Qaiser ging seinen Weg vom jugendlichen Markthändler bis zum Investor und CEO seines Private Equity-Unternehmens. Im Jahr 2010 begann er den Studiengang Advanced Management Diploma (Post-Graduation) am Globe Business College in München. 2013 begann er das Studium „Owner / President Management" an der renommierten Harvard Business School, das er 2016 erfolgreich abschloss. Dazwischen absolvierte er 2014 das Transition to Leadership Program der University of Oxford Said Business School.

Weit über sein erfolgreiches akademisches und geschäftliches Engagement hinaus ist Jamal Qaiser davon beseelt, einen Beitrag zum Weltfrieden zu leisten. Er berät hierzu Regierungen, Nicht-Regierungs-Organisationen, humanitäre Organisationen, internationale Konzerne und nicht zuletzt im Diplomatic Council (DC) als DC Commissioner for UN Affairs die Vereinten Nationen.

In einem Beitrag aus dem Umfeld der Vereinten Nationen wurde er einmal wie folgt charakterisiert: „Jamal Qaiser ist ein überaus kluger Kopf mit einem klaren Sendungsbewusstsein für Gerechtigkeit und Menschlichkeit. Es macht ihm ersichtlich Freude, Menschen und Organisationen aktiv zu beraten, um eine positive Entwicklung herbeizuführen. Zielstrebigkeit gepaart mit den richtigen Zielen der internationalen Völkerverständigung ist seine Wesensart."

Marc Ruberg

Marc Ruberg, Kernphysiker und Informatiker, ist Verantwortlicher für das Hochschulnetz des Landes Baden-Württemberg, stimmberechtigtes Mitglied im berühmt-berüchtigten Chaos Computer Club (CCC) und aktives Mitglied im Diplomatic Council, einem globalen Think Tank mit Beraterstatus bei den Vereinten Nationen (UNO). Marc Ruberg gehört gleichermaßen zu den frühen Pionieren des Internet und der Kernkraft.

Marc Ruberg versteht sich als Wissenschaftler mit Weitblick. Er vereint die für jeden ernsthaften Forscher unerlässliche wissenschaftliche Neugier mit dem festen Wissen um die Gefahren des Fortschritts. Das gilt sowohl für die Kernkraft als auch für die Digitalisierung.

In der Internet-Community als „ruby“ bekannt, gilt Marc Ruberg als ein „White Hacker“. Diesen Ehrentitel tragen „die guten Computerhacker“, die auf der Seite von Recht und Ordnung stehen.

Am Physikalischen Institut der Universität Tübingen und am Institut für Strahlenphysik der Universität Stuttgart gehörte Marc Ruberg zu einem kleinen Kreis deutscher Kernphysiker, die sich besonders frühzeitig intensiv mit den Versprechungen und den Gefahren der Atomenergie auseinandergesetzt haben. Dazu hatte er auch Einblicke am CERN (Conseil européen pour la recherche nucléaire), der Europäischen Organisation für die Kernforschung in Genf, und beim GSI Helmholtzzentrum für Schwerionenforschung in Darmstadt genommen. CERN ist das weltweit größte Forschungszentrum auf dem Gebiet der Teilchenphysik. Das GSI betreibt eine weltweit einzigartige Beschleunigeranlage für Ionen, die von Forschenden aus aller Welt genutzt wird, um neue Erkenntnisse über den Aufbau der Materie und die Entwicklung des Universums zu gewinnen.

Die bisherigen Bücher von Marc Ruberg sind durchweg der Informatik gewidmet. Sehr viel Beachtung haben seine Werke „Cyber War – Die digitale Bedrohung“ und „Der Wahn mit dem Datenschutz – ein Plädoyer für mehr Datenschutz, aber richtig“ sowie „Metaverse – Was es ist, wie es funktioniert, wann es kommt“ gefunden. Mit dem vorliegenden Werk „Die Rückkehr der Kernkraft“ wendet er sich als Autor zum ersten Mal der Atomforschung zu, weil er „die Kernforschung für ebenso wichtig wie die Informatik“ hält.

Bücher im DC Verlag

Denken 4.0 – Welt im Umbruch. Was die klügsten Köpfe eines globalen Think Tank über unsere Zukunft denken.
Buddhi K. Athauda, Thi Thai Hang Nguyen, Andreas Dripke, 332 Seiten, Hardcover, ISBN 978-3-947818-00-6

Mein Atomknopf ist größer – America vs. North Korea.
Jamal Qaiser, 184 Seiten, Paperback, ISBN 978-3-947818-01-3

Stasi 2.0 – Wie wir durch den staatlich-industriellen Digitalkomplex zu gläsernen Bürgern werden und was das für unsere Zukunft bedeutet. 2. aktualisierte Auflage, Andreas Dripke, Markus Miksch, 444 Seiten, ISBN 978-3-947818-05-1

Rechtsruck – Wie das Wiedererstarken des Nationalismus Deutschland in die Katastrophe führt. Anonyme Autoren, 660 Seiten, Paperback, ISBN 978-3-947818-06-8

Pandemie – Die Welt im Corona-Krieg, 2. aktualisierte Auflage. Andreas Dripke, Markus Miksch, 148 Seiten, Paperback, ISBN 978-3-947818-13-6

Covid-19 Falsche Pandemie – Die fatalen Fehler der WHO und ihre verhängnisvollen Folgen. Jamal Qaiser, Markus Miksch, 234 Seiten, Paperback, ISNB 978-3-947818-15-0

75 Jahre UNO – Macht und Ohnmacht der Vereinten Nationen. Andreas Dripke, Hang Nguyen, 330 Seiten, Paperback, ISBN 978-3-947818-07-5

Die Dekade 2020-2030 – Das kommt auf uns zu!, Andreas Dripke, Hang Nguyen, 362 Seiten, ISBN 978-3-947818-17-4

Corona und Impfen, Andreas Dripke et al., 188 Seiten, ISBN 978-3-947818-18-1

Hacker – Angriff auf unsere Computer-Zivilisation, Anonyme Autoren, 432 Seiten, ISBN 978-3-947818-23-5

Künstliche Intelligenz (KI) – Wir werden gedacht, Dr. Horst Walther, Andreas Dripke, 250 Seiten, ISBN 978-3-947818-25-9

Migration nach Europa – Wir schaffen das und die Folgen, Anonyme Autoren, 510 Seiten, Paperback, ISBN 978-3-947818-32-7

Auto – Vom Diesel-Desaster bis zum selbstfahrenden E-Auto, Autorengemeinschaft Diplomatic Council, 572 Seiten, Paperback, ISBN 978-3-947818-09-9

Digitale Disruption – Alles wird anders, Andreas Dripke et al., 216 Seiten, Paperback, ISBN 978-3-947818-34-1

Inside WHO – Dr. Tedros und die Weltgesundheitsorganisation, Andreas Dripke et al., 124 Seiten, Paperback, ISBN 978-3-947818-27-3

Welt ohne Bargeld – Bitcoin und andere Kryptowährungen, Andreas Dripke, Stephanie Stoerk, 176 Seiten, Paperback, ISBN 978-3-947818-41-9

Die biometrische Vermessung der Menschheit, Andreas Dripke et al., 212 Seiten, Paperback, ISBN 978-3-947818-39-6

Apple Car – Wie der iKonzern das Auto neu erfindet, Andreas Dripke et al., 284 Seiten, Paperback, ISBN 978-3-94-7818-43-3

Interim Manager berichten aus der Praxis: Automotive, Reihe „Von Interim Managern lernen“ (Hrsg. Jürgen Becker, Dr. Harald Schönfeld), Jürgen Becker, Ulf Camehn, Ludek Cermak, Hanno Goffin, Andreas Kälber, Ralf-Peter Hanrieder, Dr. Dr. Stefan Hohberger, Dr. Gerhard Müller-Spanka, Frank P. Neuhaus, Christine Pfisterer, Christian Ritzer, Dr. Harald Schönfeld, Jane Enny van Lambalgen, 404 Seiten, ISBN 978-3-947818-29-7

Die Apple Agenda – Welche Märkte der iKonzern künftig revolutionieren wird, Andreas Dripke et al., 260 Seiten, Paperback, ISBN 978-3-947818-47-1

Hilfe, wir werden gechippt! – Vom Mikrochip unter der Haut bis zum Hirnschrittmacher, Andreas Dripke et al., 176 Seiten, Paperback, ISBN 978-3-947818-55-6

2045 – Das Jahr, in dem die Künstliche Intelligenz schlauer wird als der Mensch, Dr. Horst Walther, Andreas Dripke, 106 Seiten, Paperback, ISBN 978-3-947818-57-0

China versus USA – Kampf um die Vorherrschaft, Dr. Horst Walther et al., 280 Seiten, Paperback, ISBN 978-3-947818-63-1

Der digitale Euro – Computergeld statt Bares, Andreas Dripke, Stephanie Stoerk, 232 Seiten, Paperback, ISBN 978-3947818617

Denken 5.0 – Was die klügsten Köpfe eines globalen Think Tank über unsere Zukunft denken, Andreas Dripke, Hang Nguyen, Claude Piel, Detlef Schmuck, Dr. Harald Schönfeld, Helmut von Siedmogrodzki, Stephanie Stoerk, Dr. Horst Walther, 292 Seiten, Paperback, ISBN 978-3-94-7818-36-5

Auto ohne Lenkrad – Das selbstfahrende Auto steht vor der Tür, Patrick Dripke, Thomas Gronenthal, 140 Seiten, Paperback, ISBN 978-3-947818-79-2

Roboter im Alltag – Maschinen (beinahe) wie Menschen, Andreas Dripke, 176 Seiten, Paperback, ISBN 978-3-947818-71-6

Irrfahrt E-Auto – Abgesang auf die deutsche Autoindustrie, Thomas Gronenthal et al., 212 Seiten, Paperback, ISBN 978-3-947818-81-5

Interim Manager berichten aus der Praxis: Maschinen- und Anlagenbau, Reihe „Von Interim Managern lernen“ (Hrsg. Jürgen Becker, Dr. Harald Schönfeld), Jürgen Becker, Eckhart Hilgenstock, Falk Janotta, Peter Lüthi, Hans Rolf Niehues, Manfred Richter, Dr. Harald Schönfeld, Dr. Uwe Seidel, Götz Stapelfeldt, Michael Weimar, 312 Seiten, ISBN 978-3-947818-75-4

Ewige Pandemie – Freiheit ade, Andreas Dripke, Markus Miksch, 204 Seiten, Paperback, ISBN 978-3947818-59-4

Was nach dem Smartphone kommt – Eine Reise in unsere digitale Zukunft, Andreas Dripke et al., 152 Seiten, Paperback, ISBN 978-3-947818-69-3

Das Diesel-Desaster – Die Geschichte des größten deutschen Industrieskandals, Thomas Gronenthal et al., 340 Seiten, Paperback, ISBN 978-3-947818-83-9

Der Dritte Weltkrieg – Das Undenkbare denken, Hang Nguyen, Jamal Qaiser, 268 Seiten, Paperback, ISBN 978-3-947818-67-9

Metaverse – Was es ist, wie es funktioniert, wann es kommt, Andreas Dripke, Marc Ruberg, Detlef Schmuck, 256 Seiten, Paperback, ISBN 978-3-947818-87-7

Klimakatastrophe – Wahn oder Wirklichkeit?, Hang Nguyen et al., 184 Seiten, Paperback, ISBN 978-3-947818-49-5

Alles über Krypto – NFT, Blockchain, Bitcoin & Co., Andreas Dripke, Stephanie Stoerk, Dr. Freiherr Arne von Neuberg, 184 Seiten, Paperback, ISBN 978-3-98674-007-8

Der Wahn mit der Bürokratie – Wie Bürokratismus unsere Gesellschaft zerstört, Andreas Dripke, Hubert Nowatzki, 260 Seiten, Paperback, ISBN 978-3-94-7818-89-1

Digitale Identität – Unser Zwilling im Datennetz, Andreas Dripke et al., 164 Seiten, Paperback, ISBN 978-3-947818-53-2

Interim Manager berichten aus der Praxis: Business Transformation, Reihe „Von Interim Managern lernen“, Hrsg: Dr. Harald Schönfeld, Jürgen Becker, ca. 360 Seiten, ISBN 978-3-98674-009-2

Computer wie Götter – Die Rechenknechte übernehmen die Herrschaft, Andreas Dripke, Hang Nguyen, 148 Seiten, Paperback, ISBN 978-3-98674-005-4

Alles über Künstliche Intelligenz – Woher sie kommt, wie sie sie denkt, was sie kann, wohin sie führt, Andreas Dripke, Dr. Horst Walther, 208 Seiten, Paperback, ISBN 978-3-947818-25-9

Das Versagen des Westens in Afghanistan, Syrien und der Ukraine, Hang Nguyen, Jamal Qaiser, 148 Seiten, Paperback, ISBN 978-3-947818-97-6

Die Rückkehr der Kernkraft – Warum Atomenergie unsere Zukunft ist, Andreas Dripke, Hang Nguyen, Marc Ruberg, 204 Seiten, Paperback, ISBN 978-3-947818-95-2

Kampf ums All – Wie Jeff Bezos, Richard Branson und Elon Musk den Weltraum erobern, und die Rolle der NASA, der ESA, Russlands und Chinas, Andreas Dripke, 260 Seiten, Paperback, ISBN 978-3-98674-014-6

Spion im Smartphone – Wie unser Alltags-Begleiter zur Falle wird, Marc Ruberg et al., 208 Seiten, Paperback, ISBN 978-3-947818-85-3

Das Internet der Dinge – Das Netz umschlingt uns, Andreas Dripke, Wolfgang Odenthal, 136 Seiten, Paperback, ISBN 978-3-947818-99-0

Wenn sich China und Russland verbünden… – Die Herausforderung der Freien Welt, Andreas Dripke, Hang Nguyen, Jamal Qaiser, 260 Seiten, Paperback, ISBN 978-3-98674-016-0

Widerstand gegen die digitale Überwachung – Wofür Julian Assange und Edward Snowden kämpften, Marc Ruberg, Detlef Schmuck, 220 Seiten, Paperback, ISBN 978-3-947818-93-8

Asyl – Flucht ins Paradies, Hang Nguyen, 220 Seiten, Paperback, ISBN 978-3-98674-012-2

Die Entwicklung des Internet von den Anfängen bis zum Metaverse, Andreas Dripke et al., 140 Seiten, Paperback, ISBN 978-3-98674-040-5

Kampf ums Wasser – Die Herausforderung des 21. Jahrhunderts, Claude Piel, 380 Seiten, Paperback, ISBN 978-3-98674-024-5

Der Wahn mit dem Datenschutz, Marc Ruberg et al., 136 Seiten, Paperback, ISBN 978-3-947818-51-8

Kampf um Taiwan – Die gefährlichste Insel der Welt, Jamal Qaiser, Dr. Horst Walther, 236 Seiten, Paperback, ISBN 978-3-98674-046-7

Die digitale Zivilisation – Die Genesis und Zukunft unserer Informationsgesellschaft, Andreas Dripke et al., 232 Seiten, Paperback, ISBN 978-3-98674-044-3

Über das Diplomatic Council

Das vorliegende Werk ist im Verlag des Diplomatic Council (DC) erschienen: DC Publishing.

Das Diplomatic Council verknüpft einen globalen Think Tank, ein weltweites Business Network und eine Charity Foundation in einer einzigartigen Organisation mit Beraterstatus bei den Vereinten Nationen.

Unsere Mitglieder vertreten die feste Überzeugung, dass Wirtschaftsdiplomatie ein tragendes Fundament für die internationale Völkerverständigung und den friedlichen Umgang der Nationen darstellt. Aus dieser Erkenntnis heraus überträgt das Diplomatic Council das Ziel der globalen Völkerverständigung in ein ökonomisches Mandat. Die Methodik eines weltweiten Wirtschaftsnetzwerkes wird hierzu mit der diplomatischen Kommunikationsebene der Staaten dieser Erde untereinander verknüpft. Vor diesem Hintergrund sind im Diplomatic Council Persönlichkeiten aus Diplomatie, Wirtschaft und Gesellschaft engagiert, die mit Augenmaß ausgewählt werden und die sich durch eine hohe Akzeptanz, eine hohe Kompetenz und ein mit den Grundpfeilern des Diplomatic Council übereinstimmendes Wertesystem auszeichnen. Ebenso sind Unternehmen willkommen, für die Corporate Social Responsibility weit mehr als ein Schlagwort ist.

Weitere Informationen: www.diplomatic-council.org/application

Quellenangaben und Anmerkungen

[1] https://www.tagesschau.de/ausland/europa/sipri-atomwaffen-jahresbericht-101.html

[2] Ernest Rutherford: *The Magnetic and Electric Deviation of the Easily Absorbed Rays from Radium.* In: *Philosophical Magazine.* 6. Folge, Band 5, Nummer 25, 1903, S. 177

[3] https://www.wissenschaft.de/allgemein/wie-lange-muss-ein-lager-dicht-bleiben/

[4] https://www.chemie-schule.de/KnowHow/Uran

[5] https://de.statista.com/statistik/daten/studie/13486/umfrage/produktion-von-uran-nach-laendern-weltweit/

[6] https://carlwillis.wordpress.com/2008/02/20/uranium-chemistry/

[7] https://www.lernhelfer.de/schuelerlexikon/physik/artikel/kernspaltung

[8] https://www.mpic.de/3549655/die-entdeckung-der-kernspaltung

[9] https://www.grin.com/document/10418

[10] Christopher Schrader: *Aufschwung der Atome.* In: *Süddeutsche Zeitung.* 4. Juni 2008, S. 18, mit einem Absatz zur Begriffsgeschichte; vgl. zur Begriffsgeschichte allgemein: Matthias Jung: *Öffentlichkeit und Sprachwandel. Zur Geschichte des Diskurses über die Atomenergie.* Westdeutscher Verlag, Opladen 1994, ISBN 3-531-12392-0. (d. i. Dissertation an der Heinrich-Heine-Universität Düsseldorf 1992: *Die nukleare Kontroverse als Sprachgeschichte der Gegenwart*)

[11] Joachim Radkau: *Aufstieg und Krise der deutschen Atomwirtschaft 1945–1975. Verdrängte Alternativen in der Kerntechnik und der Ursprung der nuklearen Kontroverse.*Hamburg 1983, S. 462f

[12] https://www.bmu.de/themen/atomenergie-strahlenschutz/nukleare-sicherheit/atomrechtliche-behoerden-gremien-und-organisationen/laenderausschuss-fuer-atomkernenergie

[13] https://inl.gov/article/70-years-of-nuclear-research-on-display-at-ebr-i/

[14] https://zeitgeschichte-online.de/kommentar/friedliches-atom-nr-1

[15] https://www1.wdr.de/stichtag/stichtag-atomkraftwerk-calder-hall-100.html

[16] https://de.nucleopedia.org/wiki/Kernkraftwerk_Kahl

[17] https://www.rbb-online.de/geheimnisvolle_orte/videos/das-kernkraftwerk-rheinsberg.html

[18] Joachim Radkau: *Aufstieg und Krise der deutschen Atomwirtschaft 1945–1975. Verdrängte Alternativen in der Kerntechnik und der Ursprung der nuklearen Kontroverse.*Hamburg 1983, S. 462f.

[19] Joachim Radkau: *Technik in Deutschland. Vom 18. Jahrhundert bis heute.* Frankfurt/ New York 2008, S. 359.

[20] https://www.kernenergie.ch/de/three-mile-island-_content---1--1104.html

[21] https://web.archive.org/web/20161020220042/http://www.bmwi.de/BMWi/Redaktion/PDF/A/gesetz-beendigung-kernenergienutzung,property=pdf,bereich=bmwi,sprache=de,rwb=true.pdf

[22] https://www.bundesregierung.de/breg-de/suche/moratorium-616608

[23] https://blackout-news.de/aktuelles/weltrekord-kernkraftwerk-grohnde-geht-vom-netz/

[24] https://www.bmu.de/media/atomkraftwerke-in-deutschland-abschaltung-der-noch-betriebenen-reaktoren-gemaess-atomgesetz-atg

[25] https://www.rnd.de/politik/atomausstieg-in-deutschland-naechste-runde-in-der-endlosdebatte-J5MV6LZRAFGYJKWFQRDDKVZD3Q.html

[26] https://www.handelsblatt.com/politik/deutschland/akw-deutsche-atomkonzerne-lehnen-forderung-nach-einer-verlaengerung-der-atomkraft-ab/28108790.html?ticket=ST-3732824-ewyE7uvpbogcbt2cQadu-ap1

[27] https://www.deutschlandfunk.de/deutsche-energieerzeuger-lehnen-verlaengerung-der-laufzeiten-ab-100.html

[28] https://www.dw.com/de/habeck-lässt-längere-akw-laufzeit-prüfen/a-60939169

[29] https://www.n-tv.de/politik/Atomenergie-Lindner-will-Kernkraft-Ausstieg-neu-diskutieren-AKW-Betreiber-irritiert-article23385789.html

[30] https://www.tagesschau.de/inland/deutschlandtrend/deutschlandtrend-3051.html

[31] https://www.msn.com/de-de/nachrichten/finance-top-stories/für-beschleunigten-ausstieg-bund-zahlt-atom-konzernen-24-milliarden-euro/ar-BB1egM1q

[32] https://www.hessenschau.de/wirtschaft/lagerstaette-fuer-tausende-tonnen-schwach-radioaktiven-abfalls-gesucht,biblis-abfall-100.html

[33] https://www.bmu.de/themen/atomenergie-strahlenschutz/nukleare-sicherheit/aufsicht-ueber-kernkraftwerke/kernkraftwerke-in-deutschland

[34] https://archive.ph/20090205190134/http://www.atomicmuseum.com/tour/decision.cfm

[35] https://de.statista.com/statistik/daten/studie/1086264/umfrage/geschaetzte-zivile-todesopfer-und-verletzte-in-hiroshima-und-nagasaki/

[36] https://de.wikipedia.org/wiki/Kapitulation_Japans

[37] https://www.maennersache.de/russland-gibt-video-des-groessten-bombentests-aller-zeiten-frei-49224.html

[38] http://bos.sagepub.com/content/62/4/64

[39] https://www.atomwaffena-z.info/geschichte/atomwaffentests/auflistung-aller-tests.html

[40] https://www.ippnw.de/atomwaffen/humanitaere-folgen/atomtests/artikel/de/millionen-krebstote-durch-atomtests.html

[41] https://www.deutschlandfunk.de/am-rande-der-katastrophe.871.de.html?dram:article_id=126035

[42] https://www.spiegel.de/spiegel/print/d-15433373.html

[43] https://portal.dnb.de/opac.htm?method=simpleSearch&query=4136402-8

[44] https://www.lernhelfer.de/schuelerlexikon/politikwirtschaft/artikel/abruestungs-vereinbarungen-und-ruestungskontrolle

[45] Henry A. Kissinger: *Memoiren 1973-1974*, Band 2, München 1982, ISBN 3-570-00710-3

[46] https://www.spiegel.de/politik/ausland/nordkorea-besitzt-wahrscheinlich-atom-waffen-in-sprengkopfgroesse-uno-bericht-a-f580d767-f9f3-49a6-ada3-658c11ac481d

[47] https://www.iaea.org/about/statute#A1.2

[48] https://www.t-online.de/nachrichten/ausland/usa/id_45962710/al-baradei-geht-mit-bush-regierung-hart-ins-gericht-.html

[49] https://www.atomwaffena-z.info/heute/die-atomwaffenfreie-welt

[50] https://www.welt.de/newsticker/news1/article204704684/Atom-Konflikt-zwischen-Iran-und-den-USA-eskaliert-im-Irak.html

[51] https://www.spiegel.de/wirtschaft/unternehmen/iran-us-botschafter-richard-grenell-lobt-rueckzug-deutscher-firmen-a-1239755.html

[52] https://www.heise.de/tp/features/Gefahr-eines-Krieges-mit-Russland-und-China-4221421.html

[53] https://www.washingtonpost.com/news/josh-rogin/wp/2018/11/13/pence-its-up-to-china-to-avoid-a-cold-war/

[54] https://www.stern.de/politik/ausland/russland--wladimir-putin-warnt-vor-atom-krieg-und-gibt-usa-die-schuld-8500618.html

[55] https://www.heise.de/tp/features/Chinas-Verteidigungsstrategie-ist-gegen-die-USA-ausgerichtet-4489383.html

[56] https://www.nytimes.com/2021/07/26/us/politics/china-nuclear-weapons.html

[57] https://www.washingtonpost.com/national-security/china-nuclear-missile-silos/2021/06/30/0fa8debc-d9c2-11eb-bb9e-70fda8c37057_story.html

[58] https://www.spiegel.de/ausland/china-so-feiert-das-land-den-100-jahrestag-der-kommunistischen-partei-a-36ca1892-c846-4145-9c89-26777393a216

[59] https://www.handelsblatt.com/politik/international/atomwaffen-us-bericht-china-beschleunigt-ausbau-von-nukleararsenal/27767488.html

[60] https://www.dailymail.co.uk/news/article-10024535/China-prepared-strike-using-nukes-diplomat-says.html

[61] https://www.dailymail.co.uk/news/article-10024535/China-prepared-strike-using-nukes-diplomat-says.html

[62] https://www.nzz.ch/international/china-beschleunigt-seine-nukleare-aufruestung-ld.1653624

[63] https://www.theguardian.com/world/2011/jun/29/saudi-build-nuclear-weapons-iran

[64]https://eudocs.lib.byu.edu/index.php/Neville_Chamberlain's_%22Peace_For_Our_Time%22_speech

[65] https://www.nzz.ch/wirtschaft/donald-trump-setzt-mit-iran-sanktionen-weltweit-firmen-unter-druck-ld.1386168

[66] https://www.welt.de/politik/ausland/article207508767/Atomprogramm-im-Iran-Eine-Bombe-im-Schatten-von-Corona.html

[67] https://www.spiegel.de/politik/ausland/israel-benjamin-netanyahu-nennt-entscheidung-des-uno-sicherheitsrats-skandaloes-a-6effabb6-b399-4031-a087-ce72e6a9a2e6

[68] https://www.spiegel.de/politik/ausland/iran-mohsen-fakhrizadeh-chef-des-iranischen-atomprogramms-bei-attentat-getoetet-a-60e708c0-1ef6-4674-9dc5-f840aed3d469

[69] https://www.zeit.de/gesellschaft/zeitgeschehen/2018-12/time-magazine-jamal-khashoggi-saudi-arabien

[70] https://internationalepolitik.de/de/nuklearterrorismus

[71] https://www.kas.de/c/document_library/get_file?uuid=769bfe35-3627-6129-e602-e49eca98e965&groupId=252038

[72] https://www.hsfk.de/publikationen/publikationssuche/publikation/nuklearterrorismus-akute-bedrohung-oder-politisches-schreckgespenst

[73] https://www.zeit.de/politik/ausland/2022-02/wladimir-putin-versetzt-atomstreitkraefte-in-alarmbereitschaft

[74] https://www.tagesschau.de/inland/ukraine-waffen-scholz-103.html

[75] https://www.spiegel.de/politik/deutschland/news-ukraine-annalena-baerbock-nancy-pelosi-isabel-allende-a-e5bec401-2b97-4c12-8402-d64ce07a56a8

[76] https://www.faz.net/aktuell/politik/ausland/ukraine-krieg-lawrow-sieht-russland-im-stellvertreterkrieg-mit-nato-17983486.html?GEPC=s9

[77] https://www.spiegel.de/ausland/uno-konferenz-zum-atomwaffensperrvertrag-joe-biden-will-mit-russland-neu-verhandeln-a-e10db405-a5ca-4c8f-8a9b-17a49b7a91db

[78] Stockholm International Peace Research Institute SIPRI Yearbook 2018, Oxford University Press, ISBN 978-0-19-882155-7

[79] https://www.faz.net/aktuell/politik/russland-nachrichtenagentur-feiert-irrtuemlich-sieg-ueber-ukraine-17840071.html

[80] Birgitte Refslund Sørensen/Marc Vincent: *Caught Between Borders: Response Strategies of the Internally Displaced*, Pluto Press 2001, ISBN 0-7453-1818-5.

[81] Nikola Cvetkovski: *The Georgian-South-Ossetian Conflict;* Danish Association for Research on the Caucasus 2009, Kapitel 4.4 „Combatants and the Natu- of Warfare."

[82] Pilar Bonet: *Guerra en el Cáucaso Rusia interviene en el Cáucaso para quedarse y controlar su espacio vital.* In: El País, 17. August 2008

[83] https://www.tagesschau.de/ausland/ukraine114.html

[84] https://www.businessinsider.de/politik/welt/so-brutal-agiert-putins-wagner-group/
https://web.archive.org/web/20100422121915/http:/ec.europa.eu/external_relations/ukraine/index_en.htm
Birgitte Refslund Sørensen/Marc Vincent: *Caught Between Borders: Response Strategies of the Internally Displaced*, Pluto Press 2001, S. 234–235. ISBN 0-7453-1818-5.

[85] https://www.nzz.ch/international/ukraine-chronologie-der-maidan-revolution-ld.1290571

[86] https://www.zeit.de/politik/ausland/2014-09/russland-soldaten-ukraine-staatsfernsehen

[87] https://www.cbc.ca/news/world/pro-russian-rebels-officially-labelled-terrorists-by-ukraine-government-1.2933845

[88] https://www.ohchr.org/documents/countries/ua/hrmmureport15june2014.pdf

[89] https://www.ohchr.org/EN/NewsEvents/Pages/DisplayNews.aspx

[90] https://www.faz.net/aktuell/politik/ausland/europa/ukrainekonflikt-von-wegen-waffenruhe-13511725.html

[91] https://www.tagesanzeiger.ch/ausland/europa/die-gewalt-kann-jederzeit-gestoppt-werden/story/13734340

[92] https://www.nzz.ch/meinung/debatte/der-krim-konflikt-und-das-voelkerrecht-1.18265005

[93] https://www.zeit.de/politik/ausland/2015-03/putin-krim-annexion

[94] https://www.un.org/en/ga/search/view_doc.asp?symbol=A/RES/68/262

[95] https://www.dw.com/de/marine-experte-krim-ist-russlands-sprungbrett-ins-mittelmeer/a-17463353

[96] https://ru.wikisource.org/wiki/Федеральный_конституционный_закон_от_21.03.2014_№_6-ФКЗ

[97] https://www.spiegel.de/kultur/wladimir-putin-michel-eltchaninoff-ueber-die-patchwork-philosophie-des-praesidenten-a-37b31062-94aa-4d3f-8fcb-c4b8598d0206

[98] https://www.stern.de/politik/ausland/ukraine--was-hinter-der-anerkennung-der--volksrepubliken--steckte-31650072.html

[99] https://www.nytimes.com/2012/11/16/opinion/the-worlds-next-genocide.html

[100] https://www.reuters.com/article/us-syria-ceasefire/text-of-annans-six-point-peace-plan-for-syria-idUSBRE8330HJ20120404

[101] https://www.securitycouncilreport.org/atf/cf/%7B65BFCF9B-6D27-4E9C-8CD3-CF6E4FF96FF9%7D/Syria%20SRES%202043.pdf

[102] https://www.nytimes.com/2013/09/17/world/europe/syria-united-nations.html

[103] https://www.dailyrecord.co.uk/news/uk-world-news/its-time-use-force-syria-2210357

[104] https://www.reuters.com/article/us-syria-crisis-chemicalweapons-exclusiv/exclusive-tests-link-syrian-government-stockpile-to-largest-sarin-attack-sources-idUSKBN1FJ0MG

[105] https://www.defense.gov/Explore/News/Article/Article/603271/

[106]https://web.archive.org/web/20170201172657/https:/www.defensie.nl/english/topics/iraq/contents/dutch-military-contribution

[107] https://www.kas.de/de/laenderberichte/detail/-/content/tunesien-im-arabischen-fruehling

[108] https://www.amica-ev.org/amica-in-libyen/10-jahre-revolution/

[109] https://www.vorwaerts.de/artikel/arabischer-fruehling-aegypten-gescheiterte-revolution

[110] https://www.spiegel.de/politik/ausland/wladimir-putin-wirft-petro-poroschenko-provokation-in-kertsch-vor-a-1244752.html

[111] https://www.spiegel.de/ausland/wladimir-putin-ruestet-alexander-lukaschenko-aus-russland-will-belarus-atomwaffenfaehige-raketen-liefern-a-255d89d6-7ad8-433a-a820-9d1a29403dda

[112] https://www.spiegel.de/wissenschaft/technik/iskander-m-russlands-raketen-in-der-ukraine-mit-ungewoehnlicher-munition-a-c448b3ed-badf-4763-88bc-115edd425913

[113] https://www.zdf.de/nachrichten/politik/ukraine-krieg-russland-proteste-100.html

[114] https://www.welt.de/politik/ausland/video237112641/Angriff-auf-Ukraine-Putin-ordnet-besondere-Militaeroperation-an.html

[115] https://www.rnd.de/politik/ukraine-wolodymyr-selenskyis-mut-verbluefft-freund-und-feind-DGR2T4BXS5AW3EJP2W5ADASRJY.html

[116] Erich Donnert: *Das Kiewer Russland – Kultur und Geistesleben vom 9. bis zum beginnenden 13. Jahrhundert.* 1. Auflage, Urania-Verlag, Leipzig, 1983

[117] https://www.laenderdaten.info/Europa/Ukraine/index.php

[118] https://www.spiegel.de/ausland/ukraine-russland-krieg-reaktionen-auf-deutsche-waffen-lieferungen-an-die-ukraine-a-ea36e6c0-0701-4e9d-93dd-2426f872764a

[119] https://www.spiegel.de/politik/deutschland-genehmigt-panzerfaust-lieferungen-an-die-ukraine-a-9e051204-4c43-4c42-a0e6-e00d484c716f

120 https://www.spiegel.de/ausland/russland-ukraine-news-am-samstag-wolodymyr-selenskyj-erwartet-russischen-sturm-auf-kiew-noch-diese-nacht-a-d5b90774-e2c4-4048-9fe7-961d47e5ed3f

121 https://www.sueddeutsche.de/politik/konflikte-ukraine-stimmt-verhandlungen-mit-russland-zu-dpa.urn-newsml-dpa-com-20090101-220227-99-310200

122 https://www.n-tv.de/politik/Botschafter-Melnyk-lobt-deutsche-Waffenlieferungen-article23158667.html

123 https://www.sueddeutsche.de/politik/konflikte-scholz-erklaert-sich-nach-kurswechsel-in-der-ukraine-krise-dpa.urn-newsml-dpa-com-20090101-220226-99-300593

124 https://www.welt.de/politik/ausland/article237140631/Russland-Deutschlands-Unterwerfung-Geschichte-eines-historischen-Versagens.html

125 https://www.mdr.de/geschichte/zeitgeschichte-gegenwart/freundschaft-schroeder-putin-russland-ukraine-gazprom-nordstream-lobbyismus-100.html

126 https://www.spiegel.de/ausland/russland-krieg-in-der-ukraine-westliche-staaten-schliessen-russische-banken-aus-swift-aus-a-a8ba2a6f-fc59-4d6c-9962-c39967e4c1ef

127 https://de.wikipedia.org/wiki/SWIFT

128 https://ec.europa.eu/commission/presscorner/detail/de/statement_22_1422

129 https://www.tagesschau.de/wirtschaft/weltwirtschaft/rubel-absturz-sanktionen-krieg-ukraine-101.html

130 https://www.businessinsider.de/wirtschaft/sanktionierte-oligarchen-brechen-in-traenen-aus-weil-sie-nicht-mehr-privat-jets-urlaube-nicht-mal-uber-buchen-koennen-b/

131 https://www.focus.de/politik/ausland/ukraine-krieg-mehrere-russische-medien-nicht-erreichbar-weil-anonymous-sie-gehackt-hat_id_60717133.html

132 https://www.dailymail.co.uk/news/article-10549849/Hacking-collective-Anonymous-declares-cyber-war-against-Vladimir-Putins-government.html

133 https://www.spiegel.de/ausland/ukraine-maulkorb-fuer-russlands-kriegsgegner-a-1173a5af-6aea-4739-b4cc-6fe2a37eebd4

134 https://www.zdf.de/nachrichten/politik/ukraine-krieg-russland-proteste-100.html

135 https://www.zeit.de/politik/ausland/2022-02/wladimir-putin-versetzt-atomstreitkraefte-in-alarmbereitschaft

136 https://www.handelsblatt.com/dpa/konjunktur/wirtschaft-handel-und-finanzen-russischer-aussenminister-lawrow-wirft-westen-nukleare-panikmache-vor/28126580.html

137 https://www.tagesspiegel.de/politik/laut-macron-steht-das-schlimmste-noch-bevor-putin-droht-der-ukraine-mit-neuen-forderungen/28126776.html

[138] https://www.rnd.de/politik/olaf-scholz-kuendigt-an-100-milliarden-euro-zusaetzlich-fuer-die-bundeswehr-J44S6CEEPFGRBMVHJPKYQNSFGQ.html

[139] https://www.spiegel.de/politik/deutschland/ukrainekrieg-buendnis-90-gruene-wollen-u-bahnhoefe-und-tiefgaragen-als-schutzraeume-nutzen-a-e108dab6-157b-434a-92c4-cd04ab777003

[140] https://www.deutschlandfunk.de/nord-stream-2-gas-kritik-abhaengig-100.html

[141] https://www.ndr.de/geschichte/schauplaetze/Ostsee-Pipeline-Nord-Stream-Als-Russland-den-Gashahn-aufdrehte,nordstream622.html

[142] https://www.faz.net/aktuell/wirtschaft/nord-stream-1-russland-droht-mit-gas-lieferstopp-17859818.html?GEPC=s9

[143] https://www.focus.de/finanzen/news/wirtschaftlich-nicht-sinnvoll-strom-zu-teuer-erstes-deutsches-stahlwerk-stoppt-jetzt-die-produktion_id_65896610.html

[144] https://www.manager-magazin.de/politik/weltwirtschaft/gas-aus-russland-warum-die-ukraine-von-jeder-lieferung-profitiert-a-56d2060f-a90f-46ce-b4a6-03ad48190450?fbclid=IwAR1rjMGI0r4GBIS4WcRDEK0XEJoWnjx1Jxi5p0eGVbS-vestrZqp7uJ7tjF8

[145] https://www.focus.de/finanzen/tanker-wende-mitten-im-atlantik-zeigt-dass-keiner-russlands-oel-haben-will_id_78164675.html

[146] https://www.spiegel.de/ausland/ukraine-krieg-litauens-ex-praesident-vytautas-landsbergis-gibt-frank-walter-steinmeier-und-olaf-scholz-mitschuld-an-russischen-kriegsverbrechen-a-9bd326fb-c387-44ef-809d-b85285f1788d

[147] https://www.spiegel.de/wirtschaft/energiekrise-ukraine-bietet-deutschland-atomstrom-an-a-b0f096e7-b400-43f0-8ceb-4c88332b5719

[148] https://www.dailymail.co.uk/news/article-10751743/Sweden-Finland-agree-apply-NATO-membership-defiance-Russian-threats.html

[149] https://www.spiegel.de/ausland/joe-biden-praesident-der-usa-nennt-nato-beistand-in-polen-heilige-verpflichtung-a-1d0d0355-275c-4b30-b5f6-236120330ad5

[150] https://www.rnd.de/politik/krieg-in-der-ukraine-elon-musk-aktiviert-starlink-satelliten-fuer-internet-in-der-ukraine-LRTUT55MZ2USOOOPGWV7TQSKWQ.html

[151] https://www.zeit.de/politik/ausland/2022-02/ukrainischer-praesident-selenskyj-ruft-kriegszustand-aus

[152] https://www.nw.de/nachrichten/nachrichten/23202220_Bewegende-Videobotschaften-Was-sagt-Selenskyj.html

[153] https://www.berliner-zeitung.de/wochenende/pandora-papers-volodymyr-selenskij-der-ukrainische-praesident-und-sein-peinliches-netzwerk-li.188923

[154] https://weltwoche.ch/daily/vom-kleptokraten-zum-heldenpraesidenten-es-ist-nicht-lange-her-dass-die-pandora-papers-die-korruption-von-wolodymyr-selenskyj-offenlegten/

[155] https://www.tagesschau.de/ausland/asien/china-aussenpolitik-107.html

[156] https://www.spiegel.de/ausland/richard-nixon-und-china-war-der-besuch-des-us-praesidenten-vor-50-jahren-ein-fehler-a-0aa4c5a3-5b3a-43cc-b098-5f6e2cb71a06

[157] https://www.tagesspiegel.de/politik/hilfe-aus-peking-fuer-putin-der-russische-praesident-ist-in-die-falle-getappt/28089950.html

[158] https://www.spiegel.de/ausland/russland-ukraine-krieg-uno-sicherheitsrat-zeigt-sich-zutiefst-besorgt-a-e3a173b7-d941-48e9-bd71-b6ba96124f19

[159] https://www.spiegel.de/ausland/russland-so-wurde-wladimir-putin-wie-er-ist-a-c77ae46d-4be1-4413-9dab-94b2500726ea

[160] https://nsn.fm/hots/hots-putin-rasskazal-o-zagnannoy-v-ugol-kryse

[161] https://www.nzz.ch/international/ukraine-krieg-putin-verspielt-russlands-zukunft-ld.1671913

[162] https://www.bild.de/unterhaltung/leute/leute/us-praesident-joe-biden-droht-reichen-russen-wir-holen-uns-eure-yachten-und-priv-79332752.bild.html

[163] https://www.tagesschau.de/ausland/europa/italien-putin-jacht-101.html

[164] https://www.bz-berlin.de/welt/russischer-geschaeftsmann-setzt-1-million-dollar-kopfgeld-auf-putin-aus

[165] https://www.fr.de/politik/joe-biden-putin-selenskyj-nato-ukraine-news-krieg-russland-angriff-polen-usa-zr-91435740.html

[166] https://www.tagesschau.de/ausland/europa/butscha-ukraine-tote-kriegsverbrechen-101.html

[167] https://www.spiegel.de/ausland/ukraine-krieg-uno-generalsekretaer-guterres-fordert-untersuchung-der-russland-zugeschriebenen-kriegsverbrechen-a-308b8cde-0951-4c83-878c-6bafea3b4ae7

[168] https://www.tagesschau.de/ausland/europa/ukraine-kiew-mariupol-russland-guterres-un-101.html

[169] https://www.tagesschau.de/ausland/europa/ukraine-usa-russland-kriegsverbrechen-verfahren-101.html

[171] *75 Jahre UNO – Macht und Ohnmacht der Vereinten Nationen*, Andreas Dripke, Hang Nguyen, ISBN 978-3-947818-07-5

[172] https://www.t-online.de/nachrichten/specials/id_90385596/wieso-die-usa-den-internationalen-strafgerichtshof-nicht-anerkennen.html

[173] https://www.tagesschau.de/ausland/biden-rede-polen-101.html

[174] https://www.zeit.de/politik/ausland/2020-12/russland-gesetz-ex-staatschefs-immunitaet-lebenslang-wladimir-putin

[175] https://www.spiegel.de/ausland/ukraine-russland-krieg-am-mittwoch-lettland-fuehrt-wieder-wehrpflicht-ein-a-19d3257a-52f1-46c5-9480-8382a29b7071

[176] https://www.spiegel.de/wissenschaft/technik/ukraine-wie-die-panzerhaubitze-2000-helfen-koennte-a-ab20e785-74d6-4b4f-8438-aa7dedb9c786

[177] https://www.tagesschau.de/inland/innenpolitik/waffenlieferung-ukraine-107.html

[178] https://www.faz.net/aktuell/politik/inland/ukraine-bundesregierung-will-gepard-panzer-liefern-17983815.html?GEPC=s9

[179] https://www.n-tv.de/politik/Neues-Gutachten-Ist-die-Ausbildung-ukrainischer-Soldaten-in-Deutschland-eine-Kriegsbeteiligung-article23302046.html

[180] https://web.de/magazine/politik/russland-krieg-ukraine/streitfrage-waffenliefe-rungen-erhaelt-ukraine-nato-staaten-36808838

[181] https://www.faz.net/aktuell/politik/ausland/ukraine-krieg-lawrow-sieht-russland-im-stellvertreterkrieg-mit-nato-17983486.html?GEPC=s9

[182] https://www.br.de/nachrichten/meldung/usa-bilden-ukrainische-soldaten-in-deutschland-aus,30049cfed

[183] https://www.zeit.de/politik/ausland/2022-05/russland-9-mai-feiertag-wladimir-putin

[184] https://www.spiegel.de/ausland/drohende-konflikte-auf-dem-westbalkan-putins-brueder-a-7fbf409a-b1fc-45d7-ae45-ac69e329c628

[185] https://www.t-online.de/nachrichten/ausland/id_91718198/krieg-in-der-ukraine-nimmt-putin-diese-laender-als-naechstes-ins-visier-.html

[186] https://www.spiegel.de/ausland/michail-chodorkowski-ueber-wladimir-putin-er-wird-nato-staaten-angreifen-so-oder-so-a-ebd75a27-0591-47fd-8974-889edb5e5a32

[187] https://www.dailymail.co.uk/news/article-10751743/Sweden-Finland-agree-apply-NATO-membership-defiance-Russian-threats.html

[188] https://www.fr.de/politik/ukraine-krieg-konflikt-russland-news-finnland-schwe-den-nato-beitritt-jens-stoltenberg-ramstein-zr-91502161.html

[189] https://www.spiegel.de/ausland/uno-konferenz-zum-atomwaffensperrvertrag-joe-biden-will-mit-russland-neu-verhandeln-a-e10db405-a5ca-4c8f-8a9b-17a49b7a91db

[190] Günter Bischof, Saki Dockrill (Hrsg.): *Cold war respite. The Geneva Summit of 1955.* Louisiana State University Press, Baton Rouge, ISBN 978-0-8071-2370-6

[191] http://www-pub.iaea.org/MTCD/publications/PDF/Pub1032_web.pdf

[192] *Deutschlandvertrag* (Nachdruck 1991), in: Heiner Timmermann (Hrsg.): *Deutschlandvertrag und Pariser Verträge. Im Dreieck von Kaltem Krieg, deutscher Frage und europäischer Sicherheit* (= *Dokumente und Schriften*

der Europäischen Akademie Otzenhausen, Bd. 115), Lit Verlag, Münster 2003, S. 75–82, hier S. 78 f.

[193] https://www.br.de/radio/bayern2/sendungen/radiowissen/geschichte/geschichte-atomkraft-nutzung100.html

[194] https://www.arte.tv/de/afp/neuigkeiten/scholz-bekraeftigt-klares-nein-zur-atomkraft

[195] B. Heuel-Fabianek: Übertragung von atomrechtlichen Genehmigungen bei der Abspaltung und Ausgliederung von Unternehmensteilen. in: Das neue Strahlenschutzrecht - Expositionssituationen und Entsorgung, 49. Jahrestagung des Fachverbandes für Strahlenschutz, 09.–12. Oktober 2017 in Hannover, Tagungsband, S. 31–34, ISSN 1013-4506

[196] https://pris.iaea.org/PRIS/CountryStatistics/CountryDetails.aspx?current=DE

[197] https://www.politische-bildung.de/energiewende-atomausstieg

[198] https://www.dw.com/de/atomkraft-ende-renaissance-endlagersuche-deutschland-usa-china-indien-russland-polen-erneuerbare/a-56442340

[199] https://de.wikipedia.org/wiki/Liste_der_Nuklearanlagen_in_den_Vereinigten_Staaten

[200] https://www.iwr.de/news/usa-schalten-2021-rekordzahl-an-atomkraftwerken-ab-negativtrend-bei-kohlekraftwerken-haelt-an-news37196

[201] http://www.bloomberg.com/apps/news?pid=20601130&sid=aoumcQ0grg0M

[202] https://www.solarify.eu/2019/12/09/641-0-us-atommuell-deponie-im-pazifik-droht-aufzubrechen/

[203] *Bikini*. In: Heinrich Schnee (Hrsg.): *Deutsches Kolonial-Lexikon*. Band 3. Quelle & Meyer, Leipzig 1920

[204] https://de.wikipedia.org/wiki/Liste_der_kerntechnischen_Anlagen_in_Russland

[205] https://www.gtai.de/gtai-de/trade/russland/branchen/rosatom-setzt-auf-mini-reaktoren-und-schnelle-brueter-677596

[206] https://www.sueddeutsche.de/politik/atomenergie-und-geopolitik-kernkraft-auf-pump-1.5495058

[207] https://www.spiegel.de/wissenschaft/technik/russland-schwimmendes-atomkraftwerk-akademik-lomonossow-erreicht-hafen-in-pewek-a-1286846.html

[208] https://www.bpb.de/internationales/europa/russland/analysen/333415/analyse-russische-reaktoren-und-russischer-atommuell

[209] https://enorm-magazin.de/umwelt/deutsche-atomtransporte-nach-russland-das-uran-wird-unter-freiem-himmel-gelagert

[210] https://de.statista.com/statistik/daten/studie/157767/umfrage/anzahl-der-geplanten-atomkraftwerke-in-verschiedenen-laendern/

[211] https://www.tagesschau.de/ausland/asien/china-atomenergie-101.html

[212] https://de.statista.com/statistik/daten/studie/235558/umfrage/anteil-der-atomenergie-an-der-stromerzeugung-in-china/

[213] https://www.dw.com/de/atomkraft-ende-renaissance-endlagersuche-deutschland-usa-china-indien-russland-polen-erneuerbare/a-56442340

[214] https://www.trendingtopics.eu/groesster-schwimmender-offshore-windpark-vor-schottland-gestartet/

[215] https://www.trendingtopics.eu/264-meter-china-will-groesstes-offshore-windrad-der-welt-bauen/

[216] https://www.tagesschau.de/ausland/china-klima-kohle-101.html

[217] https://www.faz.net/aktuell/politik/ausland/china-peking-holt-sich-deutsche-hilfe-fuer-atommuellendlager-1233862.html

[218] https://table.media/china/professional-briefing/verglaster-atommuell-covid-ursprung-mehr-kredite-fuer-kohlestrom/

[219] https://www.welt.de/wirtschaft/article235936802/Allheilmittel-Atomkraft-Frankreich-reisst-Klimaziele-trotz-56-Kernkraftreaktoren.html

[220] https://www.tagesschau.de/ausland/europa/macron-atomkraftwerke-frankreich-101.html

[221] https://www.andra.fr/les-dechets-radioactifs/les-solutions-de-gestion/etudier-des-solutions-de-gestion-pour-les-dechets

[222] https://www.t-online.de/nachrichten/deutschland/id_91416846/gruener-atomstrom-wer-ist-auf-dem-teuren-irrweg-.html

[223] https://www.dw.com/de/akw-fessenheim-ist-stillgelegt/a-53991863

[224] https://www.swr.de/swraktuell/baden-wuerttemberg/suedbaden/protest-gegen-technocentre-deutsch-franzoesischer-gewerbepark-106.html

[225] https://www.heise.de/tp/features/EU-Die-750-Milliarden-Euro-Fragen-4791055.html

[226] https://web.archive.org/web/20160422045000/https://www.volkswagenstiftung.de/de/veranstaltungen/veranstaltungsarchiv/detailansicht-veranstaltung/news/detail/artikel/40-jahre-grenzen-des-wachstums-oeffentliche-abendveranstaltung-mit-dennis-meadows-1/marginal/3815.html

[227] Radkau: *Die Ära der Ökologie: Eine Weltgeschichte.* Beck, 2011, ISBN 978-3-406-61372-2. Zitiert nach Peter Leusch: *Kann blockieren Sünde sein – Geschichte der Anti-AKW-Bewegung.* im Deutschlandradio.

[228] Jochen Antz: *Sonnenenergie - Sie war Studentin, saß in ihrem Zimmer und malte ein kleines Bild. So erfand die Dänin Anna Lund vor 36 Jahren das Symbol der Anti-Atomkraft-Bewegung*, Süddeutsche Zeitung Nr. 65, S. 3, 19./20. März 2011.

229 http://www.markenmagazin.de/atomkraft-nein-danke-logo-rote-sonne-auf-gelbem-grund/

230 https://www.planet-wissen.de/geschichte/deutsche_geschichte/studentenbewegung/pwienotstandsgesetze100.html

231 https://www.bpb.de/apuz/30417/die-apo-und-der-zerfall-der-gruppe-47

232 https://www.ndr.de/geschichte/chronologie/3-Mai-1980-Atomkraftgegner-errichten-Republik-Freies-Wendland,freierepublikwendland100.htm

233 https://www.bundestag.de/dokumente/textarchiv/natodoppelbeschluss-200098

234 https://www.planet-wissen.de/geschichte/deutsche_geschichte/kalter_krieg/pwiedernatodoppelbeschluss100.html

235 https://www.gruene.de/unsere-gruene-geschichte

236 https://www.grin.com/document/114691

237 https://www.bundestag.de/webarchiv/textarchiv/2013/42884746_kw09_wahlen_1983_kalenderblatt-210888

238 https://de.wikipedia.org/wiki/Geschichte_von_Bündnis_90/Die_Grünen

239 https://www.frm2.tum.de/fileadmin/w00bnv/www/Aktuelles___Medien/Broschueren/Sonstige/40Jahre_Atom-Ei.pdf

240 https://www.bpb.de/apuz/333362/kleine-geschichte-der-atomkraft-kontroverse-in-deutschland

241 https://www.lpb-bw.de/wyhl-40-jahre-danach

242 https://www.lpb-bw.de/wyhl-40-jahre-danach

243 https://www.hdg.de/lemo/kapitel/geteiltes-deutschland-krisenmanagement/bundesrepublik-im-umbruch/anti-atomkraft-bewegung.html

244 https://www.nrz.de/region/niederrhein/der-schnelle-brueter-und-die-geschichte-des-widerstands-id232118617.html

245 https://www.zdf.de/nachrichten/heute/vor-30-jahren-baustopp-fuer-die-wieder-aufarbeitungsanlage-wackersdorf-100.html

246 https://www.zdf.de/nachrichten/heute/vor-30-jahren-baustopp-fuer-die-wieder-aufarbeitungsanlage-wackersdorf-100.html

247 R. H. Rainey, J. G. Moore: *Laboratory development of the acid THOREX PROCESS for recovery of consolidated Edison Thorium rector fuel.* OAK RIDGE NATIONAL LABORATORY, ORNL-3155, 1962

248 https://www.burglengenfeld.de/fileadmin/user_upload/web_Anti-WAAhnsinnsfestival_Jahresband.pdf

249 https://www.planet-wissen.de/technik/atomkraft/das_reaktorunglueck_von_tschernobyl/geschichte-der-anti-atomkraft-bewegung-100.html#Proteste-gegen-AKWs-und-Endlager

[250] Florian Lüdeke-Freund, Oliver Opel: *Energie*, in: Harald Heinrichs, Gerd Michelsen (Hrsg.): *Nachhaltigkeitswissenschaften*, Berlin / Heidelberg 2014, S. 429.

[251] Nicola Armaroli, Vincenzo Balzani: *The Future of Energy Supply: Challenges and Opportunities.* In: *Angewandte Chemie International Edition.* Bd. 46, 2007, S. 52–66, S. 52, doi:10.1002/anie.200602373.

[252] https://ec.europa.eu/info/strategy/priorities-2019-2024/european-green-deal_de

[253] https://www.merkur.de/politik/atomkraft-streit-kernergie-deutschland-frankreich-scholz-macron-ampel-gruene-atommuell-endlager-klimaneutral-91201422.html

[254] https://www.msn.com/de-de/nachrichten/politics/breton-akws-in-der-eu-benti-gen-milliarden-euro-investitionen-bis/ar-AASzTZd?ocid=sapphireappshare

[255] https://www.spiegel.de/wirtschaft/unternehmen/taxonomie-europarlament-stuft-atom-und-gas-als-klimafreundlich-ein-a-cd10ff82-b7f4-4d94-bb29-f24ae587155d

[256] https://www.vdi-nachrichten.com/technik/energie/eu-taxonomie-kern-und-gas-kraftwerke-als-gretchenfrage-beim-klimaschutz/

[257] https://www.nachhaltigkeitsrat.de/aktuelles/eu-taxonomie-so-steht-es-auf-dem-weg-zur-nachhaltigen-wirtschaft/

[258] https://www.merkur.de/politik/streit-um-anerkennung-von-atomkraft-als-nach-haltig-sorgt-fuer-zwist-zwischen-berlin-und-paris-91204311.html

[259] https://www.spiegel.de/wissenschaft/mensch/belchatow-in-polen-das-groesste-braunkohlekraftwerk-der-welt-a-1300995.html

[260] https://www.heise.de/tp/features/Frankreich-immer-naeher-am-Blackout-6330119.html

[261] https://www.umweltbundesamt.de/daten/energie/primaerenergiegewinnung-im-porte

[262] https://www.rnd.de/wirtschaft/deutschland-importiert-36-prozent-mehr-strom-als-2019-V24XBPEKF5Y5DAAX6YPDOUZ5DA.html

[263] https://www.faz.net/aktuell/wirtschaft/klima-nachhaltigkeit/druck-auf-robert-ha-beck-waechst-ein-minister-nur-fuers-klima-17729650.html

[264] https://www.rnd.de/wirtschaft/klimaschutz-deutschland-versagt-co2-ausstoss-in-2021-stark-gestiegen-ODR2IVYCKNFFFPFL4B6EBCBSUA.html

[265] https://www.pv-magazine.de/2022/01/06/hunderte-stromanbieter-kuendigen-kraeftige-preiserhoehungen-von-durchschnittlich-64-prozent-an/

[266] https://1e9.community/t/sollten-wir-auf-mini-atomkraftwerke-setzen-um-das-klima-zu-retten/9691

[267] https://1e9.community/t/sollten-wir-auf-mini-atomkraftwerke-setzen-um-das-klima-zu-retten/9691

[268] https://www.handelsblatt.com/politik/deutschland/klimaschutz-mit-diesen-sofort-massnahmen-will-habeck-bei-der-energiewende-tempo-machen/27964700.html

269 https://www.noz.de/deutschland-welt/wirtschaft/artikel/wo-kommt-unser-gas-her-grafik-zeigt-anteile-der-exportlaender-21180831

270 https://www.deutschlandfunk.de/nord-stream-2-gas-kritik-abhaengig-100.html

271 https://www.tagesschau.de/wirtschaft/technologie/lng-terminal-deutschland-101.html

272 https://www.welt.de/politik/deutschland/article237180045/Deutschland-100-Milliarden-Euro-fuer-Bundeswehr-Fluessiggas-Terminals.html

273 https://de.wikipedia.org/wiki/Blackout_–_Morgen_ist_es_zu_spät

274 https://publications.jrc.ec.europa.eu/repository/handle/JRC125953

275 https://ec.europa.eu/energy/sites/default/files/opinion_of_article_31_goe_on_the_jrc_report_28_june_2021.pdf

276 https://www.planet-schule.de/frage-trifft-antwort/video/detail/wie-funktioniert-ein-kernkraftwerk.html

277 https://www.base.bund.de/SharedDocs/Glossareintraege/DE/M/moderator.html

278 https://www.euro-fusion.org/fileadmin/user_upload/Archive/wp-content/uploads/2013/02/JG12.356-web.pdf

279 https://www.cosmos-indirekt.de/Physik-Schule/Chicago_Pile

280 https://www.chemie.de/lexikon/MOX-Brennelement.html

281 Mandel, Heinrich: *Standortfragen bei Kernkraftwerken*, *atw atomwirtschaft* 1/1971, S. 22–26

282 https://web.archive.org/web/20110714092610/http://www.ensi.ch/fileadmin/deutsch/files/Arbeitsweise.pdf

283 https://books.google.de/books?id=SJOE00whg44C&pg=PA235#v=onepage&q&f=false

284 *Accidents: 1960's.* In: *Nuclear Age Peace Foundation.* 14. März 2011

285 https://www.kernenergie.ch/de/tschernobyl-_content---1--1105.html

286 https://www.weltderphysik.de/gebiet/technik/energie/kernenergie/schneller-brueter/

287 https://www.kuladig.de/Objektansicht/O-50930-20120702-4#id2

288 https://www.bundestag.de/resource/blob/803686/9029c1122daec9568e97bd6b32fdd019/WD-8-049-20-pdf-data.pdf

289 *Technology Roadmap Update des Gen IV*, aus der Nuclear Energy Agency der OECD, Januar 2014

290 https://www.rnd.de/politik/atomkraftwerke-in-eu-sicherheitsbedenken-bei-neuen-reaktoren-typ-SSTX7XLJZZAJDMUXO7P7TMGCRI.html

[291] https://www.wiwo.de/technologie/wirtschaft-von-oben/wirtschaft-von-oben-132-kernkraft-neue-atomkraftwerke-hier-entscheidet-sich-die-zukunft-der-kernenergie/27816882.html

[292] https://www.mdr.de/wissen/vierte-generation-atomkraft-reaktor-klimawandel-100.html

[293] https://www.heise.de/tp/features/Frankreich-immer-naeher-am-Blackout-6330119.html

[294] https://www.energiezukunft.eu/politik/neues-atomkraftwerk-olkiluoto-iii-in-finnland-fertiggestellt/

[295] https://www.tagesschau.de/ausland/belgien-atomkraftwerke-105.html

[296] https://www.rnd.de/politik/atomkraftwerke-in-eu-sicherheitsbedenken-bei-neuen-reaktoren-typ-SSTX7XLJZZAJDMUXO7P7TMGCRI.html

[297] https://www.spiegel.de/wirtschaft/atomkraft-frankreich-will-bis-zu-14-atomreaktoren-bauen-und-50-offshore-windparks-a-07757d4f-3100-48ff-b200-ea014085e56f

[298] https://www.mdr.de/wissen/vierte-generation-atomkraft-reaktor-klimawandel-100.html

[299] https://www.heise.de/news/Forschungsreaktor-Garching-soll-2022-wieder-anfahren-kein-neuer-Brennstoff-6200271.html

[300] https://www.nuklearforum.ch/de/news/usa-terrapower-baut-ersten-natrium-reaktor-einem-kohle-standort-wyoming

[301] https://www.handelsblatt.com/technik/forschung-innovation/insight-innovation-warren-buffett-und-bill-gates-bauen-ein-kernkraftwerk-hilft-das-im-kampf-gegen-den-klimawandel/27274408.html

[302] https://www.terrapower.com/about/

[303] https://www.spiegel.de/wissenschaft/technik/usa-atomfirma-von-bill-gates-plant-reaktor-in-wyoming-a-d4b053a7-b3cb-44cf-ade6-3e1de8fb73e9

[304] https://www.nuklearforum.ch/de/news/usa-terrapower-baut-ersten-natrium-reaktor-einem-kohle-standort-wyoming

[305] Chen Xuewan, Mo Yelin, Jason Tan, Tao Ziwei: *Nuclear Power Trial in China Will 'Not Proceed'*. In: *Ciaxin*, 5. Januar 2019

[306] https://www.wiwo.de/my/unternehmen/industrie/small-modular-reactors-der-rolls-royce-unter-den-atomkraftwerken/27791106.html

[307] https://www.nuscalepower.com

[308] https://www.zeit.de/wirtschaft/unternehmen/2021-11/rolls-royce-nuklear-reaktoren-atomkraft-klimaschutz-energie

[309] https://www.nuklearforum.ch/de/news/oklo-col-fuer-erstes-fortgeschrittene-reaktorkonzept-den-usa-eingereicht

310 https://www.powermag.com/nrc-dismisses-application-for-oklo-advanced-nuclear-reactor/

311 https://www.base.bund.de/SharedDocs/Pressemitteilungen/BASE/DE/2021/0310_gutachten-pt.html

312 https://esut.de/2021/12/fachbeitraege/31016/us-streitkraefte-erproben-taktische-atomkraftwerke/

313 https://www.tagesschau.de/wirtschaft/technologie/mini-reaktoren-small-modular-reactors-atomkraft-kernenergie-101.html

314 https://www.oeko.de/e-paper/strom-zu-kraftstoff-wofuer-brauchen-wir-ptx/artikel/renaissance-der-kernenergie

315 https://www.stern.de/digital/technik/thorium-ist-so-haeufig-wie-blei---mini-reaktoren-sollen-billig-gruene-energie-produzieren-31460370.html

316 https://www.thmsr.com/en/lftr/

317 https://www.oecd-nea.org/jcms/pl_61814/updates-from-the-generation-iv-international-forum-gif

318 https://www.stern.de/digital/technik/sicher--klein-und-billig---china-baut-den-ersten-thorium-reaktor--30632008.html

319 https://www.gtai.de/gtai-de/trade/russland/branchen/russland-baut-den-noerdlichen-seeweg-zur-handelsroute-aus-541436

320 https://t3n.de/news/kernreaktor-startup-salz-akku-erneuerbar-1435350/

321 https://www.stern.de/digital/technik/neuartiger-mini-reaktor-will-atomunfaelle-nicht-vermeiden--sondern-beherrschbar-machen-30579116.html

322 https://de.statista.com/statistik/daten/studie/167241/umfrage/jaehrlich-produzierte-menge-an-atommuell-in-ausgewaehlten-laendern/

323 https://www.geo.de/natur/oekologie/3631-rtkl-atommuell-wohin-damit#was-ist-atommuell

324 https://de.wikipedia.org/wiki/Wiederaufarbeitung

325 https://www.spektrum.de/news/die-fuenf-wichtigsten-fragen-zur-wiederaufarbeitung/1331703

326 https://www.die-debatte.org/atomendlager-anforderungen/

327 https://www.kn-online.de/Nachrichten/Politik/Aus-Sorge-vor-Atom-Unfall-Deutschland-bestellt-190-Millionen-Jodtabletten

328 https://www.mdr.de/wissen/atommuell-endlager-suche-deutschland-100.html

329 https://www.bmuv.de/themen/atomenergie-strahlenschutz/endlagerprojekte/standortauswahlverfahren-endlager/das-standortauswahlgesetz

330 https://www.base.bund.de/DE/home/home_node.html

331 https://www.bge.de/de/endlagersuche/standortauswahlverfahren/

[332] https://www.ndr.de/geschichte/schauplaetze/gorlebenchronik2_page-2.html

[333] https://www.bge.de/de/asse/

[334] https://www.greenpeace.de/klimaschutz/energiewende/atomausstieg/asse-ii-endlager-gau

[335] https://blog.britishmuseum.org/everything-you-ever-wanted-to-know-about-the-rosetta-stone/

[336] https://www.spiegel.de/geschichte/geheime-atomforschergruppe-human-interference-task-force-a-951293.html

[337] https://www.ipp.mpg.de/ippcms/de/pr/fusion21/kernfusion/index

[338] https://www.br.de/wissen/kernfusion-fusion-energie-kraftwerk-sonne-166.html

[339] https://www.berliner-zeitung.de/zukunft-technologie/die-sonne-auf-der-erde-mit-kernfusion-koennte-man-irdische-energieprobleme-loesen-li.195337

[340] Rutherford, Oliphant, Paul Harteck: Transmutation effects observed with heavy hydrogen, Proc. Roy. Soc. A, Band 144, 1934, S. 692–703, und unter dem gleichen Titel, Nature, Band 133, 1934, S. 413

[341] https://de.wikipedia.org/wiki/Ivy_Mike

[342] http://nuclearweaponarchive.org/Usa/Tests/Ivy.html

[343] https://www.leifiphysik.de/kern-teilchenphysik/kernspaltung-und-kernfusion/grundwissen/fusionswahrscheinlichkeit

[344] https://de.wikipedia.org/wiki/Kernfusion

[345] https://www.iter.org/proj/inafewlines

[346] https://www.energy-daily.com/reports/ITER_IAEA_sign_deal_to_move_nuclear_fusion_research_forward_999.html

[347] https://scilogs.spektrum.de/formbar/iter-aktualisierter-forschungsplan/

[348] http://www.mdcampbell.com/BeyondITER.pdf

[349] https://www.scmp.com/news/china/science/article/3112684/china-turns-its-artificial-sun-quest-nuclear-fusion-energy

[350] https://www.scmp.com/news/china/science/article/3161780/chinas-artificial-sun-hits-new-high-clean-energy-boost

[351] https://www.spektrum.de/news/energiewende-china-bereitet-test-eines-thorium-reaktors-vor/1922764

[352] https://www.nature.com/articles/d41586-021-02459-w

[353] https://t3n.de/news/thorium-kernreaktor-china-1408062/

[354] https://winfuture.de/news,127211.html

[355] https://www.cnbc.com/2021/09/08/fusion-gets-closer-with-successful-test-of-new-kind-of-magnet.html

[356] https://www.stern.de/digital/technik/durchbruch-bei-der-kernfusion---us-firma-steht-vor-der-netto-stromerzeugung-30739006.html

[357] https://cfs.energy

[358] https://www.spiegel.de/wissenschaft/technik/fusionsreaktor-forschern-stehen-an-der-schwelle-der-kernfusion-zuendung-a-bb6b28df-6049-4fbc-9dd5-43c998dcaaf2

[359] https://www.llnl.gov/news/national-ignition-facility-experiment-puts-researchers-threshold-fusion-ignition

[360] https://www.faz.net/aktuell/wissen/physik-mehr/berkeley-forschern-gelingt-durchbruch-bei-kontrollierter-kernfusion-17753201.html?GEPC=s5

[361] https://katapult-mv.de/artikel/wendelstein-7-x

[362] https://www.spiegel.de/wissenschaft/weltall/nasa-startet-ausschreibung-fuer-ein-kernkraftwerk-auf-dem-mond-a-e99bcc6c-8336-452b-8df7-4d07f2f7d1b1

[363] https://www.geo.de/wissen/weltall/23589-rtkl-kernkraft-darum-planen-die-usa-ein-atomkraftwerk-auf-dem-mond

[364] https://www.hq.nasa.gov/alsj/a12/A12_MissionReport.pdf

[365] https://www.washingtonpost.com/health/us-eyes-building-nuclear-power-plants-for-moon-and-mars/2020/07/24/8ed78f50-cdf5-11ea-99b0-8426e26d203b_story.html

[366] https://www.deutschlandfunk.de/ruestungskontrolle-im-weltraum-gefaehrliches-wettruesten.676.de.html?dram:article_id=444997

[367] https://sicherheitspolitik.bpb.de/m7/articles/m7-04

[368] https://www.zeit.de/gesellschaft/zeitgeschehen/2020-12/chang-e-5-china-mondmission-flagge-mond

[369] https://www.futurezone.de/science/article233278681/Mars-Mission-Jetzt-kontert-China-mit-spektakulaerem-Bild-der-Oberflaeche.html

[370] https://www.futurezone.de/science/article233069801/NASA-Ingenuity-zeigt-grossartige-Bilder-der-Mars-Oberflaeche.html

[371] https://en.wikipedia.org/wiki/The_Martian_Way_and_Other_Stories

[372] https://www.tagesschau.de/wirtschaft/technologie/elon-musk-mars-spacex-101.html

[373] https://www.ingenieur.de/technik/fachbereiche/raumfahrt/kommerzialisierung-im-all-die-private-raumfahrt-holt-auf/

[374] https://www.spiegel.de/geschichte/us-raketenabwehr-ronald-skywalkers-albtraum-a-946765.html

[375] https://www.spiegel.de/wissenschaft/technik/schutzschild-fuer-deutschland-was-kann-das-abwehrsystem-arrow-3-aus-israel-a-dc103bac-9dc2-44a0-816e-e8ed59de7a70?sara_ecid=soci_upd_KsBF0AFjflf0DZCxpPYDCQgO1dEMph

[376] https://t3n.de/news/israel-testet-laser-gegen-raketen-1466615/

[377] https://www.navalnews.com/naval-news/2022/04/u-s-navy-conducts-historic-test-of-new-laser-weapon-system/

[378] https://www.nasa.gov/press-release/nasa-international-partners-advance-cooperation-with-first-signings-of-artemis-accords

[379] https://ilwr.jura.uni-koeln.de/das-institut/direktor

[380] https://www.spektrum.de/news/raumfahrt-wie-die-usa-das-voelkerrecht-aushebeln-koennten/1787216

[381] https://www.spiegel.de/ausland/space-force-mitarbeiter-sollen-guardians-genannt-werden-a-19d2206f-0da3-4493-a517-0e9f22d27654

[382] https://futurezone.at/science/space-force-mond-patroullieren/401926444

[383] https://www.golem.de/news/raumfahrt-geheimes-raumfahrzeug-x-37b-startet-wieder-2005-148345.html

[384] https://www.19fortyfive.com/2022/03/x-37b-the-mystery-space-plane-built-for-a-war-with-russia-or-china/

[385] https://www.tagesschau.de/ausland/asien/taikonauten-china-raumstation-101.html

[386] https://cntechpost.com/2021/02/18/geelys-plant-capable-of-producing-over-500-satellites-per-year-approved-for-production/

[387] https://de.wikipedia.org/api/rest_v1/page/mobile-html/Deep-Space-Station

[388] https://www.zeit.de/gesellschaft/zeitgeschehen/2020-12/chang-e-5-china-mondmission-flagge-mond

[389] https://www.spektrum.de/news/chinesischer-rover-zhurong-der-gott-des-feuers-landet-auf-dem-mars/1872550

[390] https://1e9.community/t/china-plant-ein-mehrere-kilometer-langes-raumschiff/10116

[391] https://www.wetter.de/cms/erkundung-des-weltalls-china-will-riesen-raumschiff-bauen-groesser-als-die-enterprise-4826795.html

[392] https://t3n.de/news/raumfahrzeuge-kilometergross-plan-china-1401603/

[393] https://de.wikipedia.org/api/rest_v1/page/mobile-html/Mondprogramm_der_Volksrepublik_China#Internationale_Mondforschungsstation

[394] https://t3n.de/news/genug-sauerstoff-auf-dem-mond-1427138/

[395] https://m.tagesspiegel.de/politik/atomsicherheit-kein-deutsches-atomkraftwerk-haelt-einen-flugzeugabsturz-aus/8478342.html?utm_referrer=http%3A%2F%2Fm.facebook.com%2F&utm_content=buffer0dda0&utm_medium=social&utm_source=facebook.com&utm_campaign=buffer&fbclid=IwAR2llpWmKp6EhwX3YoT83dOIODqxOAAsShhXhEATYsZ3w4nlAxwoOXD5Qe4&fs=e&s=cl

[396] https://web.archive.org/web/20110409173026/http://www.blaulicht24.com/de/software/download/tschernobyl.pdf

[397] https://www.dw.com/de/die-katastrophe-von-tschernobyl-was-folgt/g-43500881

[398] https://www.deutschlandfunk.de/radioaktiv-belastete-wildschweine-problemsau-100.html

[399] https://www.quarks.de/technik/energie/der-neue-sarkophag-von-tschernobyl/

[400] https://www.tagesschau.de/ausland/europa/tschernobyl-195.html

[401] https://www.kernenergie.ch/de/weltverband-der-kernkraftwerksbetreiber-wano-_content---1--1127--129.html

[402] https://www.wano.info/services/peer-review

[403] https://www.wano.info/about-us/our-mission

[404] https://www.world-nuclear-news.org/RS_Event_scale_revised_for_further_clarity_0510081.html

[405] https://de.wikipedia.org/wiki/Liste_von_Unfällen_in_kerntechnischen_Anlagen

[406] https://www.bfs.de/DE/themen/ion/notfallschutz/notfall/fukushima/unfall.html

[407] https://www.msn.com/de-de/nachrichten/panorama/endlose-dekontaminierung-in-fukushima/ar-BB1eoErY

[408] http://doris.bfs.de/jspui/handle/urn:nbn:de:0221-201203027611

[409] https://www.bfs.de/SharedDocs/Kurzmeldungen/BfS/DE/2020/0903-irsn.html

[410] https://www.spiegel.de/wissenschaft/mensch/us-atomtests-im-pazifik-verwuestungen-bis-heute-sichtbar-a-1300440.html

[411] https://www.dw.com/de/fukushima-das-meer-als-perfektes-endlager-für-atommüll/a-52444866

[412] https://www.unscear.org

[413] https://www.wz.de/thema-des-tages/wie-viel-radioaktive-strahlung-vertraegt-der-mensch_aid-30853129

[414] https://www.stern.de/digital/technik/neuartiger-mini-reaktor-will-atomunfaelle-nicht-vermeiden--sondern-beherrschbar-machen-30579116.html

[415] https://www.oeko.de/e-paper/strom-zu-kraftstoff-wofuer-brauchen-wir-ptx/artikel/renaissance-der-kernenergie

[416] https://www.bundesregierung.de/breg-de/themen/energiewende/energie-erzeugen/ausstieg-aus-der-kernkraft-394280